面向国土空间规划体系新教材

国土空间规划导论

（试行版）

赵映慧　齐艳红　姜　博　编

地理科学类　城乡规划类　土地资源管理　适用

气象出版社
China Meteorological Press

内 容 简 介

本书是响应新时代国土空间规划而编写的新教材，由国土空间规划理论与技术、规划体系和规划实施管理三部分组成。国土空间规划体系部分是全书的主要内容，包括规划体系构成、基础性评价、用地用海分类、规划层级及内容、详细规划和专项规划。本书内容完整，体系合理，紧跟国土空间规划最新进展。

本书可作为高等院校城乡规划类、地理科学类、土地资源管理等专业本科生和研究生教材，也可作为相关研究机构和政府管理部门的学习用书，能够为国土空间规划工作者提供参考。

图书在版编目（CIP）数据

国土空间规划导论 : 试行版 / 赵映慧, 齐艳红, 姜博编. -- 北京 : 气象出版社, 2021.8
ISBN 978-7-5029-7561-6

Ⅰ. ①国… Ⅱ. ①赵… ②齐… ③姜… Ⅲ. ①国土规划－中国－高等学校－教材 Ⅳ. ①F129.9

中国版本图书馆CIP数据核字(2021)第194969号

国土空间规划导论(试行版)
Guotu Kongjian Guihua Daolun(Shixingban)

出版发行：气象出版社
地　　址：北京市海淀区中关村南大街 46 号　　**邮政编码**：100081
电　　话：010-68407112(总编室)　010-68408042(发行部)
网　　址：http://www.qxcbs.com　　**E-mail**：qxcbs@cma.gov.cn
责任编辑：王萃萃　　**终　　审**：吴晓鹏
责任校对：张硕杰　　**责任技编**：赵相宁
封面设计：地大彩印设计中心
印　　刷：三河市百盛印装有限公司
开　　本：787 mm×1092 mm　1/16　　**印　　张**：13
字　　数：329 千字
版　　次：2021 年 8 月第 1 版　　**印　　次**：2021 年 8 月第 1 次印刷
定　　价：42.00 元

前　　言

2019 年 5 月,《中共中央 国务院关于建立国土空间规划体系并监督实施的若干意见》颁布,标志着国土空间规划体系开始建立。此后,与国土空间规划相关的文件、编制指南、规范标准等陆续颁布,国土空间规划的权威性和科学性不断增强。当前,规划行业紧跟国土空间规划新发展,然而培养规划人才的高校课程设置相对滞后。一些高校设立有城乡规划、自然地理与资源环境、人文地理与城乡规划、土地资源管理等与国土空间规划密切相关的专业,然而国土空间规划方面的教材缺乏,培养人才必须与时俱进,当前亟需国土空间规划专业教材。为了城乡规划类专业、地理科学类专业、土地资源管理专业的课程教学需要,编写国土空间规划导论性教材势在必行。

当前国土空间规划编制正处于实践探索阶段,自然资源部以及各省(区、市)自然资源厅(局)发布的指南、规范及标准等也都处于探索中,已经公布的多数是试行版,而本教材大量参考这些试行版材料,因此本教材定位于试行版,侧重导论性和原则性,待国土空间规划体系完全建立,相关指南、规范和标准成为正式版后,再修订完善,编写正式版教材供国土空间规划相关专业的师生以及国土空间规划行业工作者使用。

本教材由东北农业大学赵映慧担任主编,黑龙江科技大学齐艳红与东北农业大学姜博担任副主编。具体分工如下:第一章、第二章、第三章、第四章和第七章由赵映慧编写;第五章和第六章由齐艳红编写;第八章和第九章由姜博编写。

本教材编写过程中,主要参考了自然资源部等部委以及地方政府公开发布的国土空间规划方面的文件,同时参考了国土空间规划相关的期刊论文,引用了部分内容和规划实例,在此向参考文献作者致谢。所参考文献在教材最后列出,由于时间紧、任务重,难免遗漏,敬请谅解。

本教材在编写过程中得到东北农业大学黑土地可持续利用管理学科团队项目(54940212)、国土空间规划与管理学科团队项目(54940512)、教育部项目(16YJCZH034)、黑龙江省自然科学基金项目(G2018003)、鹤岗市国土空间规划专题研究项目等支持;得到东北农业大学教务处、公共管理与法学院等支持。感谢东北农业大学杜国明教授的指导,感谢东北大学修春亮教授提出的修改意见和建议,同时,气象出版社编辑对书稿提出了许多中肯意见,在此一并感谢!

由于编者水平有限,教材中难免出现不妥和错误之处,敬请诸位指正。

编者

2021 年 5 月于哈尔滨

目　录

第一章 绪论

第一节 国土与国土空间规划

一、国土

关于“国土”,不同学者有不同理解,不同学科的定义也不尽相同。“国土”,不能简单地理解为国家的土地,而是指一个国家、一个地区主权范围内地上、地下、空中、海洋所有资源的总称(何百根,1992)。在国土经济学中,国土包括两层涵义:一方面是一国居民生产和生活居住的地方,另一方面是一个国家生存的条件。国土包括一国或地域范围内的全部国土资源,通常所说国土是国土资源的简称(郑魁浩 等,1989)。在国土资源学中,国土是指一个国家主权管辖的地域空间,也是该国人民赖以生产和生活活动的场所(吕贻峰,2001)。

按照《辞海》的解释,国土是一个主权国家管辖范围内的全部疆域的总称,包括领土、领空、领海和根据《国际海洋法公约》规定的专属经济区海域的总称。国土是发展之基,民生之本。国土是一个国家和人民的立足点、生活场所和生产基地,是主权国家赖以存在和发展的物质基础。国土主权具有不可分割的整体性,绝不能容忍别国侵犯。

从法权观点讲,国土就是一个国家主权管辖的全部疆域。国土是一个包含政治学、经济学、自然科学和技术科学意义的综合概念(蒙吉军,2011),国土有狭义和广义之分,狭义的国土指的是主权国家管辖下的领土(包括地面和地下)、领海和领空,属于政治地域概念。领土一般指一个国家的陆地部分(包括河流与湖泊等内陆水域)和它的地下层。领海一般指沿海国家根据其地理位置特点、经济发展和国防的需要,自行确定的与其海岸或内水相邻接的一定范围的海域。我国政府在1958年关于领海的声明中宣布,中国的领海宽度为12海里*。领空指的是领土和领海范围内的全部上空,但对其垂直高度国际上尚无明确规定。

广义的国土还包括国家所拥有的一切资源,包括自然资源(土地、水、生物、矿产、海洋、气候、大气、风景资源等)、社会资源(人口、劳动力等)、历史文化资源等。国土是人与自然之间联系的桥梁,具有自然和社会双重属性。本教材的国土为广义国土概念。

二、国土空间

(一)不同学者的定义

我国著名的中国科学院院士吴传钧、气象学家竺可桢、地理学家陈传康等老一辈科学家,认为国土空间不仅包括土地、水体、矿产、生物、气候、海洋等各类资源,也包括了经济社会基础和发展条件。国土空间是人口、资源、环境、经济的复合系统,可简称为PREE系统,是各个要素相互作用的结果。研究国土空间问题,实质上是为了研究如何处理好人口、资源、环境与经

* 1海里=1.852千米。

济发展的关系。在此基础上进行相关研究,推动自然资源、地域开发、国土整治等相关理论的发展,并在宏观经济布局和国土开发以及国土空间规划中发挥重要作用。

著名规划学者孙施文(2020b)认为,国土空间的完整概念是由国家疆界范围构成的包括领土、领海和领空在内的整体空间,包括已经利用和未利用的陆地表面和水面以上、以下的空间。从构成看,国土空间是由不同的地貌、土壤、岩石、植被、水文、建筑等构成的综合体。如果以表层投影及其集合来区分,山地、森林、农田、河湖、草原、滩涂、沙(荒)漠、海洋、海岛、城市、乡镇、村庄等可以概括。

从空间特性对国土空间进行分类,分为三类:自然空间、人工空间和自然人工混合空间(孙施文,2020b)。如果不区分空间功能和属性特征,可以分为生产空间、生活空间和生态空间,或者分为农业空间、城镇空间和生态空间。

(二)法律法规中的定义

2021 年《中华人民共和国国土空间规划法》(征求意见稿)公布。在此意见稿中,国土空间包括中华人民共和国领土、领海(专属经济区)、领空空间范围。2020 年自然资源部制定的《省级国土空间规划编制指南(试行)》对国土空间的定义为:国家主权与主权权利管辖下的地域空间,包括陆地国土空间和海洋国土空间。国土空间是国土资源的载体,国土资源包括国土空间范围内的自然资源和依附于国土之上的基础设施(道路、港口、机场、水利等)及名胜古迹等。

三、国土空间规划

(一)国土空间规划的产生

1978 年城镇发展迎来了改革春风,之后城镇化快速发展,推动城乡规划行业蓬勃发展,极大地促进了社会经济快速发展。由于在同一个省域、市域、县域存在多个规划,因此空间规划管理职能被分解到不同政府职能部门,例如自然资源部成立之前,城乡规划职能在住房和城乡部门;土地规划职能在国土部门,国土空间规划多部门管理。此外,地方发展意愿不确定,发展诉求不相同,政府换届后发展理念不同,这些因素导致规划类型多、规划内容重复、规划用地冲突等问题出现,还存在总体规划层层报批,审批周期长的问题;也存在详细规划经常被调整和修改等问题。国土空间规划存在的问题复杂、管理难度大,因此空间规划改革势在必行。2018 年 3 月,国务院机构改革,在这轮机构改革中自然资源部成立,负责建立空间规划体系并监督实施国土空间规划和相关专项规划。

2019 年 5 月,《中共中央 国务院关于建立国土空间规划体系并监督实施的若干意见》颁布,正式将主体功能区规划、土地利用规划、城乡规划整合,统一为国土空间规划。该意见指出,国土空间规划是对一定区域国土空间开发、保护、利用、修复在空间和时间上作出的总体部署与统筹安排,包括总体规划、详细规划和相关专项规划。

国土空间规划是推进生态文明建设和空间治理体系现代化的重要内容。在生态文明时代,社会经济高质量发展时代,国土空间规划是统筹保护与开发的规划,是兼顾战略引领和刚性管控的规划,是推动城乡融合发展的规划,是统筹全域要素配置的规划。国土空间规划不仅继承了主体功能区规划、土地利用规划、城乡规划,同时也是向前推动其发展,更是融系统性、整体性和创新性于一体的空间体系(熊国平,2019)。

国土空间规划是国家空间发展的指南、可持续发展的空间蓝图,是各类开发保护建设活动的基本依据。国土空间规划是针对未来发展作出的整体谋划和安排,并约束各类开发保护建设活动；在统筹社会经济和生态环境基础上，对未来生产、生活、生态空间作出科学布局。

(二)国土空间规划体系的建立

《中共中央 国务院关于建立国土空间规划体系并监督实施的若干意见》的颁布标志着国土空间规划“五级三类四体系”的建立。

1. 国土空间规划层级

从国土空间规划层级划分看，分为五个层级，从高到低分别是国家级、省级、市级、县级、乡镇级。国家、省、市县编制国土空间总体规划，各地结合实际编制乡镇国土空间规划。

全国国土空间规划是对全国国土空间作出的全局安排，是全国国土空间保护、开发、利用、修复的政策和总纲。全国国土空间规划反映国家战略、指标调控，确定目标与空间政策，优化国土空间治理模式，体现战略性。

省级国土空间规划是对全国国土空间规划的落实和深化，是一定时期内省域国土空间保护、开发、利用、修复的政策和总纲。省级国土空间规划是编制省级相关专项规划、市县等下位国土空间规划的基本依据。省级国土空间总体规划重在资源指标调控、项目规则管控，落实国家空间战略与目标任务，支持省域空间重大战略安排，体现协调性。

市级国土空间规划是对省级国土空间规划的落实和深化，是一定时期内市域国土空间保护、开发、利用、修复的政策和总纲。市级国土空间规划是编制下位国土空间总体规划、详细规划、相关专项规划的依据，也是开展各类开发保护建设活动、实施国土空间用途管制的基本依据。

县级和乡镇级国土空间规划是本级政府对上级国土空间规划要求的细化落实，是对本行政区域国土空间开发保护作出的具体安排。

市县国土空间总体规划，重点是全域管控、用途管理，明确市县国土开发保护格局，落实主体功能定位和资源利用控制指标，体现实施性。乡镇国土空间规划面向地方管理与规划建设实施，落实上级规划下达的指标，保证边界落地，形成全域用途管制蓝图，体现实施性。

2. 国土空间规划类型

从国土空间规划的类型来看，分为总体规划、详细规划、相关的专项规划三类(图 1-1)。国

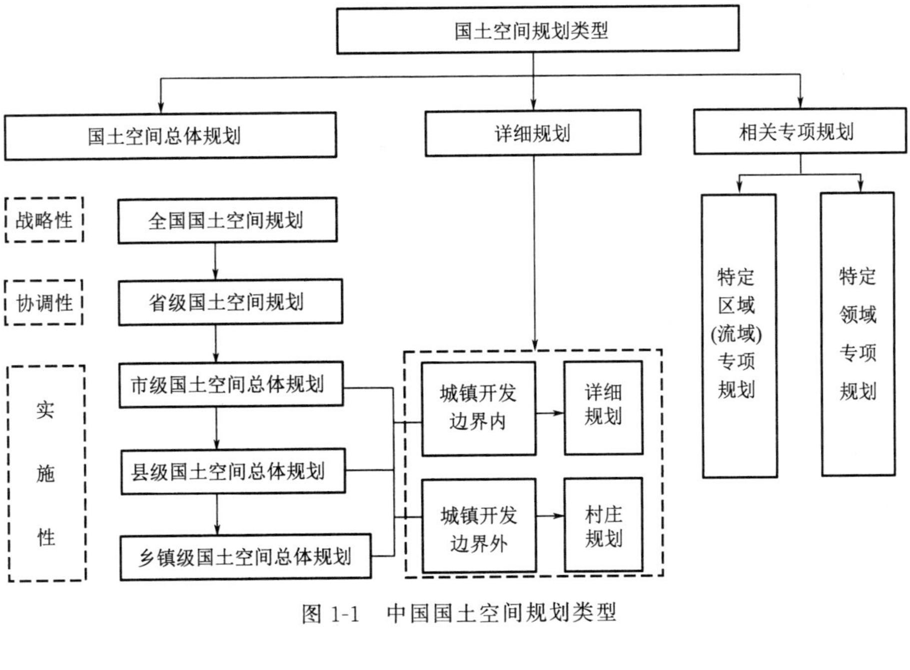

图 1-1　中国国土空间规划类型

土空间总体规划是详细规划的依据、相关专项规划的基础;相关专项规划之间要相互协调,并与详细规划做好衔接。从制度设计看,国土空间规划体系强调下位规划服从上位规划,相关专项规划、详细规划服从总体规划;规划编制要自上而下、上下联动。

(1)总体规划

总体规划强调的是规划的综合性和全局性,是对一定区域范围内(行政区、经济区)涉及的国土空间保护、开发、利用、修复所做的总体性和全局性安排。

总体规划是我国国土空间规划体制"重构式"改革的关键。要整合现行城乡规划、土地利用规划、主体功能区规划等空间规划的内容,坚持系统思维,运用系统工程方法,推进国家安全战略、区域协调发展战略和主体功能区战略的协调,将空间均衡、人地平衡、水土平衡作为基础,统筹规划生态、农业、城镇三类空间,以"三条控制线"(生态保护红线、永久基本农田、城镇开发边界)为主明确划定空间管控边界,切实增强总体规划的全局性、战略性和系统性。

(2)详细规划

详细规划是对具体地块用途和开发建设强度等作出的实施性安排,是开展国土空间开发保护活动、实施国土空间用途管制、核发城乡建设项目规划许可、进行各项建设等的法定依据。在市、县和乡镇国土空间编制详细规划,实际工作中,根据城镇和乡村两类地域空间和城镇规模的差异,进行差异化管理。以城镇开发边界为界,城镇和乡村地区的详细规划编制管理办法存在差别,实施差别化的空间管控策略。城镇开发边界内,由市、县自然资源主管部门负责组织编制详细规划,采用"详细规划+规划许可"的方式进行用途管制;在城镇开发边界外,即乡村地区,根据"有条件、有需求的村庄应编尽编"的基本要求,由乡镇人民政府负责组织编制"多规合一"的村庄规划,作为乡村地区的详细规划。

(3)专项规划

相关专项规划是指在特定区域(流域)、特定领域,为体现特定功能,对空间开发保护利用作出的专门安排,是涉及空间利用的专项规划。相关的专项规划突出强调专门性,可以在国家级、省级、市县级进行编制,为体现特定的功能,可以对特定的区域或流域(如城市群、都市圈、海湾区、流域等)或领域(如交通、市政、能源、水利、农业、信息等基础设施)的空间保护与开发利用作出专门性的安排。

专项规划由相关负责的政府部门负责编制,体现的是主管部门权威性。专项规划是总体规划的补充和深化,是宏观调控中所采取的必要的管控措施。专项规划需要重点围绕生态环境保护、国土整治修复、国家公园建设、文物遗迹保护以及基础设施、公共服务设施等特定领域和区域组织编制规划。专项规划需要与总体规划衔接,保持一致,提高专项规划的协同性,强化专门性。

3. 国土空间规划体系

我国的国土空间规划体系由四个规划子体系组成,包括规划法规政策体系、规划技术标准体系、规划编制审批体系和规划实施监督体系。要想保证国土空间规划的基础牢固,正常运行,需要有相应的体系支撑,法规政策体系和技术标准体系就是支撑国土空间规划运行的体系。国土空间规划从立项、编制等环节,经审批后公示,到实施监督等,具有完整的流程体系,包括编制审批体系和实施监督体系。

法规政策体系由一系列法规和政策组成,从法规政策方面对国土空间规划体系支撑。技术标准体系由一系列指南、标准、规范、规程、导则等组成,从技术标准方面对国土空间规划体系支撑。新的国土空间规划对原有的城乡规划、土地利用规划的技术标准体系提出了改革要求，需要重新构建国土空间规划技术标准体系。由自然资源部负责，组织相关部门，已经颁布了一些国土空间技术标准体系，例如《省级国土空间规划编制指南》《省级国土空间规划编制技术规程》《全民所有土地资源资产核算技术规程》。

规划编制审批体系是各级各类国土空间规划编制和审批的集合，也包括不同层级、不同类型规划之间的协调配合。国土空间规划的层级不同、类型不同，编制要求、审批规定也就不同。

实施监督体系是国土空间规划的实施和监督管理的集合，包括以国土空间规划为依据，对所有国土空间实施用途管制。国土空间规划不能只是编制和审批，需要按照规划去实施，推动社会经济发展，因此离不开监督，需要监察委员会、政府和公众的监督。

第二节　国土空间规划对象与特点

一、国土空间规划对象

国土空间规划是对一定区域国土空间开发、保护、利用、修复在空间和时间上作出的总体部署与统筹安排。与"空间规划"相比，"国土空间规划"多了两个字"国土"，这表明对规划对象的强调，表明国土空间所具有的领土和主权属性。国土空间规划从空间要素看，包括尺度、区位、边界，此外也包括相关要素；资源禀赋、人的活动、权益，这说明国土空间规划要有确定的空间范围和清晰的边界、明确的责任主体和权利人。

国土空间规划的对象，完整意义上讲，概括为"三全"，即全域、全要素和全行动方略（孙施文，2020a），分别从空间、要素、行动三方面界定了国土空间规划对象。空间范围是"全域"，即整体行政区域管辖范围；要素界定是全要素，就是国土空间的各项组成要素，包括了自然空间要素和人工环境要素；行动强调全行动，不是某一方面或者某几方面，而是全行动方略，就是国土空间组成要素的各类使用方式，一般包括保护、开发、利用、修复、治理等。

国土空间规划的对象不仅仅局限在国土空间，也包括国土空间的使用。例如，换个角度看，原始森林，表面上人类没有使用，实际上保护原始森林也是一种使用。即使是冰川，人类的保护就是对它的一种特殊使用方式。所以，从本质上讲，国土空间规划是对人类空间使用行为的组织和安排，是对国土空间内的各类空间组成要素的使用活动进行科学统筹和合理安排，而不能简单地认为国土空间规划就是对各类自然要素或人工环境的空间划定。

二、国土空间规划理念

董祚继（2020）认为，国土空间规划必须着力转变规划观念，强化可持续发展观念，强化高质量发展理念，强化以人民为中心的发展理念。

（一）可持续发展理念

党的十八大以来，党中央、国务院对空间规划体制的改革进行了一系列重大部署，宏观背景是推进生态文明建设，实施可持续发展战略。2015 年 9 月《生态文明体制改革总体方案》颁布，明确空间规划是"可持续发展的空间蓝图"。2019 年 5 月《中共中央 国务院关于建立国土空间规划体系并监督实施的若干意见》发布，进一步强调"国土空间规划是加快形成绿色生产方式和生活方式、推进生态文明建设、建设美丽中国的关键举措"。因此，作为社会经济和生态可持续发展蓝图的国土空间规划，必须牢固树立人与自然和谐共生、绿水青山就是金山银山、山水林田湖草是一个生命共同体等理念。国土空间规划的基本遵循是生态优先、绿色发展，基本准则是节约优先、保护优先、自然恢复为主，基本任务是严守生态保护红线、永久基本农田和城镇开发边界，优化国土空间保护开发格局，推进美丽中国建设。

(二)高质量发展理念

党的十九大以来，我国进入高质量发展时代。《中共中央 国务院关于建立国土空间规划体系并监督实施的若干意见》强调，国土空间规划是“国家空间发展的指南”。这表明国土空间规划对国家空间发展具有导向作用，一方面，要为国家生产力布局服务，特别是为国家重大战略任务的落地提供空间支撑，提升社会经济发展活力和区域竞争力，这是“保障国家战略有效实施、促进国家治理体系和治理能力现代化、实现‘两个一百年’奋斗目标和中华民族伟大复兴中国梦的必然要求”;另一方面，经济发展不再是简单地追求高速增长，而是要转向高质量发展，国土空间规划需要适应经济发展的转变，需要以国土开发方式的转变推动经济发展方式转变，“把城镇、农业、生态空间和生态保护红线、永久基本农田保护红线、城镇开发边界作为调整经济结构、规划产业发展、推进城镇化不可逾越的红线”，积极努力探索，走出一条高质量发展的新路。

(三)以人民为中心的理念

国土是发展之基、民生之本，高质量的国土才能巩固发展，保障民生。以前国土空间开发比较粗放，重视建设、重视规模、重视扩张，轻视生态建设、轻视民生、轻视品质。粗放式国土空间开发，不仅助推了高投入、高污染、低产出的粗放式经济增长，而且导致生态系统退化、环境污染加重，导致大城市“肥胖”，也导致农村“瘦弱”，成为社会经济发展短板、民生痛点。因此，《中共中央 国务院关于建立国土空间规划体系并监督实施的若干意见》强调，建立科学高效的国土空间规划体系，是“坚持以人民为中心、实现高质量发展和高品质生活、建设美好家园的重要手段”。

新时代国土空间规划不同于以往，必须适应中国社会主要矛盾的变化，需要坚持以人民为中心的发展思想，需要明确国土空间规划的核心追求和最大使命就是满足人民群众日益增长的美好生活需要。规划需要着力完善交通、市政、能源、农业、水利、信息、环保等基础设施和公共服务设施，提高各类设施的交通可达性，推动基本公共服务均等化;努力改进住房、医疗、教育、就业、游憩等功能布局，打造宜居、宜业、宜学、宜养、宜游的新时代的社区生活圈，改善城乡人居环境，提高居民生活品质;推动韧性城市、智慧城市的建设，提高公共安全突发事件处置能力和公共服务水平，塑造以人为本的高品质国土空间。

三、国土空间规划特点

(一)地域性

国土空间规划面向国土，因此与地域性密切相关，无论是自然资源、自然环境，还是社会风俗，都具有地域性，所以地域性是国土空间规划的基本特性。某一国土空间的土地资源、矿产资源、能源等的分布与组合，具有明显的地域差异，不论是国土空间总体规划，还是专项规划和详细规划，都与具体的地域范围紧密联系，一方水土呈现一方特色，一方水土养一方人，可见地域性在自然和人文都有表现。不同的地域，条件不同，开发利用的难易程度和社会经济效益不同，因此，国土空间规划需要从地域特点出发，承认地域差异，因地制宜，充分发挥当地的优势。

(二)综合性

国土空间规划工作关联土地、林草、河湖、海洋等，涉及诸多不同地区，需要住建、生态环境、农业、水利等部门配合，具有很强的综合性。对不同部门、不同行业和不同地区的利益得失都要考虑，尽量协调一致，因此必须遵循自然规律和经济规律，通盘考虑，综合研究，正确处理部门、行业、地区的关系，力争取得经济效益、社会效益和生态效益的最大化。国土空间规划由于涉及资源、环境、人口、发展等问题，显然一门学科不能完成，需要自然科学、社会科学、工程技术科学等多学科配合，需要农业、工业、信息、文化、教育、生态环境、能源、交通、水利等专业部门及专业技术人员的支持，各部门通力合作，共同完成。

（三）战略性

作为空间规划体系的纲领，国土空间规划是典型的战略性规划（杜澍 等，2019），国土空间规划着眼长远，面向未来，需要促进经济、社会、生态环境、国土开发与保护等要素的协调，需要促进高质量发展，因此国土空间规划需要对国土空间做出远景预测，制定长远的国土空间开发与保护利用的方针和政策，需要为实现最终目标制定一系列行动框架和保障措施。国土空间规划的战略性，还体现在国家层面的重大战略性部署，落实党中央、国务院的重大决策。国土空间规划体系是国家推进生态文明建设，健全国土空间开发保护制度的重大战略部署，是解决工业化、城镇化快速发展带来的诸多生态环境问题的重大举措。

（四）系统性

从国土空间规划的层级、类型和体系看，都表现出系统性。国土空间规划架构为“五级三类四体系”，本身就是一个大系统。从中央到地方，建立了“国家—省—市—县—乡镇”五个规划层级，纵向上具有系统性；横向上看，“总体规划—详细规划—相关专项规划”三类规划体系的建立也体现出系统性（孟鹏 等，2019）。国土空间总体规划是详细规划的依据、相关专项规划的基础，相关专项规划之间要相互协同，并衔接好详细规划。国土空间规划的编制审批体系、实施监督体系、政策法规体系、技术标准体系，四个体系也表现出国土空间规划具有系统性，此外，国土空间基础信息平台、“一张图”实施监督信息系统等也体现了系统性。

第三节　国土空间规划目标与任务

一、国土空间规划目标

改革开放之后，我国的工业化和城市化快速推进，社会经济发展加速，综合国力提升，人民的物质文化生活水平明显提高，脱贫攻坚战取得胜利，生态文明建设正向纵深推进，小康社会目标的实现越来越近。生态文明建设和社会经济高质量发展的新时代，中国社会的主要矛盾已经转化，体制机制约束已成为我国经济社会发展的主要制约因素。在国土空间规划和管理领域，部门之间的分割（条条分割）、不同区域之间的分割（块块分割）以及部门区域的分割（条块分割）仍然存在，这是国土空间规划面临的三大矛盾。新时代国土空间规划的主要目标就是要解决这三大主要矛盾（石忆邵，2020），推进我国国土空间规划的新体系与新机制的重构，推进国家空间治理体系和治理能力的现代化。

（一）消除部门分割

土地利用总体规划、城乡规划、主体功能区规划等各类空间规划原先分属不同部门管理，受部门体制分割的影响，不同的空间规划在指导思想、价值取向、保障机制等方面存在差异，不同空间规划的法律依据也存在差异，各部门对规划的编制、成果等要求也不同，而规划的基础数据、规划目标、主要任务、工作方法、时序安排、政策重点等方面存在不一致,在规划编制和实施中,有时产生下位规划违背上位规划、管制内容重复、多头监管等不和谐现象。此外,我国空间规划体系存在"重视纵向控制、轻视横向衔接"的问题,导致同一地域空间的不同规划"打架",部门之间想方设法地争夺国土空间管控领域的话语权和主导权,大大削弱了空间规划的权威性和法律效力,也损害了公信力。建立国土空间规划体系的初衷就是通过行政职能整合,统一进行所有国土空间的战略配置、用途管制及生态保护修复,进而推动解决不同部门规划之间的政策要求矛盾和法律规定冲突等问题,推动部门之间的资源共享、优势互补、机制融合、协同共治。

(二)消除区域分割

不同国土空间之间存在相互作用,一个区域内的自然资源开发、重大产业项目布局、基础设施建设、人才引进等活动,都会对相邻区域产生很大影响,如果是积极影响,则引发周边区域的良性互动,协调配合;如果是消极影响,则有可能引发周边区域的各种抵制。各级行政区域都或多或少地存在行政区经济现象,都有各自的利益考虑、利益范围与利益关系,因而不同区域的竞争不断,围绕资金、项目、人才、规划等资源和要素展开激烈竞争;另外,阻止本地资源和要素向外流动、保护本地市场的各种争斗也未停止,甚至导致资源浪费、重复建设、以邻为壑等各种不良现象发生。区域发展中应当坚持地方利益必须服从于国家利益、局部利益必须服从于全局利益的基本原则。国土空间规划应当从体制机制上解决区域分割问题,加强区域联系与合作,加强沟通交流,推进政策协调与整合,从而形成区域管控合力、政策合力,也才能形成协同发展合力。

(三)消除条块分割

由于以往的空间规划种类多,层级关系复杂,有时导致地方与中央之间、政府不同部门之间在用地指标分配、发展权分配中出现过度讨价还价现象,空间规划的统筹性、协调性不够,不能促进利益平衡,也难以达成规划共识。国土空间管控要求相互冲突,管制内容相互交叉,空间秩序失衡,这些问题都需要解决。因此,国土空间规划的核心就是通过国土空间的使用和分配,促进不同部门之间、不同区域之间的用地平衡与利益整合,消除条块分割,实现空间效率与公平的协调发展。

二、国土空间规划任务

董祚继(2020)在期刊《中国土地科学》上的论文《从土地利用规划到国土空间规划》详细论证了国土空间规划的任务,主要包括重塑国土空间、推动资源节约集约、促进资产增值三个任务。国土空间和自然资源资产不可分割,国土空间承载自然资源,为资源转化为资产提供了场所;资产和自然资源离不开国土空间,因此二者是一个整体。新时代国土空间规划必须改变土地利用规划的单一资源规划模式,也必须改变城市规划重城市轻乡村的观念。国土空间规划需要对空间规划、资源规划、资产规划都重视;国土空间规划的任务不仅是空间分工、空间保障和空间优化,更为主要的任务是重塑国土空间,推动资源节约集约利用和促进自然资源资产保值增值。

(一)重塑国土空间

新时代国土空间规划要着力营造空间。国土空间具有明确的空间定位,面积固定,不可以移动,但可以通过深度开发、优化结构,不断提高国土空间的综合效益,增强国土空间的生产生活功能，提升国土空间的承载能力。增量规划与存量规划需要并重、空间开发与空间修复需要并行、地上开发与地下开发需要兼顾。

新时代国土空间规划要大力推进空间结构优化。营造国土空间是基础，优化国土空间是提升。化解用地供需矛盾，塑造高品质社区，推动高质量发展。协调安排生产、生活、生态三类空间，统筹布局城镇、农业、生态空间，调整优化三次产业空间，最大程度优化国土空间。

新时代国土空间规划要推动共享空间。资源环境对社会经济发展约束增多，市场主体产权保护日益加强，这些都使国土空间规划面临的制度障碍增多，现实矛盾增大，为此应积极推动共享空间建立，缓解空间供需矛盾和压力。此外，需要推动区域一体化建设，促进城乡融合发展，推进空间多功能混合利用，促使共享空间实现最大价值。

（二）推动资源节约

规划的节约是最大的节约，规划的浪费是最大的浪费，因此新时代国土空间规划要增强资源节约观念。规划管方向、管总量、管全局，要坚持树立节约优先、集约利用、循环发展、精明增长的理念，坚决落实减量化、再利用、资源化要求，切实提高资源利用的综合效益。

新时代国土空间规划要强化约束性指标管理。实行总量和强度双项控制，从严控制单位生产总值能耗、地耗、水耗，提高节能、节地、节水等标准。重点推进水资源节约利用，受水资源影响严重的地区，必须坚持以水定产、以水定城。落实最严格节约用地制度，坚持“五量并举”，即管住总量、控制增量、盘活存量、激活流量、提高质量。

新时代国土空间规划要处理好规划与市场的关系。规划要把焦点对准市场失灵和市场缺位所造成的资源粗放利用、生态环境破坏、空间发展失衡等问题，优化国土空间格局，推动资源节约，要抛弃计划经济思维，不能实行高度集中、不加区别的指标管控，应该注重通过市场方式解决资源不合理利用问题，增强资源节约高效利用的内在动力。

（三）促进资产增值

新时代国土空间规划要促进土地、森林、草原、海域等财产增值。科学合理的空间规划在维护社会公共利益的同时，能够促进国土资源增值，增加国土资源用益物权。从宏观上看，要处理好生产用地、生活用地、生态用地的关系，努力建设安全高效的生产空间、舒适宜居的生活空间、碧水蓝天的生态空间，推动绿水青山变为金山银山，最大限度地释放土地红利。微观上看，要注意控制城镇住宅建筑高度、增加地产临街面积、扩大城镇游憩空间、提高社区基础设施和公共服务设施的可达性，努力推进职住空间平衡，建设以人为核心的社区生活圈，有效增进土地财产价值。城市更新、“三旧”（旧城镇、旧厂房、旧村庄）改造、增减挂钩、减量规划等，要充分尊重城乡居民意愿，考虑相关单位利益，防止随意改变国土空间用途、侵害群众权益、损害法人利益。

新时代国土空间规划要加强自然保护地建设。自然保护地是生态建设的核心载体，也是人民的宝贵财富，在自然资源资产增值中具有重要地位。对自然保护地既要加大保护和建设力度，以保持生态系统完整性为原则，又要推进各类自然保护地整合和优化，构建科学合理的自然保护地体系。

新时代国土空间规划要推进国土整治修复。按照自然规律，遵循生态系统内在机理，改变零星分散、单一要素的整治模式，推进全域、全要素的国土空间综合整治，推进山水林田湖草系统修复，增加自然资源资产价值，提升全体人民的幸福感。

第四节　国土空间规划工作程序

国土空间规划编制工作可以概括为三大阶段:准备阶段、编制阶段、报批阶段。准备阶段主要是从组织准备、技术准备、基础数据准备、现状评价与风险评估四个方面进行,为国土空间规划工作的顺利开展奠定基础。编制阶段包括专题研究、规划方案编制。报批阶段包括规划方案论证、报批前公示、成果审批、规划公告。

一、准备阶段

(一)组织准备

1. 成立领导小组。国土空间规划编制工作启动时,地方人民政府应成立国土空间规划编制领导小组,主要领导为组长、相关部门负责人为成员,负责审定工作方案、落实工作经费、协调重大事宜、论证规划成果,对规划重大问题进行协商决策。

2. 成立工作小组。由自然资源主管部门牵头,联合发展改革、城乡建设、财政、生态环境、工业和信息化、农业农村、水利、交通、能源、文化旅游、教育、医疗卫生等部门,成立国土空间规划编制工作小组,负责具体编制工作,建立协作联动机制,协调解决规划工作过程中的问题。

3. 组建技术团队。技术团队要专业性与综合性相结合,选择具有空间规划、土地管理、地理科学、生态环境、市政等专业背景的技术单位,组建国土空间规划编制技术团队,承担国土空间规划编制技术工作。

4. 制定工作方案。规划编制工作小组制定工作方案,明确工作组织、责任分工、目标任务、工作内容、进度安排、决策机制、经费保障等内容,确保编制工作顺利开展。

5. 建立公众参与机制。建立健全多方协商机制,扩大公众和社会各界的国土空间规划工作的参与程度,确保国土空间规划方案形成过程中以多种方式听取民意、集中民智、凝聚共识。

(二)技术准备

1. 编制技术方案。明确国土空间规划编制的指导思想、编制原则、技术路线、主要任务和内容、专题设置、方案论证、成果形式与要求等。

2. 整理分析基础资料。对已经收集的自然地理与自然资源、生态环境、人口与社会经济、基础设施与公共服务设施、城乡建设、灾害风险等方面的基础数据和资料,进行整理,分类保存,并初步分析。

3. 调研重点地区和部门。结合国土空间规划设置的重要专题,开展专题调研,通过研讨会、座谈会、电话访谈、微信访谈、问卷调查、现场踏勘等方式,深入了解地区发展现实,了解地方的发展诉求,掌握各部门、行业的发展趋势和空间需求。

(三)数据基础准备

国土空间规划需要数据支撑,国土调查成果数据是国土空间规划的数据基础。当前国土空间规划以第三次国土调查成果数据为基础,形成统一的工作底数。结合基础测绘和地理国情监测成果,收集整理自然地理与自然资源、生态环境、人口与社会经济、基础设施与公共服务设施、城乡建设、灾害风险等方面的基础数据和资料,以及相关规划成果、审批数据。利用大数据等手段,加强基础数据分析。

1. 自然地理与自然资源数据。自然地理数据包括气象、水文、地形地貌、土壤、植被等数据。自然资源数据包括土地资源、水资源、矿产资源、生物资源、海洋资源等数据。

2. 生态环境数据。生态数据包括生物多样性、水土保持、防风固沙、海岸防护等生态系统服务功能数据，水土流失、荒漠化、土地沙化、盐碱化、海岸侵蚀等生态脆弱性数据。环境数据主要包括环境监测、污染物排放、生产与生活垃圾等方面的数据。

3. 人口与社会经济数据。人口数据主要包括人口数量、构成、变化等，劳动力与从业人员等方面的数据。社会数据包括文化、教育、科技、体育、医疗卫生等方面的数据。经济数据包括生产总值、产业、贸易、外资、财政、投资等方面的数据。

4. 基础设施与公共服务设施数据。基础设施数据包括道路交通、邮政电信、供水排水、能源供应、环保环卫、防灾安全、农田水利等设施的数据。公共服务设施数据包括文化设施、教育设施、医疗卫生设施、体育设施、商业服务设施、社区服务设施、市政公用和行政管理设施等方面的数据。

5. 城乡建设数据。城乡建设数据包括建设项目、建筑物、构筑物等数据。

6. 灾害风险数据。灾害风险数据包括洪灾、旱灾、风灾、雹灾、地震、滑坡、泥石流等自然灾害的数据，以及消防、防洪、人防、抗震等设施的数据。

7. 政府报告及相关规划。政府工作报告、国民经济和社会发展统计公报、统计年鉴、国民经济和社会发展规划、生态环境保护规划、政府部门工作计划等。

（四）现状评价与风险评估

按照《资源环境承载能力和国土空间开发适宜性评价指南》的技术要求，协调有关部门，分析本区域的土地、水、森林、草原等资源环境禀赋条件，把握自然生态整体性和系统性，客观全面评价资源环境本底状况，明确空间发展潜力规模及分布范围，为划定“三区三线”（城镇空间、生态空间、农业空间；城镇开发边界、生态保护红线、永久基本农田）和编制国土空间规划奠定基础。

从数量、质量、布局、结构、效率等方面，评估国土空间开发保护现状问题和风险挑战。结合人口分布、城镇化发展、经济发展、科技进步、气候变化等趋势，研究国土空间开发利用需求；在生态保护、资源利用、自然灾害、国土安全等方面识别可能面临的风险，并开展情景模拟分析。

二、编制阶段

（一）开展专题研究

各地区可结合本区域实际，开展国土空间开发保护重大问题研究，例如，国土空间目标战略、人口与城镇化发展、开发保护格局优化、城乡融合发展、国土空间利用效率和品质提升、基础设施与资源要素配置、历史文化传承和景观风貌塑造、生态保护修复、国土综合整治、规划实施机制和政策保障等。要加强水平衡研究，综合考虑水资源利用现状和未来需求，明确水资源开发利用上限，提出水平衡措施。量水而行，以水定城、以水定地、以水定人、以水定产，形成与资源、水环境、水安全相匹配的国土空间布局。沿海地区的省份、市县还需要开展海洋相关专题研究。

（二）规划方案编制

在基础调查、国土空间现状与形势分析、规划实施评估、“双评价”（资源环境承载能力评价、国土开发适宜性评价）、专题研究基础上，开展国土空间规划方案编制，明确国土空间战略目标、格局、指标体系，优化“三条控制线”划定，统筹自然资源保护与利用，制定国土空间管控规则、保障机制和配套政策。通过规划方案比选、论证，提出推荐方案，形成国土空间规划成果，包括：规划评估报告，“双评价”报告，专题研究报告，规划文本、规划说明书、规划图集等。建立国土空间信息数据库，建立国土空间基础信息平台，形成国土空间规划“一张图”。

三、报批阶段

(一)规划方案论证

地方人民政府负责组织国土空间规划成果的专家论证，并征求上级自然资源主管部门的意见。规划论证情况需要在规划说明书中专门安排一章，包括规划环境影响评价、专家论证意见、部门和地方意见采纳情况等。

(二)报批前公示

规划成果报批前，规划编制单位应以通俗易懂的方式征求社会各方的意见。充分利用各类媒体和信息平台，采取贴近群众的各种社会交流工具，保障公众参与的广泛性、代表性和有效性。

(三)成果审批

国土空间规划成果实行分级审批。全国国土空间规划由自然资源部报国务院审批；省、自治区的国土空间总体规划由省、自治区人民政府组织编制，经同级人大常委会审议后报国务院审批；地区、自治州、盟的国土空间规划由本级人民政府组织编制，经同级人大常委会审议后，报省级人民政府审批。

直辖市的城市国土空间总体规划，由城市人民政府组织编制，经同级人大常委会审议后，报国务院审批。

需报国务院审批的城市国土空间总体规划，由城市人民政府组织编制，经同级人大常委会审议后，由省级人民政府报国务院审批；其他城市国土空间总体规划，由城市人民政府组织编制，经同级人大常委会审议后，报省、自治区人民政府审批。

县(县级市、自治县、旗)国土空间总体规划由县级人民政府组织编制，经同级人大常委会审议后，报上一级人民政府审批；乡镇国土空间总体规划由乡镇人民政府组织编制，经同级人大审议后，报上一级人民政府审批。

(四)审批后公告

国土空间规划经批准后，应在一个月内通过网络、电视、报刊多种渠道向社会公告。涉及向社会公开的文本和图件，应符合国家保密管理和地图管理等有关规定。

第五节 国土空间规划发展历史

我国学者从不同角度梳理了我国国土空间规划发展历史。曹清华等(2005)在《国土资源》发表《我国国土规划的回顾与前瞻》，郝庆等(2012)在《科学》上发表《我国国土规划的发展历程与编制思路创新》，黄征学(2019a)在《公共管理与政策评论》发表《国土空间规划演进的逻辑》，潘海霞(2019)在《城乡规划》发表《国土空间规划体系构建历程、基本内涵及主要特点》，张晓玲等(2017)在《中国土地》发表《我国国土空间规划的历程与思考》。综合这些学者的研究，本文系统梳理从新中国成立到2019年70年间的国土空间规划发展历史。

一、1949 年至 1980 年代初

1949 年中华人民共和国成立，之后中央政府组织开展了大规模的自然资源科学调查与综合考察，初步掌握了自然条件情况和自然资源的数量、质量与空间分布规律，为后来的国土规划奠定了基础。1950—1960 年代，为了配合我国 156 个重大工程的实施，开始在几个地区探索编制城市规划，拉开了空间规划的帷幕，但这一时期缺乏全国性的国土规划。

1970 年代末开始，国家先后组织实施了全国土地资源、水资源、农业气候资源及主要生物资源的综合评价与生产潜力研究，组织开展农业区划。在自然资源调查评价基础上，结合国家国土整治任务需要，开展区域资源开发与经济发展研究，为相关空间规划提供科学依据。这期间，以吴传钧、竺可桢、陈传康等为代表的老一辈地理学家，逐步确立了国土空间内涵，即国土空间不仅包括土地、水、矿产、生物、气候、海洋等各类资源，也涵盖了经济社会基础和条件。国土空间是资源、环境、人口、经济的复合系统，是各要素相互作用的结果。研究国土空间问题，实质上是为了研究如何妥善处理经济发展与人口、资源、环境的关系。在此基础上，形成了自然资源、地域开发、国土整治等相关理论，这些理论为国家及区域国土空间规划提供了指导，也在宏观决策中发挥了重要作用。

二、1980 年代初至 2010 年代初

中共十一届三中全会以后，党的工作重点转移到社会主义现代化建设上来，强调充分利用国土资源推动国民经济发展。1981 年 4 月，中共中央书记处第 97 次会议决定："建委的任务不能只管基建项目，而且应该管土地利用、土地开发、综合开发、地区开发、整治环境、大河流开发。要搞立法、搞规划，国土规划是个大问题……总之，要把我们的国土好好管起来"。根据中央的决定，国家建委于 1981 年 8 月向国务院提出了《关于开展国土整治工作的报告》，同年 10 月，国务院正式将报告批转全国，并指出："在我们这样一个大国中，搞好国土整治，是一项很重大的任务。"

1982—1985 年，最初选择 6 个地区进行国土规划试点，组织召开了两次国土整治战略问题研讨会，以及南方、北方两次国土规划试点工作讨论会。会后，进行了 33 个区域的国土规划试点工作，覆盖面积占全国国土面积的 1/3，这些试点为全面开展国土规划工作提供了宝贵的经验。1985—1986 年，开展了全国国土规划纲要的制定工作和立法工作。1985 年起，根据国务院的决定，国家计委开始组织编制《全国国土总体规划纲要》，与此同时，各省（自治区、直辖市）也相继开展国土规划编制工作（胡序威，2006）。

1987 年我国第一部关于国土规划的行政法规《国土规划编制办法》颁布，确定了国土规划的主要任务，即确定区域自然资源的开发规模、布局和步骤，确定人口、生产、城镇的合理布局，明确主要城镇的性质、规模及其相互关系，合理安排交通、通信、动力和水源等区域性重大基础设施，提出环境治理和保护的目标和对策。

1990 年国家计委组织完成了《全国国土总体规划纲要》的编写，明确了全域国土开发整治的目标、产业的总体布局、综合开发的重点地区、基础产业布局、国土整治与保护等，针对国土开发中水资源、耕地资源、城市化等问题，提出了解决措施，并提出资源承载能力、未利用土地开发等需要进一步研究的问题。由于各种原因，这个规划未得到国务院审批，几乎没有发挥作用。但是，《全国国土总体规划纲要》对全国东、中、西三大经济地带的划分，将沿海和沿长江作为一级开发轴线，把沿海的长三角、珠三角、京津唐、辽中南、山东半岛、闽东南，以及长江中游

的武汉周围和上游的重庆—宜昌一带均列为综合开发的重点地区,从新时代看仍然具有重要参考价值。

到1993年,全国已有26个省(自治区、直辖市)和计划单列市编制完成了国土规划,一些省(自治区、直辖市)编制了本行政区域内重点地区和县级国土规划。1995—1998年国土规划工作进入低潮期,这期间国土规划几乎销声匿迹。

1998年国家政府机构调整,国土规划职能划给新成立的国土资源部,国土规划工作所处的宏观背景发生了较大变化,资源环境与经济社会发展之间的矛盾加大,区域发展不协调、城乡差距拉大等问题更加突出,国土规划任务更加艰巨。

2000年代初期,国土资源部开始重视国土空间规划,先后下发了《关于国土规划试点工作有关问题的通知》《关于在新疆、辽宁开展国土规划试点工作的通知》等文件。2002年开始,深圳市和天津市成为市域国土规划的试点城市。接着又选择新疆和辽宁开展省域国土规划的试点工作,并开始着手新一轮全国国土规划的前期研究。2004年9月,广东省也被纳入国土规划试点。在深圳、天津、新疆、辽宁、广东等地开展的国土规划编制试点工作,陆续取得了系列成果。

2007年,党的十七大报告提出,"加强国土规划,按照形成主体功能区的要求,完善区域政策,调整经济布局",地方政府对国土规划更加重视。2008年开始,国土资源部陆续在福建、重庆、山东、浙江、上海、贵州等地开展国土规划试点工作,以及对一些城市群、经济区开展国土规划编制工作,河南中原城市群、广西北部湾经济区、湖南长株潭经济区等先后进行了国土规划编制。

2009年9月,经国务院同意,国土资源部和国家发展和改革委员会(简称"发改委")联合牵头,财政部、环保部、住建部等28个部门、单位参加,共同开展《全国国土规划纲要2011—2030年》的编制工作。2010年《全国主体功能区规划(2011—2020年)》发布,规划立足区域资源禀赋,围绕工业化和城镇化建设,在国家层面划分为优化开发区、重点开发区、限制开发区和禁止开发区,并提出不同区域发展策略。主体功能区规划为国土空间规划工作提供了有益探索,但也存在保护主题不明确、规划实施性和可操作性差,规划落地难等问题。

这个阶段国土规划逐步转变,从规划计划型转变到规划引导型;从突出资源开发利用转变到开发利用和保护相统一;从单纯追求经济发展转变到协调经济发展与人口、资源、环境的关系;从以产业为核心转变到协调地区空间布局。

三、2010年代初至2019年

国土空间规划和实施管理是国家治理的重要组成部分,党的十八大以来,中央加大了空间领域的改革和制度建设力度。

2013年12月中央城镇化工作会议提出,要"建立空间规划体系,推进规划体制改革,加快规划立法工作"。2014年8月,国家发改委、国土资源部、环境保护部、住房城乡建设部联合下发《关于开展市县"多规合一"试点工作的通知》,部署在全国28个市县开展"多规合一"试点。探索经济社会发展规划、土地利用规划、城乡规划、生态环境保护规划等整合的具体思路。

2015年9月,中央《生态文明体制改革总体方案》提出"构建以空间治理和空间结构优化为主要内容,全国统一、相互衔接、分级管理的空间规划体系"。2016年12月中共中央办公厅、国务院办公厅印发《省级空间规划试点方案》。全面摸清并分析国土空间本底条件,划定城镇、农业、生态空间以及生态保护红线、永久基本农田、城镇开发边界("三区三线"),注重开发强度管控和主要控制线落地，统筹各类空间性规划，编制统一的省级空间规划。

2017年，《全国国土规划纲要（2016—2030年）》（简称《纲要》）正式颁布（国务院，2017），这是我国首个国土空间开发与保护的战略性、综合性、基础性的规划，对涉及国土空间开发、保护、整治的各类活动具有指导和管控作用。《纲要》指出，要贯彻区域发展总体战略和主体功能区战略，对国土空间开发、资源环境保护、国土综合整治和保障体系建设等作出总体部署与统筹安排。要进一步优化国土开发格局、提高国土开发质量、规范国土开发秩序；优化生产、生活、生态空间，推进生态文明建设，完善国土空间规划体系和提升国土空间治理能力。同时，根据《省级空间规划试点方案》，2017年开展了省级“空间规划”试点。

2018年11月，中共中央、国务院颁布《关于统一规划体系更好发挥国家发展规划战略导向作用的意见》，要求“建立以国家发展规划为统领，以空间规划为基础，以专项规划、区域规划为支撑，由国家、省、市、县各级规划共同组成，定位准确、边界清晰、功能互补、统一衔接的国家规划体系”。

2019年5月，《中共中央 国务院关于建立国土空间规划体系并监督实施的若干意见》颁布，标志国土空间规划体系正式建立，国土空间规划“五级三类四体系”全面实施。国土空间规划是国家空间发展的指南、可持续发展的空间蓝图，是各类开发保护建设活动的基本依据。建立国土空间规划体系并监督实施，将主体功能区规划、土地利用规划、城乡规划等空间规划融合为统一的国土空间规划，实现“多规合一”，强化国土空间规划对各专项规划的指导约束作用，是党中央、国务院作出的重大部署。

总体而言，我国国土空间规划经历了1949年至1980年代初的国土空间资源考察阶段、1980年代初至2010年代初的艰难发展阶段、2010年代初至2019年的改革试点阶段。

思考题

1. 如何理解国土的概念？辨析国土与土地、领土等概念的差异。
2. 阐释国土空间和国土空间规划的概念。
3. 国土空间规划的层级和类型有哪些？
4. 思考建立国土空间规划体系的重大意义。
5. 我国生态文明建设中国土空间规划的作用是什么？

第二章　国土空间规划理论与技术

第一节　国土空间规划理论体系

国土空间规划是对一定区域国土空间开发、保护、利用、修复在空间和时间上作出的总体部署与统筹安排，显然国土空间规划需要对空间合理分工，为生态保护、社会经济发展等提供空间保障，促进空间优化，推动资源节约集约利用和促进自然资源资产保值增值。因此，国土空间规划具有很强的实践性和应用性，涉及地理学、资源学、环境学、经济学、管理学、社会学等多个学科。国土空间规划不是自然科学，因此无法像数学、物理、化学、生物等学科那样拥有大量的自然规律、基本法则。国土空间规划也不同于社会科学，也很难像经济学、社会学、管理学、法学等社会科学那样具备丰富的基本原理和基本法则。在实际发展过程中国土空间规划需要理论支持，多数学者认为国土空间规划具有理论体系，包括国土空间发展理论和国土空间规划理论两大类。

空间规划理论体系是编制空间规划、实施空间治理的科学基础（郝庆 等，2018），也是国土空间规划工作的理论基础。需要系统性、全面性、科学梳理国土空间规划相关的各种理论，建立能够直接应用于国土空间规划实践工作的理论体系。在国土空间规划工作中，地理学扮演着非常重要的角色。地理学在其长期实践中发展形成了综合性、系统性的知识体系和方法体系，应增强学科的相互融合，兼顾吸收生态、环境、管理、经济、社会等学科理论，创新国土空间治理的理论方法，为国土空间规划提供理论支撑。

一、国土空间规划理论体系建设挑战

国土空间规划体系建立以来，国土空间规划理论体系的建立面临着巨大挑战。国土空间规划研究对象具有复杂性，涉及学科具有广泛性，国土空间规划工作具有动态性，内容具有广泛性，思想具有多样性，而且受到原有城乡规划、土地利用规划很深的影响，国土空间规划实践工作存在一定的惯性，这些都对国土空间规划理论体系建设产生很大挑战。

国土空间规划研究对象具有复杂性，是规划理论体系建设面临的挑战之一。国土空间规划研究涉及全域和全要素。全域指的是全国、省、市、县、乡镇等不同层级空间，详细地讲，涉及广场、公园绿地、建筑空间等。全要素包含人口、社会、经济、资源、环境等诸多系统，这些系统构成了国土空间规划的复杂性。

国土空间规划涉及很多学科，包括地理学、城乡规划学、土地管理学、资源学、环境学、生态学、社会学、经济学等学科，以及国土空间规划研究中与这些学科交叉形成的新学科。由于国土空间规划发展历史较短，又具有很强的实践性，因此规划理论体系发展相对滞后。

国土空间规划随着理论发展和实践工作不断变化，具有较大的动态性，也对规划理论体系的建设形成挑战，影响国土空间规划编制的“体制机制”“技术”“理论”等不断变化，因此国土空间规划的战略目标、功能定位、主要内容、保障体系等随之变化，国土空间规划理论需要根据规

划实践不断完善。

从规划内容看，国土空间规划具有广泛性，这对规划理论体系的建立具有挑战。国土空间规划涉及的理论比较泛化，没有相对固定的空间规划理论；国土空间规划内容庞杂，囊括人口变化、城乡建设、资源环境、经济发展、人文社会等诸多因素，人地关系理论、资源配置理论、经济发展理论、社会组织理论等符合自然规律和社会规经济规律的理论都是国土空间规划的理论基础。

国土空间规划与空间发展受到多种思想影响，同样对规划理论体系具有挑战。城乡二元结构思想、城市中心论、核心-边缘理论、梯度开发理论等对国土空间规划决策和部署产生重大影响，既要借鉴中国传统的规划思想，参考现代西方城市和区域发展理论，又要结合中国的基本国情和新时代社会经济发展态势，推动国土空间规划理论的创新。

由于国土空间规划由政府负责编制，规划建设也有政府主导，因此我国国土空间规划长期是政府主导型，各类空间规划留下了诸多非专业的因素；城市规划、土地利用规划等原有的空间规划发展历史较长，规划发展过程中已经形成了较为固定的模式，具有一定的路径依赖，在惯性思维影响下，工作实践对国土空间规划工作产生重要影响，而规划理论产生的影响相对很小。

二、国土空间规划理论体系建设思路与架构

纵观德国、英国等西方发达国家的空间规划体系，虽然存在一些差别，但是一般都可以分为宏观尺度（全国及省一级）的战略性规划，中观尺度（市县级）的衔接性规划，微观尺度（乡镇级与街区级）的实施性规划。不同空间尺度的规划理论虽有所差异，但都由功能性理论和规范性理论构成。

由空间规划理论的基本构成出发，按照结构式思维，构建“宏观—中观—微观”尺度的空间规划功能性理论和规范性理论，将各级各类空间规划理论有机衔接，促进国土空间治理机制高效运转，提高国土空间规划的科学性。

郝庆等（2018）学者认为，空间规划理论体系包括空间发展理论与空间规划理论两大类（图2-1），空间发展理论研究空间发展的自然规律、经济规律和社会规律，包含自然科学、经济学和社会科学等多个学科。空间发展理论包括承载力理论、地域功能理论、产业发展理论、城市化理论、空间结构理论等，是揭示事物发展规律和内在机理的科学理论。

空间规划理论直接为空间规划实践服务，理论研究的目的是解决空间发展存在的实际问题，指导规划方案的编制。西方学者一般按照法鲁第（Faludi）提出的理论分类，包括程序性理论（规划的理论）和实体性理论（即规划中的理论），此后沃尔夫（Wolfe）、弗里德曼（Friedman）、亨德勒（Hendler）等学者对规划理论进行深入研究（曹康 等，2019），拓展和细化规划分类体系。

由于国情不同，中国学者对抽象的“纯”规划理论即“规划的理论”（theory of planning）的研究较少，阐释规划自身的运作机理及社会作用的论文较少，学者们更多的是参与规划实践。从中国规划理论的研究看，大部分属于“规划中的理论”（theory in planning），即具体的规划工作理论，包括对政策建议及规划运作的研究。在实践中，由于中国城市化快速推进，城市发展快，迫切需要实用的规划理论，以便指导大量项目的建设。

关于具体规划工作的理论，即“规划中的理论”（theory in planning）和关于规划本身的理论，即“规划的理论”，中国学者孙施文从另一个角度将其分为实证理论和规范理论，认为“规划

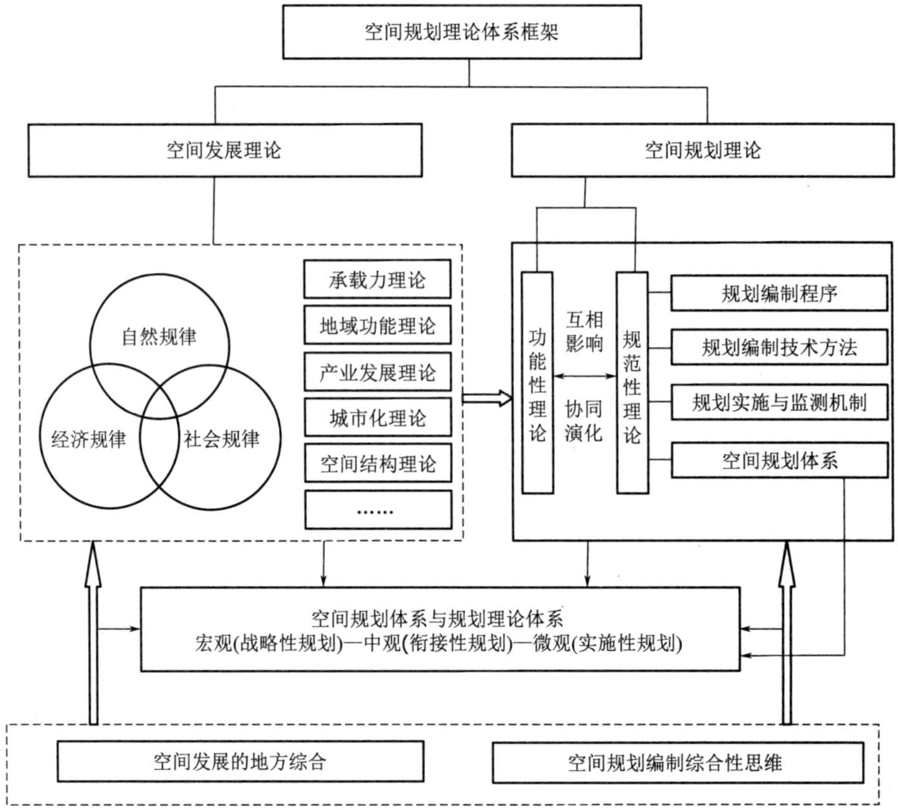

图 2-1 国土空间规划理论体系(郝庆 等,2018)

中的理论"较多是实证性的,而"规划本身的理论"则大部分是规范性的。两者联系紧密,但是也存在区别。总体而言,中国空间规划理论体系还处于不断完善过程中,两种类型的理论互相影响,并且都对规划实践工作有一定指导意义,但是规划理论较为分散,没有形成理论体系,滞后规划实践。

空间规划理论在空间尺度上具有明显的特征。宏观尺度的战略性规划主要明确国家或区域的发展战略、空间结构、重大基础设施建设、国家生态屏障与防灾减灾体系等,以空间结构理论、可持续发展理论等为基础;在规划编制上更多体现国家意志,强调政府宏观调控。微观尺度的实施性规划为空间开发和土地利用行为提供指引和强制性管控,在规划编制上,更多体现市场作用,强调公众参与。

三、空间发展理论

(一)承载力理论

从承载力概念提出,到 21 世纪作为描述发展限制的重要工具,从理论到实践,资源环境承载力的研究经历了 100 多年,承载力已经成为衡量区域可持续发展的重要依据(封志明 等,2017)。

承载力原为力学概念,是指物体在不产生任何破坏时所能承受的最大负荷。后来生物学、生态学、区域科学、地理学等逐渐引入承载力的概念,生物学和生态学中承载力指的是某一生境所能支持的某一物种的最大数量,区域科学中的承载力指的是区域系统对外部环境变化的最大承受能力。当前被广泛接受的资源承载力由联合国教科文组织界定：一个国家或地区的资源承载力是指在可以预见的期间内，利用本地能源及其他自然资源和智力、技术等条件，在保证符合其社会文化准则的物质生活水平下，该国家或地区所能持续供养的人口数量。

承载力概念的起源可以追溯到马尔萨斯时代。1798 年马尔萨斯发表了著名的《人口原理》，不仅为承载力概念赋予新的内涵，而且对达尔文的生物学和生态学发展乃至对 20 世纪的人口学和经济学研究都产生了深远影响。20 世纪 20 年代，承载力引入到人类生态学，认为承载力是在某一特定环境条件下（主要指生存空间、营养物质、阳光等生态因子的组合），某种生物个体存在数量的最高极限。

1960—1970 年代，资源耗竭和环境恶化等全球性问题开始出现，人们逐渐意识到生态系统与人类之间的相互矛盾与相互依存关系。承载力研究范围扩展到整个生态系统，研究更多考虑资源环境变化和人类活动对生态环境的影响。研究目的由种群平衡延伸到社会决策，承载本质由绝对上限走向相对平衡，研究对象更加复杂，承载力由现象描述转向机制分析，承载理念由静态平衡转到动态变化，进而深化到系统可持续发展。

1970—1980 年代，承载力研究继续深入，学者们提出一系列承载力定义和量化方法。进入 21 世纪以来，承载力研究在人口、城市和区域、自然资源、生态系统管理以及环境规划和管理等领域都得到了广泛应用，同时也促进了生物物理承载力、文化承载力和社会承载力等一系列外延概念的产生，促进了相应的承载力量化模型的诞生。

总体上，承载力具有极限内涵和伦理特征，是一个与资源禀赋、社会选择、价值观念、技术手段等密切相关的概念，具有不确定性和非线性特征。从应用上，承载力可分为生物学和生态学等视角；具体实践上包括自然资源或环境对人口或经济的承载力、某生境对特定生物种群的承载力等。资源环境承载力研究已由单一的土地资源承载力研究、水资源承载力研究发展到环境承载力研究、资源环境承载力研究、综合承载力研究。资源环境承载力研究更加强调综合性与系统性，然而，由于资源环境的复杂性和人类社会发展的动态性，资源环境承载力的阈值界定与关键参数、标准化评价与综合计量等仍是研究的热点与难点。

（二）地域功能理论

在国家战略需求的带动下，现代地域功能理论获得了极大发展（盛科荣 等，2016）。现代地域功能理论学术思想萌芽于 19 世纪西方近代地理学的区域研究和区域规划实践。从法国的区域研究到德国的景观学派，再到英国的区域规划工作，都包含着地球表层不同区域应当承担不同功能、人类社会应按照功能（用途）进行国土空间管制的思想。

现代地域功能理论学术思想在 20 世纪的地理学研究和区域开发实践中得到了继承和发展。自然地理地域分异理论（黄秉维，1958）、人地关系理论（吴传钧，1991）、区位论和空间结构理论（陆大道，1995）、可持续发展理论，这些理论的提出促进了对陆地表层功能分异规律的认识，为现代地域功能理论的产生奠定了坚实的基础。

在国土空间开发实践的基础上，中国地理学者经过严密的论证分析与深入的学术思考，正式提出了现代地域功能理论（陆大道 等，2011）。该理论可以定义为，以陆地表层空间秩序为研究对象，重点研究地域功能的生成机理，以及功能空间的结构变化、相互作用、科学识别方法和有效管理手段的地理学理论。

现代地域功能理论的形成和发展过程分为三个阶段。第一个阶段（2003—2006 年），这是现代地域功能理论的初步形成阶段。中国人文地理学者围绕国土开发保护的重大战略需求，在传承地域分异理论、人地关系理论和空间结构理论的基础上，集成经济、社会、生态多学科的研究成果，突出“因地制宜”和“功能分区”的思想，创造性地提出了按照功能区构建中国国土开发和区域发展格局的建议。

第二个阶段(2007—2012 年)，这是现代地域功能理论的正式形成阶段。主体功能区建设的国家重大战略需求有力推动了地域功能理论的形成和发展，在这一阶段中国地理学者提出了地域功能、区域发展空间均衡模型等核心概念，这些概念的提出标志着现代地域功能理论的正式形成。

第三个阶段(2013 年以后)，这是现代地域功能理论学术框架逐步完善的阶段。地理学者开始对现代地域功能理论学术体系进行构思，并提出了以地域功能生成机理、空间结构、区域均衡等理论研究和以地域功能识别、现代区域治理体系构建等应用研究为主体的研究框架，实现了从核心概念构建到系统学术思想探索的转变。

(三)产业发展理论

产业指的是某种同类属性的经济活动的集合，随社会分工的发展而不断发展。产业发展理论是研究产业生命周期、产业结构、产业组织、产业集聚等问题的理论总称。

1. 产业生命周期理论

产业生命周期理论起源于产品生命周期理论，1966 年美国经济学家弗农在产品生命周期理论研究的基础上提出了产业生命周期理论，认为产业从产生到衰落是大量厂商共同进入和退出等具有共同规律性和阶段性的行为。

1980 年代，高特和克莱普拓展了研究范围，除了关注产品的价格、产量和销售的时间序列数据外，还关注该产品市场结构变化以及厂商数量的增减变化，逐渐发展到以产业组织为研究对象，分析产业演化，提出了 G-K 产业生命周期理论。将产业生命周期划分为五个阶段：引入期、大量进入期、稳定期、大量退出期和成熟期，强调产业生命周期阶段对创新的特征、重要性和创新来源具有重大影响，认为外部企业通过产品创新而不断进入该产业；而在大量退出期，由于价格战、外部创新减少等导致企业的大量退出；在产业成熟期，一旦有重大技术革新或重大需求变动产生，将开始新一轮产业生命周期。

早期学者在建立产业生命周期模型方面的研究比较广泛和深入，形成了许多理论模型。随着现代信息技术和网络技术的发展，产业结构和产业形态发生了根本性变化，这对传统的产业生命周期理论提出了挑战。当前的研究从服务创新等角度出发，丰富了产业生命周期理论的内容，但也存在一定的局限性。

2. 产业结构理论

产业结构的研究逐渐产生了两个方向：关注产业间的技术联系和变化趋势，在国民经济中主导产业的更替和结构变化；关注各个产业之间投入产出的比例结构及其发展演化(高东方，2014)。产业结构理论是研究产业之间关系的理论，配第定律及其“印证”的结论合称为配第-克拉克定律。英国经济学家配第最早研究产业之间的关系，由于收入差距的驱使，劳动力会从农业流动到制造业，之后再向商业流动。

德国经济学家霍夫曼从另一角度对产业划分，认为产业分为生产资本资料的产业、生产消费资料的产业和其他产业，提出“霍夫曼比例”的概念，即生产消费资料产业的产值和生产资本资料产业的产值之间的比例。

新西兰经济学家费希尔首次提出三次产业的划分方法，将人类经济活动划分为三个阶段：第一阶段的活动主要是为了满足人们生活基本需要，以农业、畜牧业生产为主，是初级产品生产阶段，称为第一产业；第二阶段的活动主要是为了满足人们生活的进一步的需要，以大规模工业化生产（如纺织、钢铁、机械等产业）为基础，是对原材料进行加工阶段，称为第二产业；第三阶段的活动主要是为了满足人类除物质资料以外的更高级的精神文化需求，科学、教育、艺术、娱乐和旅游等服务产业获得大发展，称为第三产业。

英国经济学家克拉克受到费希尔的启发，对三次产业分类方法做出详细说明。克拉克认为第一次产业主要以自然界为劳动对象，包括种植业、林业、渔业和畜牧业等；第二次产业主要是对取自于自然界的物质进行加工，包括采掘业、矿业、制造业和建筑业等；第三次产业主要是对非自然界物质或无形物质领域的生产活动，包括教育、科学、文化、金融业、批发零售业、通信业和运输业等。

3. 产业组织理论

产业组织理论是产业经济学的微观基础和核心内容，也是微观经济学的理论延伸和实际应用。产业组织理论研究的关键集中于产业与市场的关系，以及在此基础上形成的产业组织形式和企业组织形式，着重研究产业内企业之间的关系，特别是企业之间的商品交易关系、资源占有关系和经济利益关系、行为关系（彭泽军，2008）。

在现实经济生活中，产业内企业之间的关系复杂多样，其变化与发展不仅影响企业的生存与发展，而且影响产业本身的生存与发展，还将影响该产业对国民经济良性发展的重要贡献。产业组织研究的最终目的在于通过对经济运行过程中产业组织状况的分析研究，得出对特定市场效果和竞争秩序状态的判断，从而为政府的经济调控、市场秩序的维持和经济效率的提升等，提供实证依据和理论指导。

4. 产业集聚理论

产业集聚是当今世界经济活动表现出的显著特征，产业集聚的研究已有较长历史，成果丰富，形成了多种产业集聚理论（刘军 等，2011）。经济地理学家认为产业集聚是一种地理现象，因为它表现为产业在空间上的集中（陆治原，2006）。马歇尔从专业化工业区的角度对产业集聚现象进行分析，推动产业集聚的研究。之后不同的学科从不同的角度对产业集聚问题展开了多视角研究，产业集聚理论也随之发展起来。韦伯着重于从成本的角度解释产业集聚的形成；胡佛等学者主要从规模经济角度解释同类产业的集聚；克鲁格曼认为产业集聚形成的原因主要有市场需求、外部经济、产业地方化，公司一般会选择定位在市场需求比较大的地方，因为较大的市场需求可以保证生产的规模经济；一般而言，外部经济有三个来源：有专业技术的劳动者、专业化的投入和服务、知识和信息的流动，共同构成产业空间集聚的吸引力。产业地方化，一旦产业专业化的格局出现，这一格局就会由于累积循环的自我实现机制而被锁定。

（四）城市化理论

城市是工业革命的产物，是现代文明的标志。一般认为城市是以非农业和非农业人口聚集为主要特征的居民点，在我国是指按国家行政建制设立的市和镇。城市化理论较多，从城市化的动力与城市结构变迁视角看，人口理论、政治经济理论、城市偏好理论是解释城市化的三条路径，其共同特点是在相关政策中凸显经济、政治、文化、社会与地理价值的重要性，以及因为流动而导致的机会差异，差异的存在与消除，构成城市化的可能空间。

由于城市化的核心内容涉及空间变动，因此，空间议题一直是城市化理论的核心。相关理论更是丰富，大致可以分为以下四类（李斌 等，2016）。

第一类为区位理论，区位理论经历了古典区位理论、近代区位理论，再到现代区位理论的发展历程。区位理论强调“集聚”思想，认为经济集聚会导致财富增加，人与人之间在工作与生活上的相邻会带来经济利益。集聚会导致劳动分工更多更细，商品快速增加、劳务与信息的交流机会增多,这又进而激发财富投资住房、设备与基础设施,雇佣更多劳动力,转而又引发更大规模集聚,更多的财富对基础设施与技术进行更多的投入,继而形成更大规模的城市化。第二类为结构转换理论。这一理论路径从二元结构分裂与融合视角来分析人口迁移,认为人口迁移会导致城乡融合。这类理论包括刘易斯的二元经济结构理论、舒尔茨的农民学习模型、钱纳里·塞尔昆的就业结构转换理论。第三类为空间非均衡发展理论。这类理论从区域发展、空间过程与区域结构变迁展开研究。非均衡发展理论包括佩鲁的增长极理论、弗里德曼的中心-边缘理论、缪尔达尔的循环累积论、赫希曼的非均衡增长理论。第四类为协调基础上的生态学派理论。这一理论侧重人与自然的和谐发展与可持续发展方面。代表性理论有:霍华德的田园城市理论、恩温的卫星城市论、沙里宁的有机疏散理论等。

从区位论、结构论等到非均衡增长论,再到生态学派理论,体现了城市化发展理论的深化(周毅,2009)。当今的城市化理论越来越指向以人为核心,理论研究涉及包容性、可持续性、多元融合性、脆弱性、韧性、生活质量提升等。

(五)空间结构理论

空间结构理论包括空间极化理论、空间分异理论、空间相互作用理论、空间结构网络理论等。空间结构理论从关注单个厂商的区位决策,演变到关注区域总体经济结构与形态模式的研究;从抽象的纯理论研究发展到寻求各种经济主体在空间中的最优组合(郭腾云 等,2009)。

空间极化理论以佩鲁的增长极理论为基础,布代维尔、弗里德曼、缪尔达尔、赫希曼等学者丰富和发展了该理论。佩鲁认为,增长并非同时出现在所有地方,它以不同强度出现于一些增长点或增长极上,然后通过不同渠道向外扩散,并对整个经济产生不同影响。布代维尔把经济空间转化为具体的地理空间,提出"增长中心"概念,强调增长极的空间特征。缪尔达尔、赫希曼研究了增长极与区域腹地的联系和互动机制,即缪尔达尔研究了回波效应与扩散效应,赫希曼研究了极化效应与涓流效应,表明经济发达地区对落后地区具有双重作用。

区域经济空间分异理论主要有倒"U"字型理论、"核心-边缘"理论、"点-轴"理论等。威廉姆逊提出人均收入增长同地区差异间的倒"U"字型理论,认为在国家经济发展的初级阶段,区域间差异将会扩大;随着经济的发展,差异不再扩大,趋于稳定;在成熟阶段,差异趋于缩小。弗里德曼提出核心-边缘理论,认为任何区域的空间系统都可以看作是由中心和外围两个空间子系统组成,在区域经济增长过程中,空间子系统的边界将发生变化,区域空间结构会发生演变,呈现离散型空间结构阶段—集中型空间结构阶段—扩散型空间结构阶段—均衡型空间结构阶段。陆大道(1995)提出了"点-轴"理论,认为社会经济运行主体大都在点上聚集,并通过线状基础设施而联成一个有机的空间结构体系。

空间相互作用是区域空间结构形成与演化的基本动因。乌尔曼提出空间相互关系的概念,认为互补性、可转移性及介入机会是空间结构形成与演化的基础。博芬特尔对空间结构理论作了系统分析和模型推导,认为决定空间结构以及其差异的关键因素是集聚、运费及经济对当地生产要素土地的依赖性。

空间结构网络理论是比较新的理论,从地理学角度看,网络是表达有组织的"点与点""点与线"之间联系的一种复杂空间结构。网络是节点和线路的综合体,节点是网络的中心,线路是构成节点之间、节点与域面、域面与域面之间功能联系的通道。网络作为区域空间结构的一种形态,不仅表示经济发展的地域联系,而且还表示这种联系的各种依托。

(六)人地关系论

人地关系是一种普遍存在的客观关系,是国土空间规划的重要理论基础。自人类产生以来，就存在人地关系，并随着人类的发展而变化。从地理学角度来看，人地关系中的“人”是指在一定的地域空间中进行多种生产与生活活动的人，人地关系中的“地”是地域差异明显，并能为人类活动提供自然界中各种要素的地理环境。

人地关系是一种动态变化关系，在“人”和“地”二者相互作用的条件下持续发展，从人类依赖土地资源供给到逐渐利用土地资源，并期望土地资源趋向人类需求的方向转变，最终实现人类社会与自然资源的和谐可持续发展。人地关系的产生和发展经历了一个比较漫长的过程，不同时期占据主导地位的人地关系理论不同。

人地关系论主要包括环境决定论、或然论（可能论）、适应论、生态论、环境感知论、文化决定论、和谐论等（赵荣 等，2006）。环境决定论，也叫地理环境决定论，强调自然环境对社会发展起决定作用，主要代表人物是拉采尔。可能论注重人对环境的适应与利用的选择能力，由法国学者白兰士提出。英国的罗士培提出适应论，认为适应包括人类对自然环境的适应，也包括一定区域内人群和地理环境之间的关系。美国的巴罗斯提出了生态论，强调人类对自然环境的反应，运用生态学的一些观点分析人地关系。环境感知论借助心理学研究人地关系，认为人与自然环境的关系有一定的规律可循，受一种思想意识支配，这种思想意识就是环境感知。文化决定论认为人与自然环境的关系是通过文化在起作用。和谐论认为，人地关系包括两个方面，一方面人类要顺应自然规律，充分合理利用自然环境，另一方面人类要对已经破坏的不协调的人地关系进行优化和调控。

四、空间规划理论

根据张庭伟（2012）等的研究，空间规划理论可分为规范性规划理论（规划的理论）和功能性规划理论（规划中的理论），规范性规划理论涉及社会道德、规划价值取向，即规划的目的，侧重“为何做规划”；规范性规划理论，研究规划工作的自身，包括规划行业的发展历史、基本目标、社会功能、工作程序等，中心是规划这个学科存在的合理性及其价值观和职业道德。

功能性规划理论（规划中的理论）则涉及规划编制的程序、技术方法、规划实施与监督等，即“如何做规划”。功能性规划理论关注的是在目标给定以后，如何为落实目标而提出规划建议，中心是不同功能的具体规划（如用地规划、道路交通规划、市政基础设施规划等）的编制原则及方法。功能性规划理论指导着具体的规划工作，所以其内容比较密切地反映了城市不同发展阶段的需求。

规范性规划理论（规划的理论）发展演变分为三代（张庭伟，2012）：第一代理论强调理性模型，主要内容包括规划工作的科学性，分析工具及方法。第二代理论强调倡导性规划和公众参与理论，主要内容包括规划及其过程的公平性，弱势阶层问题。第三代理论强调协作性规划，主要内容包括规划的调停功能，建立共识。从规范性规划理论发展演变看，更多受到哲学、社会学以及人文科学变化的影响。

功能性规划理论（规划中的理论）也分为三代（张庭伟，2012）：第一代理论为系统理论、优化理论等，规划工作的主要对象是人与城市的关系，关注物质建设问题；第二代理论为后现代主义，规划工作的主要对象是人与人的关系，侧重社会问题；第三代理论为新城市主义，精明增长，生态保护等，主要对象是人与生态的关系，重视环境问题。从功能性规划理论发展演变看，更多受到城市和区域社会经济发展阶段的影响。

空间规划功能性理论与规范性理论互相影响、协同演化，在时间尺度上呈现不断演进的路径。例如，二战后德国、法国等国的空间规划普遍重视功能性理论，在规划编制上采取国家主导、层级控制的模式,保障了社会经济的恢复,促进了工业化、城市化快速发展。21世纪以来,这些国家进入后工业化社会,空间规划更多关注的是地方分权、生态治理等。

空间规划理论在空间尺度上也具有明显的特征。宏观尺度的战略性规划主要明确国家或区域的发展战略、空间结构、重大基础设施布局、国家生态屏障与防灾体系等,以空间结构理论、可持续发展理论等为基础;在规划编制上更多体现国家意志,强调政府调控。微观尺度的实施性规划为空间开发和土地利用行为提供指引和强制性管控;在规划编制上,更多体现市场作用,强调公众参与。

第二节　国土空间规划技术体系

高质量发展的新时代,国土空间规划在规划实践工作中,越来越重视新型技术方法的应用。2019年7月,自然资源部办公厅印发《关于开展国土空间规划"一张图"建设和现状评估工作的通知》,明确提出三步构建国土空间规划"一张图"。建设国土空间基础信息平台已成为国土空间规划的一项重要内容。

一、国土空间规划总体技术体系

国土空间规划体系的建设、"一张图"的构建,必须要有技术体系的支撑。技术手段支持下的信息共享、业务协同的国土空间规划信息平台有利于解决不同类型规划之间的矛盾,实现自然资源数据共享。国土空间基础信息平台能够辅助规划决策,提高规划审批效率,推动空间规划的改革,是实现"一张图"重要的技术手段。

随着规划界对空间规划理论体系的梳理、技术方法的探索,随着地方规划实践的积累、保障制度建立等,2020年开始中国国土空间规划已经进入全面编制阶段,到2021年6月,浙江省、河北省、青海省、内蒙古自治区、湖南省、重庆市、四川省、江苏省、黑龙江省、云南省、海南省等省(自治区、直辖市)已经公布了国土空间总体规划成果,将公众版通过网络等途径进行了公示。结合原有规划技术方法,构建新时代国土空间规划技术体系,该体系包括本底条件评价(双评价:资源环境承载能力评价、国土空间开发适宜性评价)、空间管控途径(三线三区划定)、空间要素配置以及规划信息平台4个方面(参见图2-2)。

(一)国土资源"双评价"的技术方法

"双评价"(资源环境承载能力评价、国土空间开发适宜性评价)作为构建国土空间的基本战略格局、实施功能分区的科学基础,其评价结果为国土空间格局优化、国土开发强度管制、三线划定、重大决策和重要工程安排等提供重要而坚实的支撑。

2020年1月,自然资源部印发《资源环境承载能力和国土空间开发适宜性评价指南(试行)》,强调"双评价"的目标是识别生态系统服务功能极重要和生态极敏感空间,明确农业生产、城镇建设的最大合理规模和适宜空间,划定生态保护红线、永久基本农田、城镇开发边界,优化国土空间开发保护格局。"双评价"是差异化专项评价,基本原则是不同区域的主体功能区定位不同。

资源环境承载能力评价,根据自然条件适宜性开发理念,围绕土地资源、水资源、生态资源、气候、环境、灾害、区位等方面进行资源环境承载力单要素评价,在此基础上开展农业生产、生态保护、城镇建设三个专项评价,划定农业生产承载规模等级、生态保护重要性等级、城镇建设承载规模等级,综合反映国土空间自然本底条件对人类生产生活的支撑能力。

国土空间适宜性评价，从生态功能、农业功能、城镇功能三方面，判断区域内各类国土空间适合进行开发的适宜性等级，以确定城镇建设用地发展方向。最后，根据“双评价”结果可以研判当前区域发展存在的问题和面临的风险，确定未来空间发展潜力以及结合重大战略事项开展一定的情景分析。

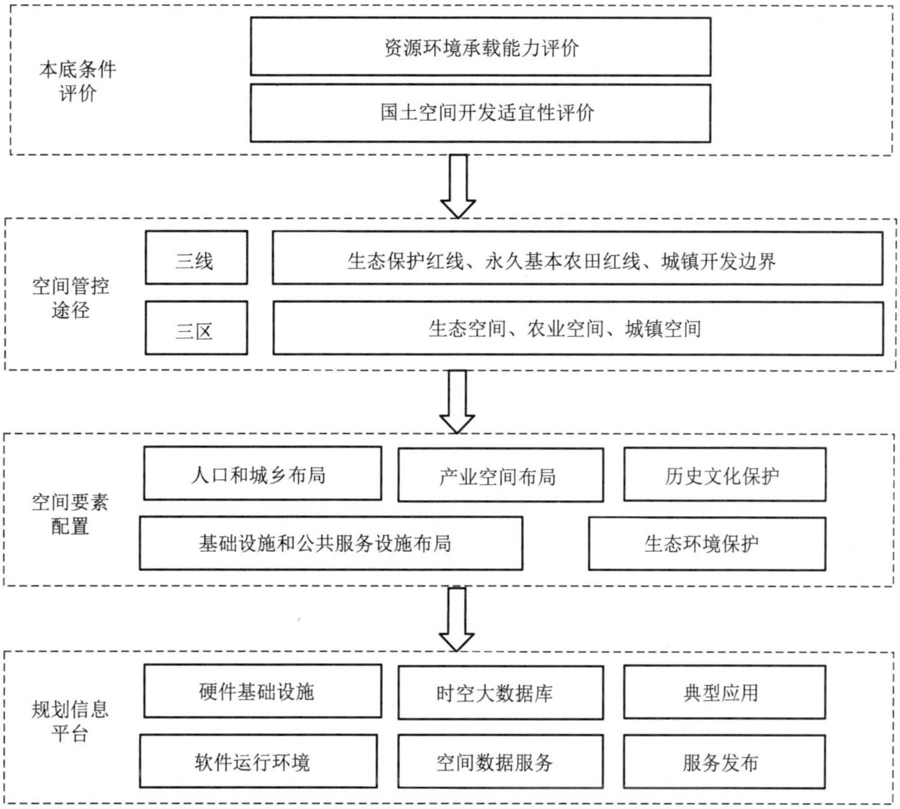

图 2-2　国土空间规划技术体系（党安荣 等，2020）

（二）“三线三区”划定的技术方法

“三线三区”是指生态保护红线、永久基本农田保护红线、城镇开发边界以及生态保护区、农业生产区、城镇发展区，科学划定“三线三区”是解决以往多种规划冲突的重要手段，以及各级国土空间规划编制与监督实施的核心内容。应当将“三线三区”作为一个整体，研究它们之间的关系，分步骤划定各类控制线和三类空间，并在确定生态保护红线、永久基本农田保护红线两条刚性红线的基础上，提出城镇、农业、生态三类空间。

优先划定生态保护红线。将“双评价”结果作为依据，结合《生态保护红线划定指南》的要求，对国土空间开展生态功能重要性和生态敏感性评价，并将生态极重要和生态极敏感区域与国家和省级自然保护区、森林公园、湿地公园、集中式饮用水源保护区等禁止开发区域进行校验，统筹各部门各地方的利益，因地制宜划定生态保护红线。

严格保护永久基本农田。根据《国土资源部 农业部关于进一步做好永久基本农田划定工作的通知》《国土资源部关于全面实行永久基本农田特殊保护的通知》《基本农田划定技术规程》的要求，将非耕地、损毁耕地、河道防洪堤内不适宜稳定利用耕地等地块剔除，再将高质量、集中连片的优质耕地划入，得到永久基本农田划定基础图层。然后结合“双评价”结果初步划定永久基本农田保护红线。最后,根据划定的生态保护红线、城镇开发边界进行调整细化,最终确定永久基本农田红线。

合理划定城镇开发边界。目前,还没有制定统一明确的城镇开发边界划定导则。各个省市根据实际需要,制定了本行政区相应的城镇开发边界划定办法,如福建省出台《城市开发边界划定和管理技术要点》。首先,在“双评价”基础上,确定城镇空间的备选区,并按照一定标准,在被选区中划定城镇空间;其次,通过对城镇用地条件和发展潜能评估,确定城镇用地的控制规模;然后,从城镇发展的空间指向出发,确定城镇用地的空间区位,从而初步划定城镇开发界。最后,根据已划定生态保护红线、永久基本农田红线、生态空间和农业空间,对城镇开发边界和城镇空间进行调整。

(三)国土空间规划信息平台(参见图 2-3)

空间要素配置。空间要素的有效植入是国土空间规划的核心内容,也是构建全域国土空间新格局的重要手段,需要在更大空间范围内综合考虑人口、产业、基础设施、公共服务设施等要素资源的合理配置,谋划生态空间有效管控、城乡空间合理布局、产业空间优化配置、交通网络布局完善、区域之间协调发展。人口和城乡布局方面,在“三线三区”划定的基础上,识别出适宜人口集聚和城镇建设的区域,结合建设用地需求和社会经济发展趋势,预测人口规模,结合规划期限内分解的人口规划,可以对人口规模和布局进行弹性集成;产业要素布局方面,在“三线三区”划定基础上,识别重点产业园的规模和范围,并依据产业空间分布态势与导向,划定重点产业集聚区以及预测发展趋势;设施要素布局方面,基础设施和公共服务设施的布局要与“三线三区”相协调,并满足空间开发强度和三类空间比例的要求。同时,设施建设应合理避让生态保护红线,并引导和支撑城镇空间高效开发和集约合理利用。

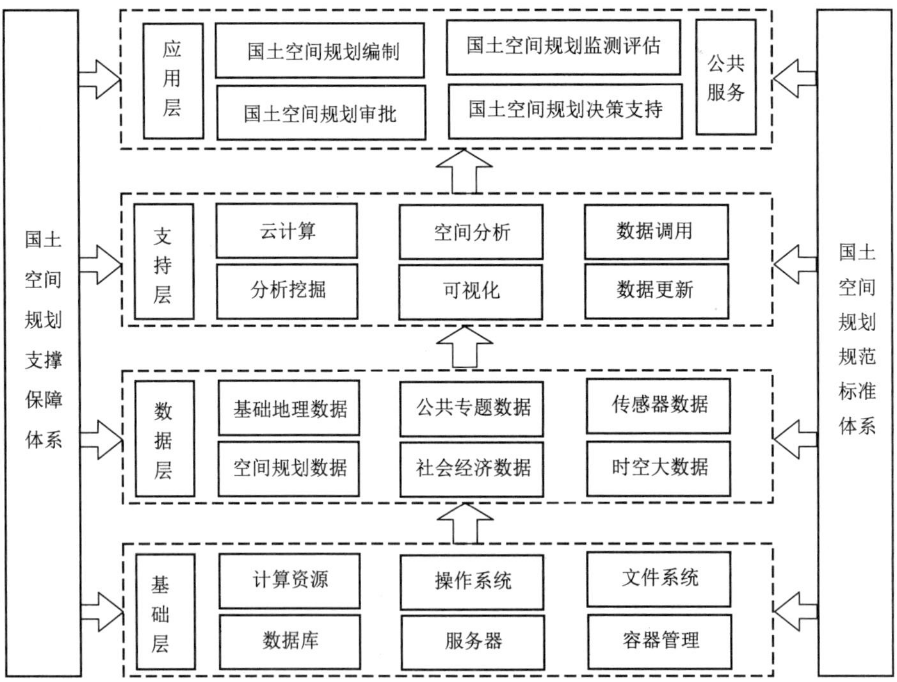

图 2-3 国土空间规划信息平台技术(党安荣 等,2020)

信息技术支撑。自然资源部明确提出国土空间规划基础信息平台同步建设。国土空间规划基础信息平台推动国土空间规划转变，向能感知、会学习、善治理、自适应的智慧型的国土空间规划发展变化，信息平台为国土空间规划转变提供了重要的信息技术保障。大数据时代背景下的国土空间信息平台建设对于国土空间管控、国土空间规划的实施监督等非常重要。基于物联网、云计算、大数据、区块链、人工智能等新一代信息技术，依托国土资源、测绘地理等已有空间数据资源，结合各种传感器、物联网、社交网络、手机信令、智能交通刷卡等数据，建设可靠的、高效的、实时的、共享的国土空间信息平台，既可实现多源多尺度数据的有效集成及挖掘，又能为政府部门开展国土空间相关规划的编制、审批、评估、监管与分析决策提供基础服务，最终提升国土空间治理能力现代化水平。

平台技术架构。国土空间规划基础信息平台系统架构是一个相互联系且相互支撑的整体，分为四层：基础层、数据层、支撑层、应用层；同时建设运营和维护保障体系、标准规范体系作为支撑，通过国土空间规划基础信息平台可以满足多部门、多源、多时相、多尺度海量数据的集成，为自然资源管理提供数据基础；利用基础信息平台能够充分进行跨地区、跨部门、跨层级、跨业务的数据共享，实现规划、住建、农业、林业、水利、环保等部门的数据整合及互通互联；通过基础信息平台，数据来源更为广泛、数据分析更为科学、治理方案更为可行、治理效率更为高效，必将提升国土空间治理精细化水平。

二、国土空间规划中信息与制图技术的应用

(一)地理信息技术的应用

地理信息系统(Geographic Information System，简称 GIS)是一种特定的十分重要的空间信息系统，是在计算机硬件和软件系统支持下，对整个或部分地球表层空间中的有关地理分布数据进行采集、储存、管理、运算、分析、显示和描述的技术系统(汤国安 等，2010)。GIS 依靠在数据管理和分析上的优势，在国土空间规划编制领域应用广泛，具有很强的优势，包括地图制图、资源管理、环境保护、资源环境承载能力评价、国土开发适宜性评价、规划实施监督、社会经济数据管理等方面。GIS 最显著的特征是具有空间分析的功能，缓冲区分析、网络分析、地形分析、邻域分析等基本模块，为国土空间规划过程中的定量分析提供了技术支撑。GIS 空间分析在国土空间规划编制中的应用，大大提升了规划编制的科学性。

(二)遥感技术的应用

遥感(Remote Sensing，简称 RS)从远处探测、感知物体，即不直接接触物体，从远处通过探测仪器接收来自目标地物的电磁波信息，经过对信息的处理，识别地物。通常把从不同高度平台使用各种传感器收集地物的电磁波信息，再将这些信息传输到地面并加以处理，从而达到对地物的识别与监测的全过程，称为遥感技术(《遥感概论》编写组，1986)。遥感数据是地球表面所有要素的光谱特征的集合，遥感数据是国土空间规划的主要信息源。利用遥感技术能够进行国土空间现状调查、区域发展要素调查等，例如，气象、水文、矿产、地质灾害、海洋等的调查。除了在自然地理方面的应用，遥感技术还可以应用到人文社会、经济发展等方面，例如，城镇和乡村的分布、土地利用现状与变化、路网结构与交通流、工厂分布、农作物分布与估产等。国土空间规划受到诸多地理要素制约，在利用遥感进行国土空间规划研究时必须对各种要素在国土空间中的作用进行分析，这需要结合地理信息系统进行。

(三)计算机辅助设计技术的应用

以计算机辅助设计(CAD)为代表的计算机制图和以 Photoshop、3D MAX 为代表的图形

图像处理是首先在规划领域普及的技术,这些计算机辅助设计技术的应用提高了规划信息的储存量、辅助了规划设计方案的修改和成果的表达,大大提高了规划编制的效率(孔宇 等,2019)。规划师得以从传统规划编制过程中手工绘图等体力劳动中解放出来,有了更多思考和分析问题的时间,规划编制的质量也因此有所提升。但是这些技术仅能通过空间形态的可视化,辅助规划师完成初步的视觉环境分析,尚不具备更高级的空间数据处理与分析的能力。

三、国土空间规划中新一代信息技术的应用

大数据、移动互联网、物联网、云计算、人工智能、虚拟仿真等新一代信息技术对国土空间规划的影响越来越大,在国土空间规划中新一代信息技术的应用越来越多。新一代信息技术与测绘地理信息技术深度融合,产生了时空信息平台等前沿应用型技术,为国土空间规划能力建设创造了重要条件,推进前沿性规划方法研究。

(一)大数据的应用

随着国土空间规划体系的改革,规划技术在变革,大数据在国土空间规划中的应用正在不断完善(孔宇 等,2019)。在国土空间规划领域,基于大数据,运用人工智能算法和其他信息技术,在自然资源分类、三条控制线划定、国土空间开发格局优化、城市发展规律预测、规划条件分析、规划审批、规划实施情况评价、生态修复效果仿真等方面将取得突破性成果。例如,在对生态、农业及城镇空间的具体规划时,需要重视人类时空活动对空间的影响分析,利用大数据从活动强度、活动范围、活动联系及活动偏好等方面对社会经济活动特征及规律进行分析,以便科学指导国土空间的结构优化、功能分区及用地布局(秦萧 等,2019)。

(二)移动互联网的应用

随着移动互联网大数据规模不断增加,人们急需一个展示数据、理解数据以及演绎数据的工具,促进数据可视化的发展。在国土空间规划过程中,从战略性的全国国土空间规划、省级国土空间规划到实施性的详细规划,乃至更微观的街区规划,可视化为国土空间规划管理提供了重要途径,同时在掌握地理信息数据库时,可以清晰地看出区域产业的空间格局,为国土空间结构的规划和产业布局提供了数据参考,有利于政府制定科学管理的决策。

移动互联网大数据规模海量化,数据类型多样化,这些都为国土空间规划决策提供了基础数据保障,通过各种数学模型以及空间分析模型找出规律之后,为规划者和决策者提供了决策依据。并且能够从已有的数据中挖掘到更多的数据信息。通过相关分析等定量分析方法,判断影响某一类空间要素分布的关键因素,了解空间规划与区域发展的影响因素,建立多变量的回归模型分析,从而提升国土空间规划的技术经济指标的科学设定。

(三)视频监控与物联网的应用

视频监控技术与人工智能的结合,可以对视频图像中的人、事、物等目标进行自动解析,对人车行为、工程活动、生产活动、游憩等轨迹进行动态监测和规律分析(吴洪涛,2019)。建立实时监测基本农田保护区、生态保护红线、海岸线等重要管控线的“电子围栏”,将很快成为现实;无处不在的视频监控设备、各地自然资源主管部门以及其他部门布设的越来越多的视频监控设施,对规划实施情况进行实时监控一定能成为现实。

依靠5G网络信息的“高速公路”,将可以布设更高密度的感知设备,可以对国土空间开发利用情况进行全天候自动监测(吴洪涛,2019),精度更高、信息更丰富,信息传输的保真性更好。这些设备能够支撑更多、更细化的重点目标监控。自然资源和国土空间的可感知,将提升

国土空间治理和用途管制能力。

(四)云计算的应用

云计算是近年来高速发展的信息技术,被广泛应用于需要海量存储、大量计算、多方服务的商业信息化系统中。在云计算模式下,用户的各类数据和应用软件都以服务的形式部署在云端,相关计算任务的分配与处理也由云计算中心统一负责,提高了用户在数据使用和存储方面的可靠性和安全性,且用户无需对数据、服务器进行安装和升级,降低了使用成本,提高了资源利用率。

利用云计算可以提供国土空间规划的数据信息服务、决策分析服务、功能接口服务等,从实际应用看,云计算能够提供多种应用服务,国土空间规划方案的远程评审、资源环境承载力和国土开发适宜性的远程评价,对不同层级、不同类型的空间规划的冲突检测,公众在线参与国土空间规划,区域交通流和人流的计算,城市交通最优路径的计算,等等。

(五)人工智能技术的应用

2017 年国务院发布《新一代人工智能发展规划》,提出以人工智能“推进城市规划、建设、管理、运营全生命周期智能化”的要求,标志着以深度学习和机器学习为代表的人工智能正式进入我国国土空间规划领域。

人工智能潜力很大,可能给人类社会带来重大变化,甚至是颠覆性变化,必然影响到国土空间规划的编制、实施、监测、评价与管理等。例如,利用人工智能分析土地利用变化,分析道路交通变化等。此外,利用人工智能辅助基础数据获取,实现自动比对和过程评估;利用人工智能研究城市空间变化;借助机器视觉量化城市街景和乡村照片,研究城乡变迁等(姜鹏 等,2018)。

现阶段人工智能可从三个方面帮助国土空间规划工作(张庭伟,2017):一是发挥人工智能的高分析能力,在国土空间总体规划调查中归纳主要问题及其特点,通过数据可视化等方式和居民沟通,帮助公众形成规划目标的共识;二是利用人工智能高逻辑性的工作程序,帮助制定各种情景规划方案,辅助政策建议的提出;三是利用人工智能自我学习的能力,回顾并分析历史存在问题的因果关系,推测未来不同规划方案实现的可能性,以及方案实施后的效果评价。

(六)虚拟现实技术的应用

虚拟现实技术是一个新兴的应用技术,在国土空间规划中的使用包括实时方案比较、面向公众方案展示、三维空间信息交流等(刘凯 等,2007)。利用虚拟现实技术,可以更加直观地展现规划对象,展示规划成果,从根本上提高国土空间规划的效率和水平。在国土空间规划中应用虚拟现实技术,通过对区域现状和未来规划进行仿真,可以实时、互动、真实地看到规划的效果,产生身临其境的感受,可以对道路网规划、景观设计、感知效果、空间结构、功能组织等进行多方案的对比分析,使决策者能更好地理解规划者的规划设计意图,提高国土空间规划、生态文明建设的科学性,促进区域社会经济可持续发展,降低社会经济发展的成本,提高国土空间规划效率。例如在市级国土空间规划中,可以利用虚拟现实技术建立虚拟城市系统,无论是规划者、还是普通居民,都可以进行虚拟城市系统感知未来城市模样。虚拟现实技术还可用于国土空间总体规划,也可用于中心城区的详细规划、农村地区的村庄规划。

思考题

1. 国土空间规划的理论有哪些？
2. 辨析功能性理论与规范性理论。
3. 新一代信息技术如何促进国土空间规划？
4. 如何在国土空间规划中应用大数据？

第三章　国土空间规划体系

第一节　发达国家国土空间规划体系

西方发达国家推进空间规划工作的历史较长，形成了比较完善的空间规划体系。蔡玉梅等(2014)认为，发达国家的空间规划体系以结构为导向，可以分为以德国为代表的金字塔型，以日本为代表的网络型，以美国为代表的自由型。也有学者认为，大体分为两大类别，以德国为代表的单一型空间规划体系和以日本为代表的并行空间规划体系(林坚 等，2011)。

单一型空间规划体系，即一个层级一般只存在一个综合性空间规划，对规划区的空间发展策略等提出规划指导。这类空间规划体系功能明确，不同层级的规划联系紧密，各个层级的空间规划既能落实上位规划，又能指导下位规划，上下衔接，兼顾了规划体系的完整以及不同层级规划的独特性。

并行空间规划体系，即一个层级存在多个并列的空间规划，例如，同时存在国土形成计划和国土利用规划两个全国性的空间规划，相互协调又衔接一致，构成并行的规划体系。美国不同，联邦政府对各州的管理权限有限，且多将规划权力下放到州政府，州政府又将规划权力下放到地方。分权制国家对空间规划通常不做统一管理，各种规划多由地方自主编制。

日本的并行空间规划体系相互协调、衔接一致，冲突很少；德国的单一空间规划体系上下层级合理衔接，从战略性规划落实到具体地块的开发建设，德国、日本等发达国家的空间规划体系对我国国土空间规划体系的建立具有一定的参考意义。

一、德国的空间规划体系

(一)国土空间规划行政体系

德国位于欧洲，经济发达，属于联邦制国家，德国的政府行政管理结构分为三级，联邦级、州级和地方(市、镇)级。德国在这三级都设有相应的规划和管理机构，与空间规划体系平行设置，各机构上下衔接良好，形成了完整的组织和管理体系(李经纬 等，2019)。

在联邦层面，联邦交通、建设与城市事务部主要负责联邦空间规划和德国专属经济区空间规划方案的编制，与其他联邦部门共同参与，并与州的部长联席会议共同完成。在州级层面，州政府拥有编制和实施空间规划的自主权，但要参考联邦、区域空间规划的基本原则、发展理念等，除巴伐利亚州设有区域规划与环境保护部门外，其他各州都由内务部的区域规划与城市规划局主管；州内局部地区范围的地区规划由地区规划共同体联合会、协会等负责。在地方(市、镇)层面，政府根据自身需求设置专门机构管理本地区空间规划，主要负责地方的预备性土地使用规划和建设规划。

(二)国土空间规划法律体系

德国的空间规划相关法律主要以《宪法》《空间规划法》和《建设法典》作为基础，向下延伸至各个空间层次的法律法规,有效保证各层级规划的制定与实施。德国联邦享有规划立法权,《宪法》规定联邦和州政府共同管理空间规划,联邦通过颁布法律并制定空间规划来对国土空间进行开发和管制,并对各州的规划立法进行授权,联邦政府的空间规划权力相对有限,具有法律效力的空间规划权下放在州和市镇层面。

德国有健全的空间治理法律体系,在国家层面,《空间规划法》规定了德国空间规划的主要任务、基本原则、概念、空间规划条件约束作用、各个联邦州的空间规划法的制定、空间规划方法以及需要协调的内容。

在州层面,《州规划法》规定了州发展规划的目标、主要任务及其编制和实施,不同的州制定法律的名称和内容存在差异,但都不能脱离《空间规划法》规定的框架和领域。在州和城市内部为了推动城市建设的可持续性,实现城市发展目标,还设有《建设法典》《建设利用条例》和《州建设条例》,规定行政辖区的土地利用规划和建设规划。

(三)国土空间规划运作体系

与行政组织形式对应,德国的国土空间规划体系也分为联邦、州和地方(市、镇)三级(图 3-1)。

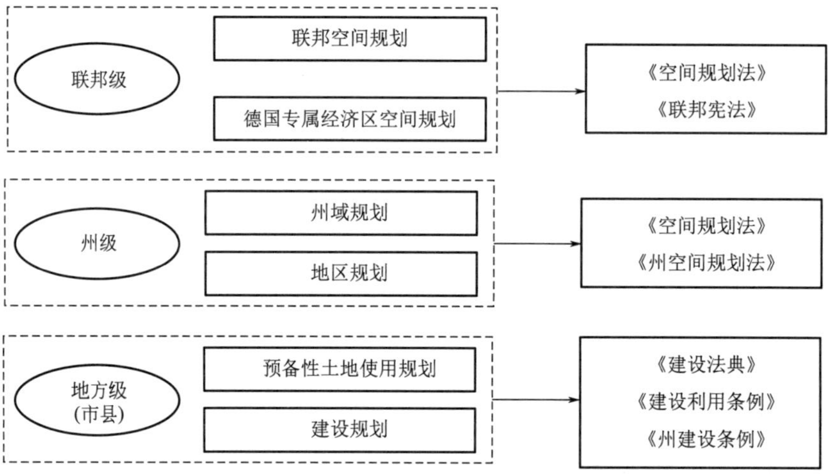

图 3-1　德国国土空间规划体系(李经纬 等,2019)

在联邦层面,制定整个联邦范围的空间规划(联邦空间规划)和德国专属经济区空间规划方案,为各州提供空间发展的导引。在州的层面制定针对本州区域的空间规划方案(州规划)和州内各局部空间的空间规划方案(地区规划),地区规划要依据州规划方案进行编制,主要内容包括空间结构(如居住、基础设施和开放空间结构)和由公共机构和司法主体确定的具有重要空间意义的规划和措施。在地方层面,编有预备性土地使用规划和建设规划,预备性土地使用规划,相当于城镇规划,对城镇的空间发展和土地利用进行规划,强调地方层面的具体土地使用问题;建设规划主要是落实上级规划的具体建设任务,明确地块的控制性指标,是城市建设项目审批的法定依据。

德国空间规划中的联邦空间规划和州空间规划,都是一种战略性、纲领性的长远规划,制定宏观的政策框架,州规划是对联邦空间规划原则与目标进行一定细化。在地方层面的地方规划根据地区的实际情况对上位规划进行细化,通过建设规划实施。整个规划体系上下级衔接紧密,下位规划落实上位规划,上位规划指导下位规划,横向上与行政机构相互衔接,分工明确,总体而言规划体系比较完整。

二、日本的空间规划体系

（一）国土空间规划行政体系

2001 年日本行政体制进行改革，设立国土交通省，将空间规划所涉及的所有规划运行机构都归入统一的国土交通省，目的是推进各类规划的统一，国土交通省的设立对日本空间规划体系影响很大。国土交通省由原国土厅、运输省、建设省等机构合并而成，职责范围包括国土计划、河川、都市、住宅、道路、铁路、航空、港湾、政府办公楼的建设与管理等。

在组织机构上，国土交通省下设本省和外局，其中在本省的核心部局中，国土规划局负责国土规划的具体编制工作，地位重要。全国的国土形成计划和国土利用规划都由国土规划局负责编制，其下级单位分别编制广域地方计划和国土利用规划，城市地区的规划由都市局及下级单位负责编制。中央层级主要负责协调全国和区域层面的土地资源配置，都道府县主要负责本级行政区的空间规划、城市规划与建设，市町村主要负责本级行政区的具体建设和管理。

（二）国土空间规划法律体系

日本学习西方的规划较早，是亚洲最早开展空间规划的国家，1950 年日本出台了《国土综合开发法》，这是日本第一部关于国土空间开发的基本法，为国家和地方编制综合开发计划提供法律依据。1969 年制定“二全综”（第二次全国综合开发计划），在之后实施期间，日本经济高速增长，土地需求不平衡，地价暴涨十分严重。1971 年，国家有关部门和社会各界开始要求修改“二全综”，同时修改《国土综合开发法》。1974 年修订后的《新国土综合开发法》中的土地利用部分作为《国土利用计划法》通过。《国土利用计划法》为国土利用规划和土地利用基本规划的制定提供依据，并针对日本的土地投机性交易及高地价给国民生活带来的问题，制定土地交易等相关法规，确保土地合理利用，其中在土地利用基本规划中划定了城市地区，城市地区的规划编制遵循《城市规划法》。

2005 年，日本将《国土综合开发法》修订为《国土形成计划法》，规划体系也从四级转为二级，作为全国计划和广域地方计划的编制依据。新的《国土形成计划法》，明确了在规划的编制过程中应考虑居民和地方政府的意见，尊重地方公共团体自主管理，相比以前的《国土综合开发法》强调国土规划是以开发为主要目标，新的规划法更加强调土地的协调利用和保护，综合考虑土地的自然条件，通盘考虑经济、社会、文化等相关政策，促进社会经济的发展。

（三）国土空间规划运作体系

日本的国土空间规划分为国土形成计划和国土利用规划，形成了并行的空间规划体系。在 1950 年的《国土综合开发法》中，国土综合开发分为四级，全国综合开发计划、都府县综合开发计划、地方综合开发计划及特定地区综合开发计划。2005 年修订《国土形成计划法》，而后将国土形成计划变为两级，包括全国计划和 10 个广域地方计划，这是为了促进土地的高效利用、空间协调及土地资源保护而制定的综合性计划，宏观指导性更强，并给了广域地方较大的规划弹性空间。

国土利用规划的编制依据《国土利用计划法》，则分为三级，即全国规划、都道府县规划和市町村规划，用来确定编制国土利用规划的目标、任务与内容，提出土地利用的基本方向、基本理念、基本原则，确定未来土地利用分区的具体规模目标，并制定土地利用措施，保证综合且有规划地利用国土。在都道府县层面还包括土地利用基本规划，将规划范围内的国土分为城市地区、农业地区、森林地区、自然保护地区、自然公园地区，结合与每个区域相对应的相关法律，共同促进土地的合理使用。

日本的空间规划体系是一种并行体系,国土形成计划二级运行,国土利用规划依然三级运行,在全国层面的国土形成计划和国土利用规划并行设置,相互协调,保持一致,作为各自下级规划的依据。国土形成计划是综合性的规划,作为各专项规划的编制依据。国土利用规划通过制定土地利用的相关措施,保证国土综合且合理的使用,上下级的规划层层对接,在都道府县层面规划直接对接土地利用基本规划。

第二节　中国国土空间规划体系

从中国的国土空间规划体系来看,包含四个子体系,规划法规政策体系、规划技术标准体系、规划编制审批体系和规划实施监督体系。前两个属于支撑规划运行的技术性体系,后两个属于规划流程(潘海霞 等,2020)。

一、国土空间规划体系的构成

(一)法规政策体系

一个国家的国土空间规划法规体系必须服从本国的法律体系,国土空间规划编制和监督实施必须基于法律和相关制度,《中共中央 国务院关于建立国土空间规划体系并监督实施的若干意见》专门提出完善法规政策体系问题,要求"研究制定国土空间开发保护法,加快国土空间规划相关的法律法规建设"。在新的立法工作完成前的过渡期,既有的《中华人民共和国城乡规划法》和《中华人民共和国土地管理法》仍然有效。自然资源部正在根据《中共中央 国务院关于建立国土空间规划体系并监督实施的若干意见》的要求,梳理相关法律法规,待《中华人民共和国国土空间规划法》正式实施后,《中华人民共和国城乡规划法》将废止,《中华人民共和国土地管理法》中有关土地规划的条款也将废止。下文《中华人民共和国国土空间规划法》(征求意见稿)的表述还不具有法律地位,以最终颁布的为准。

1.《中华人民共和国国土空间规划法》(征求意见稿)

《中华人民共和国国土空间规划法》(征求意见稿),以下简称《国土空间规划法》,正式颁布后将是我国国土空间规划领域的主干法。

(1)作用

《国土空间规划法》正式出台后,将是国土空间规划领域的基本法,在我国国土空间规划领域将拥有最高的法律效力,是制定其他层次国土空间规范法规与规章的法律依据。国土空间规划法规体系内的下位法规不得违背《国土空间规划法》确定的原则和规范。

(2)《国土空间规划法》的基本框架

《国土空间规划法》由七章组成,第一章为总则,第二章至第六章分别为国土空间规划的制定、国土空间规划的审批、国土空间规划的修改、监督检查、法律责任,第七章为附则。章节内容以最终颁布的为准。

总则这部分阐明了《国土空间规划法》的制定目的、适用范围、适用对象;国土空间规划财政保障、保密规定、公众参与、科学技术的采用、国土空间规划的行政主管部门。

《国土空间规划法》的制定目的,是为了加强国土空间规划法制定、审批、修改管理,维护国家自然资源产权,保护、开发利用国家自然资源,协调国土空间布局,改善国土空间环境,促进经济社会全面协调可持续发展。

《国土空间规划法》适用范围为中华人民共和国境内，适用对象包括国土空间规划法制定、审批、修改，公共参与等活动。对国土空间的法律界定，国土空间包括中华人民共和国领土、领海（专属经济区）、领空空间范围。

从行为和体系两方面对"国土空间规划"进行法律界定，国土空间规划是指法定国家机关、法定编制单位、法定的审批机构、法定的公众参与者、法定的规划相对人等行为主体依法、依规进行规划的制定、审批、修改、公众参与等行为。国土空间规划，包括国土空间总体规划、国土空间专项规划、国土空间详细规划。

各级政府应当依照颁布后的《国土空间规划法》制定国土空间规划，国土空间规划的制定、审批、修改，必须遵守正式颁布的《国土空间规划法》。国土空间规划的经费应当纳入政府财政预算。任何单位和个人都应当遵守依法批准并公布的国土空间规划。国家鼓励在国土空间规划中采用先进的科学技术，增强国土空间规划的科学性。国务院国土空间规划主管部门负责全国的国土空间规划管理工作，地方人民政府国土空间规划主管部门负责本行政区域内的国土空间规划管理工作。

附则规定了国土空间规划的解释权。国土空间规划的解释权归国土空间规划编制机关，对其解释有异议的，以国土空间规划的审批机关的解释为准。

2. 专项法

《国土空间规划法》作为我国国土空间规划领域的主干法（主干法的名称以最终颁布的为准），必须有一系列的专项法规进行落实和深化，主要从自然资源、规划管理、编制审批、行业管理、实施监督等方面对国土空间规划进行详细规定（表 3-1）。

表 3-1　我国现行国土空间规划法规体系

分类	法律	行政法规	部门规章	技术标准（规范、指南）
自然资源管理	土地管理法 矿产资源法 森林法 水法 海岛保护法	土地调查条例		国土空间调查、规划、用途管制用地用海分类指南（试行） 资源环境承载力和国土空间开发适宜性评价指南（试行） 国有建设用地使用权出让地价评估技术规范 自然资源调查监测标准体系（试行） 自然资源统计管理办法 自然资源价格评估通则 全民所有土地资源资产核算技术规程（试行）
编制审批			城市、镇控制性详细规划编制审批办法 城市设计管理办法 国家级风景名胜区规划编制审批办法 矿产资源规划编制实施办法	省级国土空间规划编制指南（试行） 省级国土空间规划编制技术规程（试行） 省级国土空间规划成果数据汇交要求（试行） 市级国土空间总体规划编制指南（试行） 市级国土空间总体规划制图规范（试行） 市级国土空间总体规划数据库规范（试行） 市级国土空间总体规划成果数据汇交要求（试行） 国土空间规划城市设计指南 城区范围确定规程 风景名胜区总体规划标准 历史文化名城保护规划标准 宗海图编绘技术规范（试行）

续表

分类	法律	行政法规	部门规章	技术标准(规范、指南)
实施管理		历史文化名城名镇名村保护条例 风景名胜区条例		国土空间规划“一张图”实施监督信息系统技术规范 国土空间规划城市体检评估规程
行业管理	测绘法	地图管理条例	地图审核管理规定	测绘标准体系
行政执法与法制监督			自然资源听证规定 自然资源行政处罚办法 自然资源执法监督规定 自然资源行政复议规定 自然资源行政应诉规定	

备注:表中的国土规划法规、标准等统计截至 2021 年 6 月。

3. 相关法

与国土空间规划相关的法律法规(表 3-2),涉及生态环境、历史文化和旅游、不动产管理、行政执法与法制监督等,是国土空间规划在涉及相关领域的重要法律依据。国土空间规划作为政府行为,必须符合国家行政程序法律的相关规定。

表 3-2　与国土空间规划相关的现行法律法规

分类	法律	行政法规	部门规章
综合	立法法 行政许可法 物权法	政府督查工作条例	
生态环境	环境保护法 环境影响评价法 海洋环境保护法	生态环境标准管理办法	生态保护红线划定指南 环境监察办法 山水林田湖草生态保护修复工程指南(试行)
历史文化和旅游	文物保护法 旅游法 非物质文化遗产法	文物保护法实施条例 旅行社条例 公共文化体育设施条例 水下文物保护条例	国家级文化生态保护区管理办法 旅行社条例实施细则 世界文化遗产保护管理办法 国家级非物质文化遗产保护和管理暂行办法 文物保护工程管理办法
不动产管理	城市房地产管理法	城市房地产开发经营管理条例 不动产登记暂行条例 国有土地上房屋征收与补偿条例	不动产登记暂行条例实施细则
行政执法与法制监督	国家公务员法 行政复议法 行政诉讼法 行政处罚法 国家赔偿法		

备注:表中的国土规划法规统计截至 2021 年 6 月。

(二)技术标准体系

国土空间规划涉及诸多方面的技术标准问题;同时,规划工作需要有延续性,需要结合新体系的建构,梳理现有的各类标准规范,并进行必要的调整、合并、优化和扩展,构建新的统一的国土空间规划技术标准体系,包括国土空间规划编制方法和技术规程,规划入库标准以及实施监管的规范性要求等，包括规划编制、实施、监管的全过程。

目前新的统一国土空间规划技术标准体系正在建立，2021 年 6 月及之前一些指南已经发布，包括省级国土空间规划编制指南（试行），市级国土空间总体规划编制指南（试行），国土空间调查、规划、用途管制用地用海分类指南（试行），资源环境承载力和国土空间开发适宜性评价指南（试行），国土空间规划"一张图"实施监督信息系统技术规范。

（三）编制审批体系

编制审批体系涉及各级各类国土空间规划编制主体、审批主体和重点内容。

1. 编制体系

自然资源部会同有关部门编制全国国土空间总体规划，用于指导全国国土空间专项规划和省、自治区、直辖市国土空间总体规划以及专项规划。

省、自治区人民政府组织编制本行政区国土空间总体规划，用于指导本行政区国土空间专项规划、城市国土空间规划和城市国土专项规划的编制。

城市人民政府组织编制城市国土空间总体规划，县级人民政府组织编制本行政区国土空间总体规划，乡镇人民政府组织编制本行政区乡镇国土空间总体规划。

市县、乡镇人民政府根据上位规划的要求，组织编制国土空间控制性详细规划。建设单位组织编制国土空间修建性详细规划，市县国土空间规划主管部门、乡镇人民政府负责审查。

编制国土空间规划，应当具备国家规定的勘察、测绘、气象、水文、环境、地震等基础资料，地方政府应当根据国土空间规划编制要求，为规划设计单位提供有关基础资料。

2. 审批体系

国土空间规划报送审批前，组织编制机关应当依法将国土空间规划草案及公众读本予以公告，并征求规划专家和公众意见。组织编制机关在报送审批的材料中附具意见采纳情况及理由。

(1)国土空间总体规划

全国国土空间总体规划和全国国土空间专项规划由自然资源部报国务院审批，报批前应当经全国人民代表大会常务委员会审议，审议意见和根据审议意见的规划修改情况一并报送。全国国土空间总体规划和全国国土空间专项规划审批后，报国务院、全国人民代表大会常务委员会备案。

省、自治区国土空间总体规划，由本级人民政府报国务院审批。报批前应当经本级人民代表大会常务委员会审议，审议意见和根据审议意见的规划修改情况一并报送。省、自治区国土空间总体规划审批后，报国务院、本级人民代表大会常务委员会备案。

直辖市的城市国土空间总体规划由直辖市人民政府报国务院审批，报批前，应当经本级人民代表大会常务委员会审议，审议意见和根据审议意见的规划修改情况一并报送。审批后，报国务院、本级人民代表大会常务委员会备案。

省、自治区人民政府所在地的城市以及国务院确定的城市的国土空间总体规划，由省、自治区人民政府审查同意后，报国务院审批。报批前，应当经本级人民代表大会常务委员会审议，审议意见和根据审议意见的规划修改情况一并报送。审批后，报国务院、本级人民代表大会常务委员会备案。

其他城市的国土空间总体规划，由城市人民政府报省、自治区人民政府审批。报批前，应当经城市人民代表大会常务委员会审议，审议意见和根据审议意见的规划修改情况一并报送。审批后，报省、自治区人民政府和本级人民代表大会常务委员会备案。

县(县级市、旗)国土空间总体规划,由本级人民政府报上一级人民政府审批。报批前,应当经本级人民代表大会常务委员会审议,审议意见和根据审议意见的规划修改情况一并报送。审批后,报上一级人民政府、本级人民代表大会常务委员会备案。

乡镇的国土空间总体规划,由乡镇人民政府报上一级人民政府审批。报批前,应当经乡镇人民代表大会审议,审议意见和根据审议意见的规划修改情况一并报送。审批后,报上一级人民政府、本级人民代表大会备案。

(2)国土空间专项规划

省、自治区国土空间专项规划,由省、自治区国土空间规划主管部门报省、自治区人民政府审批。省、自治区国土空间专项规划,在报上一级国土空间规划主管部门审批前,应当经本级人民代表大会常务委员会审议,审议意见和根据审议意见的规划修改情况一并报送。审批后,报国务院、本级人民代表大会常务委员会备案。

直辖市的城市国土空间专项规划,由直辖市国土空间规划主管部门报城市人民政府审批。审批后,报国务院、本级人民代表大会常务委员会备案。

省、自治区人民政府所在地的城市以及国务院确定的城市的国土空间专项规划,由城市国土空间规划主管部门报城市人民政府审批。经省、自治区人民政府审查同意后,报国务院、本级人民代表大会常务委员会备案。

其他城市的国土空间专项规划,由城市人民政府报省、自治区人民政府国土空间规划主管部门审批。报批前,应当经城市人民代表大会常务委员会审议,审议意见和根据审议意见的规划修改情况一并报送。审批后,报上一级人民政府、本级人民代表大会常务委员会备案。

县(县级市、旗)国土空间专项规划,由县级人民政府国土空间规划主管部门报本级人民政府及上一级人民政府国土空间规划主管部门审批。报批前,应当经本级人民代表大会常务委员会审议,审议意见和根据审议意见的规划修改情况一并报送。审批后,报上一级人民政府、本级人民代表大会常务委员会备案。

乡镇的国土空间专项规划,由乡镇人民政府审批。报批前,应当经乡镇人民代表大会审议,审议意见和根据审议意见的规划修改情况一并报送。审批后,报上一级人民政府、本级人民代表大会备案。

(3)国土空间详细规划

村庄规划,由规划组织编制机关报乡镇人民政府审批。报批前,应当经村民代表大会讨论,讨论意见和根据讨论意见的规划修改情况一并报送。审批后,报上一级人民政府、本级村民委员会备案。

国土空间控制性详细规划,由规划组织编制机关报本级人民政府和上一级空间规划编制主管部门审批。审批后,报本级人民代表大会常务委员会和上一级人民政府备案。

建设项目的国土空间修建性详细规划,由建设单位报建设项目所在地人民政府国土空间规划主管部门审批。

(4)其他

海岸带、自然保护地等的专项规划,以及跨行政区域或流域的国土空间规划,由所在区域的上一级自然资源部门牵头组织编制,报同级政府审批。例如,长江经济带国土空间规划,由自然资源部会同相关部门和省、市共同编制,报国务院审批。其他涉及空间利用的相关专项规划,如交通、水利、农业、市政基础设施等专项规划的编制审批程序不变,仍由相关主管部门组织编制和实施,其编制时要进行相应层级的国土空间规划“一张图”审核。

3. 修改规定

全国国土空间总体规划和专项规划，省、自治区国土空间总体规划和专项规划，市、县、乡镇的国土空间总体规划和专项规划的组织编制机关，应当组织有关部门和专家定期对规划实施情况进行评估，并征求公众意见。组织编制机关应当向本级人民代表大会常务委员会、镇人民代表大会和原审批机关提出评估报告，并附具征求意见的情况。

有下列情形之一，组织编制机关方可按照规定的权限和程序修改相应国土空间规划。

上位国土空间规划或同级国土空间规划发生变更，提出修改规划要求的；行政区域调整确需修改规划的；因国务院批准重大建设工程确需修改规划的；经评估确需修改规划的；国土空间规划的审批机关认为应当修改规划的其他情形。

修改乡镇级国土空间规划及以上层级国土空间规划，组织编制机关应当对原规划的实施情况进行总结，并向原审批机关报告；修改涉及上位国土空间规划或同层级国土空间规划强制性内容的，应当向原审批机关提出专题报告，经同意后，方可编制修改方案。修改后的规划，应当按照原来的审批程序报批。

因城市设计及控制性详细规划提出修改上位规划的，组织编制机关进行专家论证，修改涉及上位国土空间规划或同层级国土空间规划的强制性内容的，需提出专题论证方可编制修改方案，修改只需重新备案。

修改国土空间控制性详细规划的，组织编制机关应当对修改的必要性进行论证，征求利害关系人的意见，并向原审批机关提出专题报告，经原审批机关同意后，方可编制修改方案。修改后按照原审批程序报批。

控制性详细规划修改涉及上位国土空间规划或同层级国土空间规划的强制性内容的，应当先修改上位国土空间规划或同层级国土空间规划。

经依法审批的国土空间修建性详细规划不得随意修改，确需修改的，国土空间规划主管部门应当采取听证会等形式，听取利害关系人、法人、公民的意见。

（四）实施监督体系

1. 审查备案制度

明确一级政府、一级规划、一级规划事权，“谁审批、谁监管”，分级建立国土空间规划审查备案制度；以“管什么就批什么”为原则，明确上级政府审查要点，精简规划审批内容。

2. 监督

《中共中央 国务院关于建立国土空间规划体系并监督实施的若干意见》要求强化规划权威性并实施监督，依托国土空间基础信息平台，构建全国国土空间规划“一张图”，上级政府重点对下级国土空间规划中的各类管控边界、约束性指标等控制性要求进行有效的监管。

监察委员会应当加强对国土空间规划编制、审批、修改、公众参与的监督检查。监察委员会在查处违反国土空间规划法的行为时，发现国家机关工作人员违纪时应当给予行政处分。监督检查情况和处理结果应当依法公开，供公众查阅和监督。

依照《国土空间规划法》（以最终颁布为准）规定应当给予行政处罚，而有关国土空间规划主管部门不给予行政处罚的，上级监察委员会有权责令其作出行政处罚决定或者建议有关人民政府责令其给予行政处罚。

监察委员会应参与国土空间规划项目招投标、编制、评审、公众参与、修改、审批等重要环节，进行程序和实体上的监察。

3. 专项规划的审查

相关专项规划在编制和审查过程中除了要与国土空间规划“一张图”核对外，在规划批复后还要再叠加到国土空间规划“一张图”上实施监管。在空间用途管制层面，通过国土空间规划对所有国土空间进行分区分类，落实用途管制。

4. 法律责任

对依法应当编制国土空间规划而未组织编制，或者未按法定程序编制、审批、修改国土空间规划的，由上级人民政府责令改正，通报批评；对有关人民政府负责人和其他直接责任人员依法给予处分。

乡镇人民政府或者县级以上人民政府国土空间规划主管部门有下列行为之一的，由本级人民政府、上级人民政府国土空间规划主管部门或者监察机关依据职权责令改正，通报批评；对直接负责的主管人员和其他责任人员依法给予处分：未依法对审定后的国土空间控制性详细规划、修建性详细规划予以公布的；同意修改国土空间控制性详细规划、修建性详细规划前未采取听证会等形式听取法人、公民、利害关系人的意见的。

国土空间规划编制单位违反国家有关标准、规范、规程而编制、修改国土空间规划的，由所在地的人民政府国土空间主管部门责令限期改正，处合同约定的规划编制费一倍以上二倍以下的罚款；情节严重的，责令停业整顿，吊销编制者注册证书；造成损失的，依法承担赔偿责任。以欺骗手段取得注册证书承揽国土空间规划业务的，由原发证机关吊销注册证书，并处以罚款；造成损失的，依法承担赔偿责任。违反《国土空间规划法》(以最终颁布为准)，构成犯罪的，依法追究刑事责任。

二、我国国土空间规划体系的特点

潘海霞等(2019)在《国土空间规划体系构建历程、基本内涵及主要特点》一文中阐释了国土空间规划的五个特点，包括实现真正的“多规合一”，贯穿宏观和微观领域，既重视规划编制又重视监督实施，落实“放管服”改革，以先进的数字技术为支撑。

(一)实现真正的“多规合一”

2014 年 8 月，国家发改委、国土资源部、环境保护部、住房城乡建设部联合下发《关于开展市县“多规合一”试点工作的通知》，部署在全国 28 个市县开展“多规合一”试点。与该通知相比，2019 年发布的《中共中央 国务院关于建立国土空间规划体系并监督实施的若干意见》作为中央决策，明确将主体功能区划、土地利用规划、城乡规划等空间规划整合为统一的国土空间规划。

国土空间规划编制将按照统一的规划分区及用途分类，实现“一级政府、一本规划、一张蓝图”的改革目标。在本次国土空间规划编制过程中，同步构建上下贯通、一个标准、一个体系、一个接口、一张底图、数据共享的信息平台，实现“一个平台”。在同一个信息平台的基础上，整合各类空间关联数据，包括各个相关专项规划的主要空间数据、构建从国家到乡镇的国土空间规划“一张图”，实施监督信息系统，形成覆盖全国的、动态更新的“一张图”。同时，对相关专项规划建立“一张图”审核机制，强化国土空间规划对各个专项规划的指导和约束作用。真正实现“多规合一”，解决各类空间规划重复、矛盾等问题，为“一张蓝图干到底”提供基础性保障。

(二)贯穿宏观和微观领域

国土空间规划的跨度大、覆盖广，可以说是“纵向到底、横向到边”，承载使命巨大，贯穿从宏观到微观的多个领域。既要承载和落实国家开发战略，发挥宏观功能，又要满足人民群众对美好生活向往的具体诉求，在微观层面发挥功效。

具体而言，国土空间规划在自然资源配置和空间布局上发挥战略统领和刚性控制作用，强调底线约束，自上而下地编制五级总体规划，通过约束性指标、“三条控制线”等管控边界、刚性控制要求，逐级落实国家战略，制定地方空间发展战略。在市县和乡镇层级，要尊重地方发展权力，推进现代化治理转型和事权匹配。国土空间规划强调以人为本，改变过去见物不见人的情况，重视城市和乡村内部的功能布局和空间结构的科学合理性，完善与人民生活密切相关的各类公共服务设施配套，着力改善城乡空间品质。

(三)既重视规划编制，又重视监督实施

以前的空间规划工作强调规划编制的科学性和审批的程序性，相对而言，忽视了规划实施的重要性，没有明确的监管要求和重点。《中共中央 国务院关于建立国土空间规划体系并监督实施的若干意见》将建立规划体系和监督实施作为一项整体的工作，给予同等的重视。

从技术角度看，新的规划体系强调下级规划服从上级规划，详细规划、相关专项规划要服从总体规划。规划编制的科学性是严格执行的前提，强调以国土“三调”的真实数据为基础，开展资源环境承载能力和国土空间开发适宜性评价，开展现状评估和风险评估等基础性工作，开展重大问题专题研究。再次强调“规划一经批复，任何部门和个人不得随意修改、违规变更，防止出现换一届党委和政府，改一次规划”的现象。

从工作机制角度看，要求“组织、人事、审计等部门要研究将国土空间规划执行情况纳入领导干部自然资源资产离任审计，作为党政领导干部综合考核评价的重要参考”。从制度建设、监管手段上，使国土空间规划从编制审批到监督实施形成闭环。

(四)落实“放管服”改革

《中共中央 国务院关于建立国土空间规划体系并监督实施的若干意见》提出，推进“放管服”改革。“放管服”就是“简政放权、放管结合、优化服务”。国土空间规划体系的构建体现了“放管服”的原则，强调了“一级政府、一级事权”“管什么就批什么”；编制事权要下沉，但审批内容要明确。自然资源部进一步明确了国务院和省级审批的市级国土空间总体规划的审查要点。重点从目标定位、底线约束、控制性指标、相邻关系四个方面进行控制性审查。同步简化报批程序，从而压缩审批时间。

在实施项目规划审批中，也要体现“放管服”，包括优化现行建设项目用地(海)审批、规划选址以及建设用地规划许可、建设工程规划许可等审批流程，力求实现“多审合一”和“多证合一”，以提高行政效能和优化营商环境。

(五)以先进的数字技术为支撑

国土空间治理能力提升离不开现代化技术，新的国土空间规划体系要运用先进数字技术支撑国土空间规划编制、审批、实施、监督、评估、预警，实现规划编制的全过程；规划实施的全周期监管。

当前市、县级国土空间规划编制要求同步搭建国土空间基础信息平台，整合各类空间关联数据，搭建从国家到市县的国土空间规划实施监督信息系统，形成覆盖全国、动态更新、权威统一的国土空间规划“一张图”。未来，可以通过平台对相关专项规划进行“一张图”校核，确保不突破底线、红线和边界，从而真正实现国土空间规划对各个专项规划的指导、约束，落实国土空间用途管控。

第三节 国土空间规划与其他规划的关系

一、与相关专项规划的关系

2019 年《中共中央 国务院关于建立国土空间规划体系并监督实施的若干意见》指出:“海岸带、自然保护地等专项规划及跨行政区域或流域的国土空间规划,由所在区域或上一级自然资源主管部门牵头组织编制,报同级政府审批;涉及空间利用的某一领域的专项规划,如交通、能源、水利、农业、信息、市政等基础设施,公共服务设施,军事设施,以及生态环境保护、文物保护、林业草原等专项规划,由相关主管部门组织编制”。因此,需要明白国土空间规划与相关专项规划在编制和实施方面的管理关系问题。

国土空间规划对各专项规划具有指导约束作用,这表明各专项规划受到国土空间规划的指导和约束。具体地说,专项规划中涉及国土空间的开发利用和需要落地实施的部分受到国土空间规划的指导和约束,同时国土空间规划要考虑各个专项规划的用地需求,对用地进行统筹平衡。自然资源部门的“两个统一行使”,即“统一行使全民所有自然资源资产所有者职责,统一行使所有国土空间用途管制和生态修复职责”,其“统一行使”中的一项重要工作是对基础底图底数的统一,具体而言,体现在自然资源部门建立的统一国土空间基础信息平台方面,在此基础上叠加各类专项规划的空间关联数据,以“统一”平台、“统一”底图底数,最终形成覆盖全国、动态更新、权威统一的国土空间规划“一张图”。通过“一张图”,自然资源部门能够对各相关专项规划开展审核,从而切实解决以往空间类规划的冲突问题。

实际工作中分为两个阶段讨论。在规划编制阶段,相关专项规划将主要的空间数据放到国土空间基础信息平台上与“一张图”进行比对,确保专项规划不突破底线、红线或其他管控边界,各相关专项规划之间的红线、底线、管控边界等不冲突、不矛盾。在规划批复后,要将相关专项规划的主要空间数据叠加到平台上,形成更新后的“一张图”。因此,“一张图”制度加强了自然资源部门与其他部门的协调,但是不改变“某一领域”相关专项规划既有的行业主管部门事权和报批程序。

二、与国家发展规划的关系

我国是实行社会主义市场经济的国家,市场对资源配置起决定性作用,国家发展规划对全国的经济社会和空间发展起宏观调控作用。发展规划不同于国土空间规划,把发展作为主题是发展规划的核心,按照目标导向的思路追求利益最大化。中国特色社会主义市场经济体制下,总体上看,发展规划具有引导区域战略目标的实现、优化配置公共资源、促进区域高质量发展、推进区域协调发展和可持续发展等诸多功能。

2018 年 11 月,《中共中央、国务院关于统一规划体系更好发挥国家发展规划战略导向作用的意见》,明确了新时代国家规划体系:发展规划是一级政府的“一本规划”,国土空间规划是一级政府的“一张蓝图”,两类规划相得益彰(顾朝林 等,2019)。该意见明确提出国家发展规划在我国规划体系中处于最上位,是空间规划、区域规划、专项规划的编制依据,其他规划不得违背国家发展规划,所以,从规划效力层级看,国土空间规划要符合国家发展规划,要接受国家发展规划的指导。

国家发展规划与国土空间规划也存在差别,规划要解决的问题、实现的目标、工作的对象等有所不同(潘海霞 等,2020)。国家发展规划侧重于国民经济和社会发展的目标和政策,统领各行业规划、区域规划和专项规划;国土空间规划侧重空间底线约束,对专项规划中的空间用地部分内容进行指导和约束,避免专项规划突破底线以及在落地时出现矛盾和冲突。

国家发展规划所针对的经济社会发展目标是不断扩展和提升的,具体数值不断变化,有的是大幅增加,有的是持续减小,而国土空间规划针对的国土空间的面积、形态都是相对稳定的,所以两个规划各有侧重、相互衔接、相互补充,都是统一的国家规划体系的组成部分。

国土空间规划与国家和地方发展的关系极为密切,在开发与保护方面需要有宏观和长远的空间性谋划;国土空间规划,应当体现战略性、基础性、约束性等定位,对国土空间的开发和保护做长远和综合谋划,其战略性与基础性作用并不矛盾。

在实际操作层面,目前中央和地方各级政府及其发展和改革部门都要编制经济社会发展五年规划,构建经济社会发展的软环境;在五年发展规划期内,相关国土空间规划编制要以发展规划为统领,以实现"强化国家级空间规划在空间开发保护中的基础和平台功能,为国家发展规划确定的重大战略任务落地实施提供空间保障"。

国土空间规划既不是一般的管控性规划,不是只有管控,也不是纯粹的发展性规划,只有社会经济发展,换句话讲,国土空间规划既是一个管控性的规划,又是一个发展性的规划(吴殿廷 等,2021),管控和发展皆有,将管控与发展相结合。国土空间规划既要按照管控性规划的要求,把该管的管好、管牢,也要遵循发展性规划的规律,利用好资源,促进经济又好又快发展。

思考题

1. 德国和日本的国土空间规划体系的差别在哪些方面?
2.《国土空间规划法》的适用范围与适用对象是什么?
3. 简述各级国土空间规划的编制主体和审批主体。
4. 简述国土空间规划体系的主要特点。

第四章　国土空间规划基础性评价

《中共中央 国务院关于建立国土空间规划体系并监督实施的若干意见》提出，在资源环境承载能力和国土空间开发适宜性评价的基础上，科学有序统筹布局生态、农业、城镇等功能空间，划定生态保护红线、永久基本农田、城镇开发边界等空间管控边界以及各类海域保护线，强化底线约束，为可持续发展预留空间。为指导地方开展资源环境承载能力和国土空间开发适宜性评价（简称“双评价”）工作，自然资源部组织编制了《资源环境承载能力和国土空间开发适宜性评价指南（试行）》，并于 2020 年 1 月发布，主要针对市县及其以上国土空间规划编制中的“双评价”工作，评价范围应与相应规划编制范围一致，本章内容主要参考“双评价”指南。

第一节　评价目标、原则与作用

一、评价目标与原则

（一）评价目标

分析规划地区的资源禀赋与生态环境状况，研究并判别国土空间开发利用问题和面临的风险，识别生态保护极重要区（含生态系统复位功能极重要区和生产极脆弱区），明确农业生产、城镇建设的最大合理规模和适宜空间，为编制国土空间规划，优化国土空间开发保护格局，完善国土空间生态修复和国土综合整治重大工程提供基础性依据，推动以生态优先、绿色发展为导向的高质量发展新道路的建设。

（二）评价原则

1. 底线约束的原则

坚持最严格的生态环境保护制度、耕地保护制度和节约用地制度，维护国家生态安全、粮食安全等国土安全。在优先识别生态保护极重要区基础上，综合分析农业生产、城镇建设的合理规模和适宜等级。

2. 问题导向的原则

充分考虑国土空间的水、地形地貌、土地、气候、植被、灾害等资源环境要素，定性分析与定量分析相结合，客观评价区域资源禀赋与环境条件，识别国土空间开发利用现状中的问题和风险，有针对性地提出意见和建议。

3. 因地制宜的原则

不同国土空间，自然地理存在差异，环境不同，社会经济发展水平不同，“双评价”要充分体现不同空间尺度和区域差异，合理确定评价内容、科学选定技术方法和确定评价结果等级。下位评价应充分衔接上位评价成果，并结合本地实际，开展有针对性的补充和深化评价。

4. 简便实用的原则

在保证“双评价”科学性的基础上，抓住解决现实问题的本质和关键，选择代表性要素和坐标，采用科学方法，运用合理手段，简明扼要地表达评价结果。紧密结合国土空间规划编制，强化操作导向，确保评价成果科学、权威、适用。

二、评价作用

作为国土空间规划的前提和基础，资源环境承载能力和国土空间开发适宜性评价不仅能够全面认知国土空间、发现开发建设中存在的突出问题和主要矛盾，还可以有机衔接不同层级、不同类型的规划，推动国土空间的高质量发展（周道静 等，2020）。

（一）“双评价”的基础作用

1.“双评价”是科学认知国土空间的基础

“双评价”能够增加对国土空间的科学认知，是了解我国自然地理和区域发展格局演变规律的基础。无论是土地资源，还是矿产资源，我国自然资源的人均占有量少。由于我国幅员辽阔，各地自然条件差异大，通过“双评价”能够更好地认识区域差异。据测算，我国人均后备适宜建设用地面积约为 214 平方米，不同区域之间差异大，总体看北方相对丰富而南方缺乏；人均水资源则是南方多北方少，东部多西部少，水资源短缺成为北方地区、西部地区发展的限制因素。此外，有些地区生态系统十分脆弱，一旦被破坏，就难以恢复甚至无法恢复。区域经济发展方面，不同的区位条件和不同的资源禀赋导致地方比较优势不同，区域发展政策也存在一定差异，在国家发展中的地位不同。为实现国土空间整体效益最大化，只有“宜水则水、宜山则山，宜粮则粮、宜农则农，宜工则工、宜商则商”，充分发挥各区域的比较优势。因此，为了科学、系统、全面地认知区域的自然地理特征和发展格局，做好国土空间规划的基本功，必须开展“双评价”工作。

2.“双评价”是直面我国发展方式存在问题的必然要求

长期以来，以牺牲资源环境为代价换取经济快速发展成为我国区域发展的主导模式。长期高强度的城镇化建设、资源开发等活动导致自然生态空间萎缩、生态系统功能明显下降，生态环境受到强烈冲击，加剧了区域生态安全风险。大量消耗资源环境虽然能在短期内实现区域经济快速提升，但在无形之中为未来的国土品质提升和高质量发展埋下了高昂代价。我国当前正处于全面建成小康社会、开启实现现代化新征程的转折期，需要通过“双评价”对发展中存在的诸多问题和突出短板进行全面系统地审视，直面问题，解决问题，助推经济社会发展转型。

3.“双评价”是适应高质量发展的基本要求

高质量发展是符合生态文明要求的发展，能够推动生态文明建设。高质量发展以人与自然和谐共生为前提，尊重自然规律，重视环境保护，在强调经济效益和社会效益的同时，注重生态效益。我国生态文明体制改革总体方案确立了以国土空间开发保护制度为核心的生态文明制度。建设美丽家园、打造高品质国土、形成有序空间结构、建设优越人居环境成为国土空间规划的基本要求和工作重点。“双评价”兼顾自然地理要素和空间发展要素，以可持续发展理念为基础，全面客观地审视国土空间开发状况，形成一系列具有控制性作用的关键参数；既促使开发类空间转型优化，又给保护类空间坚强保障。“双评价”是国土空间规划满足新时期高质量发展要求的必然选择。

4.“双评价”是国土空间规划编制的依据

“双评价”作为国土空间规划编制的参考依据和基础性工作，不仅为国土空间规划编制提供基础、确定关键参数，而且还用于规划实施的动态评估，对国土空间规划的实施状况及区域承载力和开发适宜性的变化情况进行监测和评估。另外,"双评价"得到的控制性约束参数,通过功能降尺度传导,实现自上而下的规划管控,将不同层级的规划有机衔接,形成统一的规划体系。

(二)"双评价"的功效

"双评价"的核心功效可以概括为三个方面(周道静 等,2020),指导同级国土空间规划编制,衔接不同层级不同类型规划,动态监督和科学评估规划实施成效。

1. 指导同级国土空间规划编制

"双评价"的本质是为同级国土空间规划服务,为规划确定空间发展目标,制定发展战略,确定国土空间的总体布局和功能分区,提供重大工程项目的落地方案,以及制定配套政策体系等,"双评价"提供基础底图、量化指标、控制性参数等,增强了科学支撑,避免出现评价和规划"两张皮"现象,增强国土空间规划的有效性、针对性和可实施性。

2. 衔接不同层级不同类型规划

"双评价"能够有机衔接不同层级和不同类型的空间规划,能够衔接空间规划与部门专项规划,合理使用"双评价",可以促进"纵向衔接、横向协调"的规划体系构建。"双评价"结果及衍生的一系列控制性和约束性参数,能将上位规划的管控要求传导至下位规划,同时对下位规划的空间关系、管控参数设置、资源环境配置方案等规划内容形成有效约束。而对于空间规划与专项规划的衔接,"双评价"的结果可以作为同级专项规划的基础,源头上避免不同类型规划之间的冲突,实现各类规划"源头"的统一。

3. 动态监督和科学评估规划实施成效

"双评价"结果作为国土空间规划编制的起点,是动态评估和合理调控规划实施的重要工具。通过监测国土空间承载力和开发适宜性的变化状态,动态评估区域发展的可持续性和健康状态,合理调控规划实施的方向、进度和力度,对国土空间规划实施的科学性和有效性提供了坚强保障。

第二节　评价工作流程

在编制县级及以上国土空间总体规划之前,应进行国土空间的"双评价",形成专题成果,随同级国土空间总体规划一并论证,一同报批入库。县级国土空间总体规划可直接使用市级评价的一些结果,增强分析,形成评价报告;也可针对性地开展补充评价,深化评价内容。

一、工作准备

结合同级国土空间规划编制需求,确定"双评价"目标,制定评价工作方案,组建综合性与专业化相结合的、多种学科背景的技术团队和专家咨询团队,加强工作组织,明确责任分工,确定工作内容,安排工作进度等(图 4-1)。

开展具体评价工作前,收集基础资料,充分利用各部门、各领域已有相关工作成果,结合实地调研、座谈会、专家咨询、问卷调查等方式,系统梳理当地自然地理特征,诊断资源环境生态方面的突出问题,在此基础上确定评价内容、制定技术路线、确定核心指标及计算精度,并收集相关数据。保证数据的准确性、时效性和权威性,数据时间与同级国土空间规划要求的基期年保持一致,如缺失基期年相关数据,应采用最新年份数据,并结合实际进行适当修正。市县层面如果缺乏由于省级精度的数据,可直接应用省级评价结果。

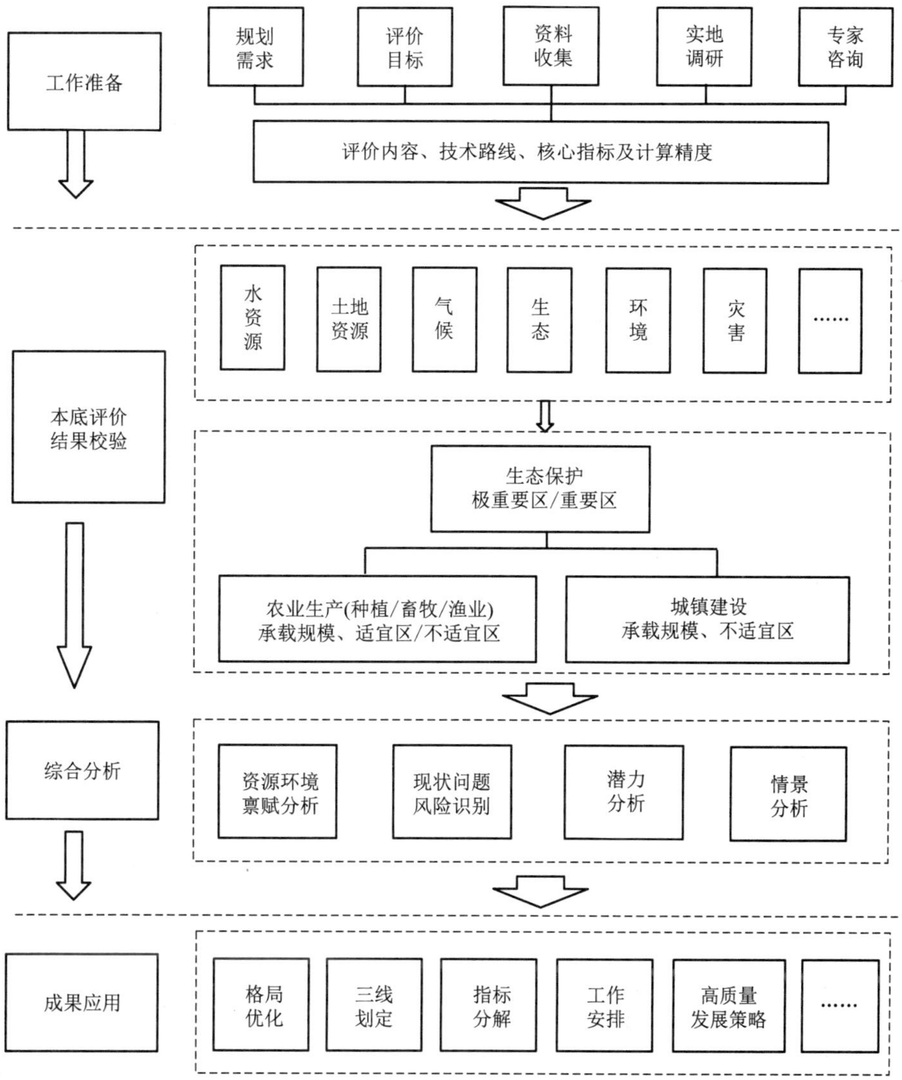

图 4-1　国土空间规划"双评价"工作流程(自然资源部办公厅,2020f)

国土空间"双评价"统一采用 2000 国家大地坐标系(CGCS2000),高斯-克吕格投影,陆域部分采用 1985 国家高程基准,海域部分采用理论深度基准面高程基准。制图规范、精度等参考同级国土空间规划要求。

二、本底评价

将资源环境承载能力和国土空间开发适应性作为一个整体,主要围绕水资源、土地资源、气候、生态、环境、灾害等要素,针对生态保护、农业生产(种植、畜牧、渔业)、城镇建设三大核心功能开展本底评价。

三、综合分析

(一)资源环境禀赋分析

分析水、土地、森林、草原、湿地、海洋、冰川、荒漠、能源矿产等自然资源的数量(总量和人均量)、质量、结构、分布等特征及变化趋势,结合气候、生态、环境、灾害等要素特点,对比国家、省域的平均情况,对比国际和国内标准,明晰资源环境禀赋,分析优势和劣势。

(二)现状问题和风险识别

将生态保护重要性、农业生产及城镇建设适应性评价结果与用地用海现状进行对比,重点识别以下冲突(包括空间分布和规模):生态保护极重要区中的永久基本农田、园地、人工商品林、建设用地以及用海活动;种植业生产不适宜区中的耕地、永久基本农田;城镇建设不适宜区中的城镇用地;地质灾害高危险区内农村居民点。对比现状耕地规模与耕地承载规模、现状城镇建设用地规模与城镇建设承载规模、牧区实际载畜量与牲畜承载规模、渔业实际捕捞和养殖规模与渔业承载规模等,判断区域资源环境承载状态。对资源环境超载的地区,找出主要原因,提出改善路径。可根据相关评价因子,识别水平衡、水土保持、生物多样性、湿地保护、地面沉降、土壤污染等方面的问题,研究未来变化趋势,判断存在风险。

(三)潜力分析

根据农业生产适宜性评价结果,对种植业、畜牧业不适宜区以外的区域,根据土地利用现状和资源环境承载规模,分析可开发为耕地、牧草地的空间分布和规模。根据渔业生产适宜性评价结果,在渔业生产适宜区内,根据渔业养殖、捕捞现状和渔业承载规模,分析渔业养殖、捕捞的潜力空间和规模。根据城镇建设适应性评价结果,对城镇建设不适宜区以外的区域(市县层面可直接在城镇建设适宜区内),扣除集中连片耕地后,根据土地利用现状和城镇建设承载规模,分析可用于城镇建设的空间分布和规模。

(四)情景分析

针对全球气候变化与经济变化、科技进展、重大基础设施建设、生产生活方式转变等不同情景,分析对水资源、土地资源、能源资源、生态系统、自然灾害、陆海环境、滨海城镇安全等的影响,给出相应的评价结果,提出适应和应对的措施建议,支撑国土空间规划多方案的比较和选择。

四、成果要求与成果应用

(一)成果要求

评价成果包括报告、表格、图件、数据集等。报告应重点说明评价方法及过程、分析区域资源环境优势及劣势、问题风险和潜力,对国土空间格局、主体功能定位、三条控制线、规划主要指标分解方案等提出建议。按照国土空间规划相关数据标准和交汇要求,形成评价成果数据集,随国土空间规划成果一并上报入库。

(二)成果应用

当前阶段开展"双评价"工作具有一定的相对性,生态评价方面应基于科学评价确定生态保护底线,对农业生产、城镇建设评价结果具有多种适宜性的,应结合资源禀赋、环境条件和发展目标、治理要求等,进行综合权衡,并与上位评价成果衔接,作出合理判断。评价成果具体从以下七个方面支撑国土空间规划编制。

1. 支撑国土空间格局优化。生态格局应匹配生态保护重要性评价结果;农业格局应与农业生产适宜性评价结果相匹配。

2. 支撑完善主体功能分区。生态保护、农业生产、城镇建设单一功能特征明显的区域,可作为重点生态功能区、农产品主产区、城镇化发展区的备选区域。两种或多种功能特征明显的区域，按照安全优先、生态优先、节约优先、保护优先的原则，结合区域发展战略定位，以及在全国或区域生态、农业、城镇格局中的重要程度，综合权衡后确定其主体功能定位。

3. 支撑划定三条控制线。生态保护极重要区，作为划定生态保护红线的空间基础。种植业生产适宜区，作为永久基本农田的优选区域；退耕还林还草等应优先在种植业生产不适宜区内开展。城镇开发边界优先在城镇建设适宜区范围内划定，并避让城镇建设不适宜区，无法避让的需进行专门论证并采取相应措施。

4. 支撑规划指标确定和分解。耕地保有量、建设用地规模等指标的确定和分解，应与农业生产、城镇建设现状及未来潜力相匹配，不能突破区域农业生产、城镇建设的承载规模。

5. 支撑重大工程安排。国土空间生态修复和国土综合整治重大工程的确定与时序安排，应优先在生态极脆弱、灾害危险性高、环境污染严重等区域开展。

6. 支撑高质量发展的国土空间策略。在坚守资源环境底线约束、有效解决开发保护突出问题的基础上，按照高质量发展要求，提出产业结构调整和布局优化、资源利用效率提高、重大基础设施和公共服务配置等国土空间策略的建议。

7. 支撑编制空间类专项规划。海岸带、自然保护地、生态保护修复、矿产资源开发利用等专项规划的主要目标任务应与评价成果相衔接。

第三节　生态保护重要性评价

省级评价从区域生态安全底线出发，在陆海全域，评价水源涵养、水土保持、生物多样性维护、防风固沙、海岸防护等生态系统服务功能重要性，以及水土流失、荒漠化、土地沙化、海岸侵蚀及沙源流失等生态脆弱性，综合形成生态保护极重要区和重要区。

市县评价在省级评价结果基础上，根据更高精度数据和实地调查进行边界校核。从生态空间完整性、系统性、连通性出发，结合重要地下水补给、洪水调蓄、河（湖）岸防护、自然遗迹、自然景观等进行补充评价和修正。下文以省级评价为例阐述生态保护重要性评价。

一、生态系统服务功能重要性

评价水源涵养、水土保持、生物多样性维护、防风固沙、海岸防护等生态系统服务功能重要性，取各项结果的最高等级作为生态系统服务功能重要性等级。

（一）水源涵养功能重要性

水源涵养量由降水量减去蒸散量和地表径流量得到，评价生态系统水源涵养功能的相对重要程度。降水量大于蒸散量较多的且地表径流量相对较小的区域，水源涵养功能重要性较高。森林、灌丛、草地和湿地生态系统质量较高的区域，由于地表径流量小，水源涵养功能相对较高。一般地，将累积水源涵养量最高的前 50% 区域确定为水源涵养极重要区。在此基础上，结合大江大河源头区、饮用水水源地等边界进行适当修正。

（二）水土保持功能重要性

通过生态系统类型、植被覆盖度和地形特征的差异，评价生态系统土壤保持功能的相对重要程度。一般地，森林、灌丛、草地生态系统土壤保持功能相对较高，植被覆盖度越高、坡度越大的区域，土壤保持功能重要性越高。将坡度不小于 25 度（华北、东北地区可适当降低）且植被覆盖度不小于 80% 的森林、灌丛和草地确定为水土保持极重要区；在此范围外，将坡度不小于15度且植被覆盖度不小于60%的森林、灌丛和草地确定为水土保持重要区。不同地区可对分级标准适当调整,同时结合水土保持相关规划和专项成果,对结果进行适当修正。

(三)生物多样性维护功能重要性

生物多样性维护功能重要性在生态系统、物种和遗传资源三个层次进行评价。

在生态系统层次,将原真性和完整性高,需要优先保护的森林、灌丛、草地、内陆湿地、荒漠、海洋等生态系统评定为生物多样性维护极重要区;其他需要保护的生态系统评定为生物多样性维护重要区。我国优先保护生态系统目录见《资源环境承载能力和国土空间开发适宜性评价指南(试行)》。

在物种层次,参考国家重点保护野生动植物名录、世界自然保护联盟濒危物种及中国生物多样性红色目录,确定具有重要保护价值的物种为保护目标,将极危、濒危物种的集中分布区域、极小种群野生动植物的主要分布区域,确定为生物多样性维护极重要区;将省级重点保护物种等其他具有重要保护价值物种的集中分布区域,确定为生物多样性维护重要区。

在遗传层次,将重要野生的农作物、水产、畜牧等种质资源的主要天然分布区域,确定为生物多样性维护极重要区。

(四)防风固沙功能重要性

基于干旱半干旱地区生态系统类型、大风天数、植被覆盖度和土壤砂粒含量,评价生态系统防风固沙功能的相对重要程度。一般地,森林、灌丛、草地生态系统防风固沙功能相对较高,大风天数较多、植被覆盖度较高、土壤砂粒含量高的区域,防风固沙功能重要性较高。将土壤砂粒含量不小于85%、年大风天数不小于30天、植被覆盖度不小于15%(青藏高原可调整为30%)的森林、灌丛、草地生态系统确定为防风固沙极重要区;在此范围外,年大风天数不小于20天、土壤砂粒含量不小于65%、植被覆盖度不小于10%(青藏高原可调整为20%)的森林、灌丛、草地生态系统确定为防风固沙重要区。不同区域可对判别因子及分级标准进行适当调整,同时可结合防沙治沙相关规划和专项成果,对结果进行适当修正。

(五)海岸防护功能重要性

通过识别沿海防护林、红树林、盐沼等生物防护区域以及基岩、砂质海岸等物理防护区域,评价海岸防护功能的相对重要程度。将原真性和完整性高、需要优先保护的区域确定为海岸防护极重要区,区域范围自海岸线向陆缓冲一定距离,向海根据自然地理边界确定。

二、生态脆弱性

评价水土流失、荒漠化、土地沙化、海岸侵蚀及沙源流失等生态脆弱性,取各项结果的最高等级作为生态脆弱性等级。

利用水土流失、荒漠化、土地沙化专项调查监测的最新成果,按照以下规则确定不同的脆弱性区域:水力侵蚀强度为剧烈和极强烈的区域确定为水土流失极脆弱区,强烈和中度的区域确定为脆弱区;荒漠化监测成果为重度及以上的区域确定为荒漠化极脆弱区,中度区域确定为脆弱区;风力侵蚀强度为剧烈和极强烈的区域确定为土地沙化极脆弱区,强烈和中度的区域确定为脆弱区。

海岸侵蚀及沙源流失脆弱性评价主要基于海岸底质类型、风暴潮增水、侵蚀速率等因素,识别极脆弱的原生及整治修复后具有自然形态的砂质、粉砂淤泥质海岸。区域范围自海岸线向陆缓冲一定距离,向海根据自然地理边界确定。砂质海岸外侧可补充划定沙源流失极脆弱区，区域范围自海岸线向陆缓冲一定距离，向海至波基面。

三、结果集成及校验

取生态系统服务功能重要性和生态脆弱性评价结果的较高等级，作为生态保护重要性等级判定的初步结果。生态系统服务功能极重要区和生态极脆弱区加总，确定为生态保护极重要区，其余重要区和脆弱区加总，确定为生态保护重要区。

将省级生态保护重要性等级初判结果与全国评价结果进行衔接，确保极重要区与全国生态安全格局总体一致。对生态保护红线划定中，按照模型法开展过评价的地区，可将初判结果与其进行校验。

根据野生动物活动监测结果和专家经验，对野生动物迁徙、洄游十分重要的生态廊道，将初判结果为重要等级的图斑，调整为极重要。依据地理环境、地貌特点和生态系统完整性确定的边界，如分水岭、林线、雪线、岸线、入海河流与海洋分界线，以及生态系统分界线，对生态保护极重要区和重要区进行边界修正。

第四节　农业生产适宜性与承载规模评价

一、农业生产适宜性评价

农业生产适宜性省级评价，在生态保护极重要区以外的区域，开展种植业、畜牧业、渔业等农业生产适宜性评价，识别农业生产适宜区和不适宜区。

农业生产适宜性市县评价，省级评价内容和精度已满足市县国土空间规划编制需要的，可直接在省级评价结果基础上进行综合分析。根据农业生产相关功能的要求，可进一步细化评价单元、提高评价精度、补充评价内容。可结合特色村落布局、重大农业基础设施配套、重要经济作物分布、特色农产品种植等，进一步识别优势农业空间。

本节农业生产适宜性评价以省级评价为例阐述。

(一)种植业生产适宜性

以水、土、光、热组合条件为基础，结合土壤环境质量、气象灾害等因素，评价种植业生产适宜程度。一般地，水资源丰度越高，地势越平坦，土壤肥力越好，光热越充足，土壤环境质量越好，气象灾害风险越低，盐渍化程度越低，且地块规模和连片程度越高，越适宜种植业生产。各地可根据当地条件确定种植业生产适宜区的具体判别标准。

一般而言，将干旱(多年平均降水量小于 200 毫米，云贵高原等蒸散力较强的区域可根据干旱指数，西北地区等农业供水结构中过境水源占比较大的区域可根据用水总量控制指标确定干旱程度)，地形坡度大于 25 度(山区梯田可适当放宽)，土壤肥力很差(粉砂含量大，或有机质少，或土壤厚度太薄难以耕种)，光热条件不能满足作物一年一熟需要(≥0 ℃，积温低于 1500 ℃)，土壤污染物含量大于风险管控值的区域，确定为种植业生产不适宜区。

(二)畜牧业生产适宜性

畜牧业分为两类：放牧为主的牧区畜牧业和舍饲为主的农区畜牧业。年降水量 400 毫米等值线或 10 ℃以上积温 3200 ℃等值线是牧区和农区的分界线。根据当地自然地理条件，确定畜牧业类型并开展适宜性评价。

牧区畜牧业主要分布在干旱、半干旱地区,受自然条件约束大。一般地,草原饲草生产能力越高(优质草原),雪灾、风灾等气象灾害风险越低,地势越平坦和相对集中连片,越适宜牧区畜牧业生产。农区畜牧业主要分布在湿润、半湿润地区,受自然条件约束比较小,主要制约因素是饲料供给能力、环境容量等。一般地,可将农区内种植业生产适宜区全部确定为畜牧业适宜区。

(三)渔业生产适宜性

按渔业捕捞、渔业养殖两类(含淡水和海水)评价渔业生产适宜性。渔业捕捞适宜程度主要取决于可捕捞渔业资源、鱼卵和幼稚鱼数量、天然饵料供给能力等因素。一般地,捕捞对象的资源量越丰富、鱼卵和幼稚鱼越多、天然饵料基础越好、渔业捕捞适宜程度越高的水域,确定为渔业捕捞适宜区。渔业资源再生产能力退化水域确定为渔业捕捞不适宜区。渔业养殖适宜程度主要取决于水域环境、自然灾害等因素。一般地,水质优良、自然灾害风险低的水域确定为渔业养殖适宜区。水质不达标或环境污染严重的水域确定为渔业养殖不适宜区。

(四)结果校验

对农业生产适宜性结果进行专家校验,综合判断评价结果的科学性与合理性。对明显不符合实际的,需要开展现场核查。

二、农业生产承载规模评价

(一)总体要求

基于现有经济水平和技术水平以及生产生活方式,以水资源、空间约束等为主要约束,缺水地区重点考虑水平衡,分别评价各评价单元可承载农业生产的最大合理规模。各地可结合环境质量目标、污染物排放标准和总量控制等因素,评价环境容量对农业生产的约束要求。按照短板原理,取各约束条件下的最小值作为可承载的最大合理规模。

对照国内外先进水平,在技术进步、生产生活方式转变的情景下,评价相应的可承载农业生产的最大合理规模。一般情况,省级以市级(或县级)行政区为单元评价承载规模,市级以县级(或乡级)行政区为单元评价承载规模。

(二)耕地承载规模

从水资源的角度,可承载的耕地规模包括可承载的灌溉耕地面积和单纯以天然降水为水源的耕地面积(雨养耕地面积)。可承载的灌溉耕地面积等于一定条件下灌溉可用水量和农田综合灌溉定额的比值。灌溉可用水量要在区域用水总量控制指标基础上,结合区域供用水结构、产业结构等确定。农田综合灌溉定额,根据当地农业生产实际情况,以代表性作物(水稻、小麦、玉米等)灌溉定额为基础,根据不同种植结构、复种情况、灌溉方式(漫灌、管灌、滴灌、喷灌等)、农田灌溉水有效利用系数等确定。雨养耕地面积,根据作物生长期内降水量、降水过程与作物需水过程的一致性等确定。相关参数可采用联合国粮食及农业组织推荐值,并根据当地耕作经验进行修正。

从空间约束的角度,将生态保护极重要区和种植业生产不适宜区以外区域的规模,作为空间约束下耕地的最大承载规模。

按照短板原理,取上述约束条件下的最小值,作为耕地承载的最大合理规模。

(三)牲畜承载规模

针对牧区畜牧业,通过测算草地资源的可持续饲草生产能力,确定草原合理载畜量(以标准羊计)。针对农区畜牧业,通过测算农区养殖粪肥养分需求量和供给量,确定农区合理载畜量(以猪当量计)。

(四)渔业承载规模

针对渔业捕捞,以可供捕捞种群的数量或已开发程度为依据,以维护渔业资源的再生产能力和持续渔获量为目标,确定渔业捕捞的合理规模。针对渔业养殖,以控制养殖尾水排放和水质污染为前提,以保证鱼、虾、贝、藻、参类正常生长、繁殖和保证水产品质量为目标,确定渔业养殖的合理规模。

第五节　城镇建设适宜性与承载规模评价

一、城镇建设适宜性评价

(一)总体要求

城镇建设适宜性省级评价,在生态保护极重要区以外的区域,优先考虑环境安全、粮食安全和地质安全等底线要求,识别城镇建设不适宜区。沿海地区针对海洋开发利用活动开展评价。

市县评价,进一步提高评价精度,对城镇建设不适宜区范围进行校核。根据本地城镇化发展阶段特征,增加人口、经济、区位、基础设施等要素,识别城镇建设适宜区。结合海洋资源优势,识别海洋开发利用适宜区。结合当地实际,可针对矿产资源、历史文化和自然景观资源等,开展必要的补充评价。下文以省级评价为例阐述城镇建设适宜性评价。

(二)城镇建设不适宜区

在生态保护极重要区以外的区域,开展城镇建设适宜性评价,重点识别不适宜城镇建设的区域。一般地,将水资源短缺,地形坡度大于 25 ℃,海拔过高,地质灾害危险性大,海洋灾害危险性极高的区域,确定为城镇建设不适宜区。各省(自治区)可根据当地社会经济发展与自然环境实际情况,细化或补充城镇建设限制性因素并确定具体判别标准。

海洋开发利用主要考虑港口、矿产资源等功能,将海洋资源条件差、生态风险高的区域,确定为海洋开发利用不适宜区。

(三)结果校验

应组织相关领域专家,对城镇建设适宜性评价结果进行校验,综合判断评价结果的科学性与合理性。如果发现评价结果与实际不符合,应当开展必要的实地核查。

二、城镇建设承载规模评价

(一)总体要求

基于现有经济水平、技术条件和生产生活方式,以水资源、空间约束等为主要约束,缺水地区重点考虑水平衡,分别评价各评价单元城镇建设的最大合理规模。各地可结合环境质量目标、污染物排放标准和总量控制等因素,评价环境容量对城镇建设约束要求。按照短板原理,取各约束条件下的最小值作为可承载的最大合理规模。对照国内外先进水平,在技术进步、生产生活方式转变的情景下,评价相应的城镇建设的最大合理规模。

一般情况,省级以市级(或县级)行政区为单元评价承载规模,市级以县级(或乡级)行政区为单元评价承载规模。

(二)评价方法

从水资源的角度,通过城镇可用水量除以城镇人均需水量,确定可承载的城镇人口规模,可承载的城镇人口规模乘以人均城镇建设用地面积,确定可承载的建设用地规模。城镇可用水量要在区域用水总量控制指标基础上,结合区域供用水结构、产业结构等确定。城镇人均需水量需考虑不同发展阶段、经济技术水平和生产生活方式等因素,按照生活和工业用水量的合理比重综合确定。人均城镇建设用地面积,要基于现状和节约集约发展要求合理确定。

从空间约束的角度,将生态保护极重要区和城镇建设不适宜区以外区域的规模,作为空间约束下城镇建设的最大规模。

按照短板原理,取上述约束条件下的最小值,作为可承载的最大合理规模。

第六节　评价案例

一、省级"农业生产空间评价"案例

参考周侃等2021年在《地理科学》发表的论文《基于资源环境承载力的农业生产空间评价与布局优化——以福建省为例》,阐释省级农业生产空间评价。

农业生产是国民经济发展的基础,农业生产空间评价是国土空间开发适宜性评价的重要内容之一,评价核心内容是:根据农业生产功能指向下的资源环境承载能力等级,结合农业技术经济条件,对用于农业生产的国土空间进行适宜性等级划分,确定其作为农业生产空间的适宜程度,为优化调整农业生产空间布局提供科学指引。

(一)案例区概况

福建省简称闽,位于中国东南沿海地区,介于115°50′—120°40′E、23°30′—28°22′N,属亚热带海洋性季风气候,地势西北高、东南低,地貌类型多样(图略),山地丘陵约占全省土地总面积的83.00%。闽东北、闽中、闽西地区以山地和丘陵为主,闽东南以平原、台地和丘陵为主。

福建省现状农业空间以耕地为主,占农业空间总面积的47.99%,园地、农村住宅用地和其他农用地的比重分别为27.81%、12.31%、11.89%。全省粮食供需矛盾突出,粮食安全和耕地资源保障压力大。全省粮食对外依存度较高,粮食自给率低,亟待强化农业空间用途管控,确保农业生产空间与永久基本农田数量与质量。

(二)评价指标体系与评价方法

1. 评价指标体系

评价指标体系的建立遵循系统性、层次性、可比性、可获取、可操作等一般性原则,此外,考虑农业生产的特殊性和基础性,农业生产空间评价指标体系建立还应遵循3个原则:粮食安全与生态环境安全优先;农业生产功能指向;自然资源供给上限。

资源环境承载能力评价要素包括四类:土地资源类、水资源类、环境类、自然灾害类(表4-1);农业生产适宜性包括三类:空间形态类、区位条件类、生产条件类。

表 4-1　农业生产空间评价指标体系(周侃 等,2021)

评价维度	评价要素	评价指标	指标含义
资源环境承载能力	土地资源类	坡度	DEM 测算的实际坡度
		高程	DEM 测算的海拔坡度
		土壤养分	土壤中有机质、氮、磷、钾等含量
	水资源类	水资源丰度	地表水资源量、过境水资源量
		灌溉便利性	供水距离、提水高程
	环境类	土壤环境容量	土壤污染物浓度超标程度
	自然灾害类	光温气象指数	平均≥10 ℃活动积温、太阳辐射总量和年平均气温等指标复合指数
		气象灾害	暴雨洪涝、大风、寒冻、冰雹、干旱等气象灾害发生频次及强度
农业生产适宜性	空间形态类	集中连片度	连片田块面积
		田块规整度	田块面积与其周长之比
	区位条件类	耕种便捷度	田块到最近交通干道的距离
		村镇邻近度	田块到最近村屯或乡镇的距离
	生产条件类	田块平整度	田块内部起伏度

2. 评价流程与方法

农业生产空间评价主要流程如下:首先,结合不同层级空间规划评价精度需求,从土地资源类、水资源类、环境类三个方面,进行资源环境承载能力的单项评价。其次,根据承载能力单项评价结果,集成评价农业生产功能指向的农业承载等级,反映国土空间自然本底条件对农业生产的综合支撑能力。最后,根据农业承载等级结果,识别适宜农业生产的备选区,结合空间形态类、区位条件类、生产条件类指标评价,采用农业生产适宜性评价模型,从备选区中进一步识别并划分农业生产适宜区、一般适宜区和不适宜区。评价精度因空间尺度而异,省级层面评价通常以 30～50 米格网为基本单元,在地形条件复杂地区可提高评价精度。

农业生产功能指向的资源环境承载力集成方法:首先,基于土地资源和水资源两类条件,构建水土资源空间匹配判别矩阵(表 4-2);其次,确定用于承载力集成的环境类条件;然后,纳入自然灾害类条件,对初步评价结果修正。资源环境承载能力分为 5 个等级,由低至高为 Ⅰ～Ⅴ 级。

表 4-2　水土资源评价判别矩阵

		土地资源				
		好	较好	一般	较差	差
水资源	好	Ⅴ	Ⅴ	Ⅳ	Ⅲ	Ⅰ
	较好	Ⅴ	Ⅳ	Ⅳ	Ⅱ	Ⅰ
	一般	Ⅳ	Ⅳ	Ⅲ	Ⅱ	Ⅰ
	较差	Ⅳ	Ⅲ	Ⅲ	Ⅰ	Ⅰ
	差	Ⅲ	Ⅲ	Ⅱ	Ⅰ	Ⅰ

农业生产适宜性评价方法,根据福建省特征确定农业生产空间评价指标权重及分级标准,

采用专家打分法比较指标间的重要程度，结合层次分析法构造评价矩阵，确定因子权重。

基于GIS空间叠加分析功能，生成单因子量化分级图并进行多因素栅格叠加运算，得到农业生产适宜性分区评价。

(三)评价结果

福建省资源环境承载力评价结果为：农业生产资源环境承载力高、较高、中等、较低以及低等级的比重依次为29.86%、16.27%、12.04%、18.91%和22.91%。全省承载力受地形影响明显，在福建省沿海地区呈大集中、小分散格局，承载力等级以高和较高为主，高值区集中分布于滨海平原、台地及低丘缓坡；在福建省内陆地区则呈大分散、小集中格局，承载力等级以低和较低为主，低值区集中分布于山地及丘陵的陡坡地和高海拔区域，而高值区零散分布于河谷、盆地及山间缓坡区域。

根据资源环境承载力等级评价结果，结合集中连片度、田块规整度、耕种便捷度、村镇邻近度以及田块平整度等指标，测算农业生产适宜性指数(图略)。

农业生产适宜区，具备较好的从事农业生产资源环境综合条件，且田块完整、耕种便捷，集中分布在平原、台地、河谷、丘陵缓坡地和山区25°以下坡地，面积占福建省土地总面积的36.36%；一般适宜区，是具备一定资源环境综合条件、但田块完整性和耕种便捷性一般，零散分布在山地丘陵的区域，面积占土地总面积的26.76%；不适宜区则不具备资源环境综合条件，且田块完整性和耕种便捷性差，主要分布在山地丘陵的陡坡地，占土地总面积的36.88%。

评价结果已应用于福建省国土空间规划编制，具有一定示范性和推广性。

二、县级"双评价"案例

李永浮等(2020)在《规划师》期刊发表的论文《我国县域国土空间"双评价"理论与浙江嘉善县实证研究》，本部分县级"双评价"案例——嘉善县来源于该论文。

嘉善县是浙江省嘉兴市下辖县，位于嘉兴市东北部，地处江苏、浙江、上海交汇处，北靠江苏省吴江区和上海市青浦区。嘉善县交通发达，沪杭甬高速公路、320国道、杭州湾大通道(上海—宁波)、申嘉湖高速公路、沪杭铁路等经过县域。东距上海虹桥机场72千米，西距杭州萧山机场120千米。嘉善县是浙江省全面接轨上海的示范区和桥头堡，是全国综合实力百强县之一。2019年入选国家城乡融合发展试验区。2019年10月国务院批复《长三角生态绿色一体化发展示范区总体方案》重大战略，嘉善县为示范区"两区一县"的组成部分。

(一)生态保护重要性评价

在构建评价指标体系之前，需要深入研究嘉善县生态环境特征，分析面临的主要问题，找出产生问题的原因，提出解决办法。

1. 生态环境特征和主要问题

嘉善县属亚热带季风气候，四季分明，日照充足，气温适中。嘉善县地处太湖流域杭嘉湖平原，地势平坦。嘉善县属于水网地区，县域内河流纵横交错，湖荡星罗棋布，数百条支流曲港迂回曲折。河流流速平缓，水位季节变化显著，夏秋季节的台风暴雨常引起河水骤涨。嘉善全县水域面积为73.71千米^2，水面率为14.5%，河湖水环境是生态环境保护工作的重点。

随嘉善县工业化发展和城镇化的推进，水污染面广、点多、量大，水环境质量形势十分严峻。饮用水源地周围农业用地分布较多，比重较高，水源地保护与农业污染防护压力较大。而且，地下水过量开采，造成地下水位下降，地面发生严重沉降。

嘉善县水土流失类型主要为水力侵蚀，县内侵蚀强度很弱，都属于微度。水土流失主要来源于降雨、风浪和船行波冲刷，河岸边坡和堤顶面极易产生水土流失。另外，嘉善县地处潮水河段，加上行船引起的波浪冲击远比潮流强大，河道受到比较严重的冲刷。

嘉善县生物资源集中分布在河流、湿地内。据调查，全县有珍稀濒危植物 3 种，省级重点保护动物 8 种，还有小天鹅、鸳鸯等国家 II 级保护动物。

2. 生态保护评价体系

生态保护评价基于《资源环境承载能力和国土空间开发适宜性评价指南（试行）》的要求，并结合嘉善县生态环境实际问题，以及土地资源、生态保护和世界文化遗产保护三个准则，根据饮用水源地保护、水土保持、湿地保护、生物多样性保护和古镇保护五个要素，最终确定评价指标。

采用多因素等权叠加方法，在 ArcGIS 中进行计算，最终结果如图 4-2 所示。其中，生态保护极重要区面积为 17.12 千米^2，重要区面积为 55.19 千米^2，次重要区面积为 215.47 千米^2。

表 4-3　嘉善县生态环境保护评价指标体系（李永浮 等，2020）

评价准则	评价要素	评价指标
水资源	饮用水源地保护	饮用水源保护区
土地资源	水土保持	水土流失防护区（含重点预防区和易发区）
生态保护	生物多样性维护	生物多样性维护区
	湿地保护	湿地保护区
世界文化遗产保护	古镇保护	西塘古镇保护区

（二）农业生产适宜性评价

根据《资源环境承载能力和国土空间开发适宜性评价指南（试行）》要求，农业生产区和城镇建设区是在生态保护极重要区以外的区域。通过调查嘉善县农业发展情况可知，全县以种植业为主，以渔业养殖业和畜牧养殖业为辅。因此，从种植业生产适宜性、畜牧业生产适宜性和渔业生产适宜性三个方面开展农业生产适宜性评价。

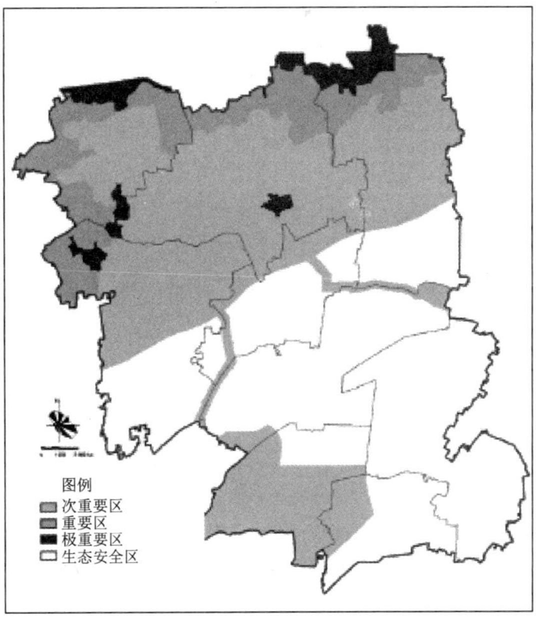

图 4-2　嘉善县生态环境保护评价（李永浮 等，2020）

1. 种植业适宜区

嘉善县地势平坦，土壤肥沃，土壤有机质丰富，水热资源充足，现有的农业用地都是适宜种植业生产区（图 4-3）。耕地节水行动收效显著，2018 年全县亩均灌溉用水量为 428.84 米^3，耕地未受水资源条件约束。从空间约束角度来看，除去生态保护极重要区和种植业生产不适宜区，嘉善县空间约束下耕地的最大承载规模为 258.4 千米^2。因此，综合水资源和空间约束的分析，嘉善县耕地承载的最大合理规模为

258.4 千米^2。

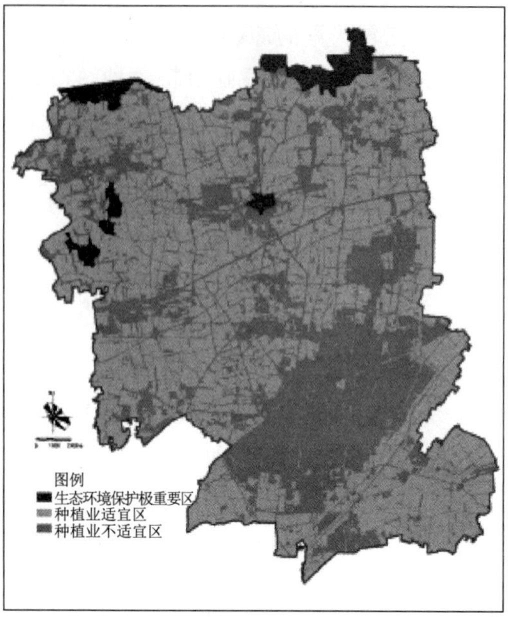

图 4-3　嘉善县种植业适宜区划分(李永浮 等,2020)

2. 畜牧养殖承载规模

自 2014 年初,嘉善县大力推进“五水共治”,切实加大畜禽养殖污染治理力度,实现生猪养殖总量和污染排放双减少。嘉善县编制了《嘉善县畜牧业发展专项规划(2013—2020年)》,明确全县生猪存栏数量要控制在 20 万头以内,年出栏量约 36 万头;围绕 2 个省级现代农业综合区和 9.28 万亩的粮食生产功能区进行布局,计划培育建设 42 个家庭农场,场均存栏生猪 5000 头。因此,可把生猪存栏 20 万头,年出栏量 36 万头作为全县的畜牧养殖承载规模。

3. 渔业养殖承载规模

根据《嘉善县养殖水域滩涂规划 2017—2030 年》,主要从养殖尾水排放和水质污染方面分析,采用环境容纳量法估算嘉善县天然水域养殖容量。根据水质分析,发现磷是限制水域生产力的最重要因素。故采用 Beveridge 研究的结果和 Dillon-Rigler 模型进行计算,并综合考虑近年来天然水域的增殖放流对水体污染物的净化作用等。综上估算,得出嘉善县水产养殖容量约为 3.18×10^4 吨,由此,嘉善县渔业养殖的合理承载规模为 3.18×10^4 吨。

(三)城镇建设适宜性评价

1. 城镇建设区适宜性评价

根据“双评价”指南要求,一般把水资源短缺、地形坡度大于 25°、海拔过高,以及地质灾害、海洋灾害危险性极高的区域,确定为城镇建设不适宜区。另外,还需结合建设用地管制分区成果,把禁止建设区和限制建设区划为城镇建设不适宜区。

嘉善县禁止建设区的面积为 127.46 千米^2,禁止建设区内土地主要用于生态保护及示范区永久基本农田保护。重点保护太浦河—长白荡饮用水源保护地、汾湖生态湿地区,以及已建高标准基本农田区、现代农业园区、千万亩标准农田质量提升工程实施区、富硒土壤区和嘉善锦绣桃园区等。限制建设区的面积为 239.78 千米^2,区内土地主要用于生态保护和永久基本农田建设,限制城、镇、村建设,严格控制道路等线性基础设施和独立建设项目用地。另外,嘉善县划定了城镇集中建设区,面积为 136.15 千米^2,主要包含中心城区、城市副中心、新城、镇中心区以及部分城市功能组团等规划集中连片建设的地区。城镇集中建设区是在一定规划期限内城市集中连片开发建设的地区,是城市各类建设项目集中布局的地区。从图 4-4 可知,城镇建设适宜区绝大部分分布在城镇集中建设区范围内。

综上所述,嘉善县城镇建设不适宜区面积为 367.24 千米^2,占全县土地面积的 72.44%;城镇建设适宜区面积为 139.73 千米^2,占全县土地面积的 27.56%。

2. 城镇建设区承载规模

根据“双评价”指南要求,城镇建设承载规模的重要约束条件是可用水资源。根据城镇可用水量除以人均需水量的结果,确定可承载的城镇人口规模;可承载的城镇人口规模乘以人均城镇建设用地面积，确定可承载的建设用地规模。根据《嘉善水利志》，嘉善全县多年平均水资源总量为 2.358 亿米^3。由于全县过境水资源丰富，所需水量都能得到满足。因此，未来城镇建设区的承载规模应该从城镇供水能力和行业供水结构来计算。

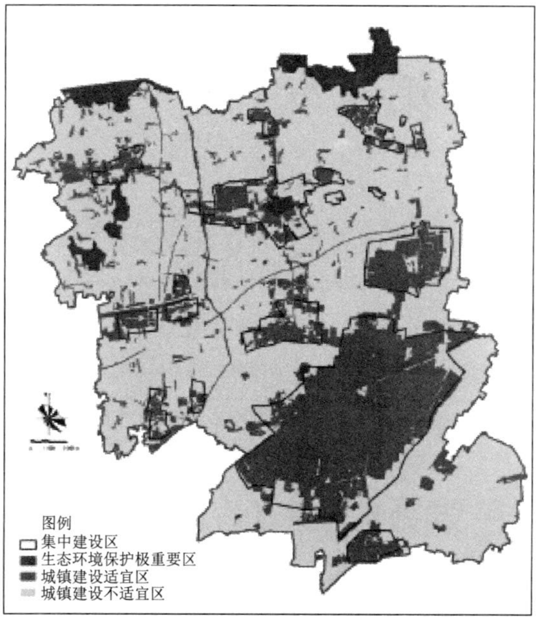

图 4-4　嘉善县城镇建设适宜性评价(李永浮 等,2020)

根据《嘉善城乡供水专项规划(2018—2035 年)》预测，2025 年全县供水规模为 2.18×10^8 米^3，可以承载人口为 92 万人；2035 年全县供水规模为 3.02×10^8 米^3，可以承载人口为 115 万人。根据《嘉善县域总体规划(2017—2035 年)》初步成果，2035 年全县人均城镇建设用地为 135.65 米^2，由此可知水资源约束下的全县城镇建设区的用地规模为 155.9975 千米^2。另外，从空间约束的角度来看，全县除去生态保护极重要区和城镇建设不适宜区后的地区，即城镇建设适宜区，用地规模为 139.73 千米^2。

综上所述，按照短板原理，取水资源约束条件和空间约束条件的最小值，作为全县城镇建设区可承载的最大合理规模，即城镇建设区承载规模为 139.73 千米^2。

思考题

1.“双评价”的重要意义是什么？

2.“双评价”的难点有哪些？

3. 如何评价生态系统服务功能重要性？

4. 农业生产承载规模如何计算？

5. 城镇建设承载规模如何确定？

第五章　国土空间规划用地用海分类

2020年11月自然资源部公开发布了《国土空间调查、规划、用途管制用地用海分类指南（试行）》，本章内容以该指南为主。该指南整合原有的《土地利用现状分类》《城市用地分类与规划建设用地标准》和《海域使用分类》，建立了全国统一的国土空间用地用海分类。

第一节　用地用海分类原则与依据

一、用地用海分类与使用原则

（一）分类原则

国土空间规划实际工作中对国土空间用地用海类型进行划分时，主要依据国土空间的主要配置利用方式、经营特点和覆盖特征等，用地用海分类应当反映国土空间利用的基本功能，满足自然资源管理需要。用地用海分类的基本原则是分类不重复不遗漏。用地用海分类应体现主要功能，当进行国土空间调查、规划、用途管制时，如果用地用海具备多种用途时，应以其实际使用的主要功能或者规划引导的主要功能进行归类。

（二）使用原则

国土调查、国土空间规划的主干分类为用地用海二级类。国土调查应以一级类和二级类为基础分类，而专项调查和补充调查的分类应以三级类为主。国土空间总体规划原则上以一级类为主，可细分至二级类；国土空间详细规划和市县层级涉及空间利用的相关专项规划，原则上使用二级类和三级类。具体使用按照相关国土空间规划编制要求执行。

国土空间用途管制、用地用海审批、规划许可、出让合同和确权登记应依据有关法律法规，将国土空间规划确定的用途分类作为管理的重要依据。

在保障安全、避免功能冲突的前提下，鼓励节约集约利用国土空间资源，国土空间详细规划可确定用地用海的混合利用以及地上、地下空间的复合利用。

二、用地用海分类依据

自然资源部为了履行统一行使全民所有自然资源资产所有者、统一行使所有国土空间用途管制和生态保护修复、统一调查和确权登记、建立国土空间规划体系并监督实施等职责，建立全国统一的国土空间用地用海分类，制定了《国土空间调查、规划、用途管制用地用海分类指南（试行）》。《国土空间调查、规划、用途管制用地用海分类指南（试行）》的分类依据为以下3个国家标准和2个行业标准：国家标准《土地利用现状分类》（GB/T 21010—2017）、国家标准《城市用地分类与规划建设用地标准》（GB/T 50137—2011）、国家标准《城市地下空间规划标准》（GB/T 51358—2019）、行业标准《第三次全国国土调查技术规程》（TD/T 1055—2019）、行业标准《海域使用分类》（HY/T 123—2009）。

第二节　用地用海分类体系

本节用地用海分类体系参考自然资源部办公厅(2020c)发布的《国土空间调查、规划、用途管制用地用海分类指南(试行)》。

一、三级分类体系

国土空间调查、规划、用途管制用地用海分类，遵循"三统筹"的基本原则：陆海统筹、城乡统筹、地上地下空间统筹，与《中华人民共和国土地管理法》保持衔接，并增加"海洋资源"相关用海分类，按照资源利用的主导方式划分类型。

国土空间规划用地用海分类采用三级分类体系，其中一级类设置 24 个、二级类则为 106 个，三级类 39 个，不是每个二级类下都含有三级类。耕地、园地、林地、草地、湿地、公用设施用地、绿地与开敞空间用地、特色用地、留白用地、陆地水域、渔业用海、工矿通信用海、交通运输用海、游憩用海、特殊用海、其他土地、其他海域 17 个一级类下，只有二级类，没有三级类。农业设施建设用地、居住用地、公共管理与公共服务用地、商业服务业用地、工矿用地、仓储用地、交通运输用地 7 个一级类下包含二级类和三级类。

二、用地用海分类名称及代码

(一)一级类名称和代码

国土空间规划用地用海一级分类，共 24 类，名称和代码见表 5-1 规定。

表 5-1　用地用海一级类名称和代码(自然资源部办公厅，2020c)

代码	名称	代码	名称
01	耕地	13	公用设施用地
02	园地	14	绿地与开敞空间用地
03	林地	15	特殊用地
04	草地	16	留白用地
05	湿地	17	陆地水域
06	农业设施建设用地	18	渔业用海
07	居住用地	19	工矿通信用海
08	公共管理与公共服务用地	20	交通运输用海
09	商业服务业用地	21	游憩用海
10	工矿用地	22	特殊用海
11	仓储用地	23	其他土地
12	交通运输用地	24	其他海域

(二)各一级类含义

耕地(01)：指利用地表耕作层种植农作物为主，每年种植一季及以上(含以一年一季以上的耕种方式种植多年生作物)的土地，包括熟地，新开发、复垦、整理地，休闲地(含轮歇地、休耕地)；以及间有零星果树、桑树或其他树木的耕地；包括南方宽度<1.0 米，北方宽度<2.0 米固

定的沟、渠、路和地坎(埂);包括直接利用地表耕作层种植的温室、大棚、地膜等保温、保湿设施用地。

园地(02):指种植以采集果、叶、根、茎、汁等为主的集约经营的多年生作物,覆盖度大于50%或每亩株数大于合理株数70%的土地,包括用于育苗的土地。

林地(03):指生长乔木、竹类、灌木的土地。不包括生长林木的湿地,城镇、村庄范围内的绿化林木用地,铁路、公路征地范围内的林木,以及河流、沟渠的护堤林用地。

草地(04):指生长草本植物为主的土地,包括乔木郁闭度<0.1的疏林草地、灌木覆盖度<40%的灌丛草地,不包括生长草本植物的湿地、盐碱地。

湿地(05):指陆地和水域的交汇处,水位接近或处于地表面,或有浅层积水,且处于自然状态的土地。

农业设施建设用地(06):指对地表耕作层造成破坏的,为农业生产、农村生活服务的乡村道路用地以及种植设施、畜禽养殖设施、水产养殖设施建设用地。

居住用地(07):指城乡住宅用地及其居住生活配套的社区服务设施用地。

公共管理与公共服务用地(08):指机关团体、科研、文化、教育、体育、卫生、社会福利等机构和设施的用地,不包括农村社区服务设施用地和城镇社区服务设施用地。

商业服务业用地(09):指商业、商务金融以及娱乐康体等设施用地,不包括农村社区服务设施用地和城镇社区服务设施用地。

工矿用地(10):指用于工矿业生产的土地。

仓储用地(11):指物流仓储和战略性物资储备库用地。

交通运输用地(12):指铁路、公路、机场、港口码头、管道运输、城市轨道交通、各种道路以及交通场站等交通运输设施及其附属设施用地,不包括其他用地内的附属道路、停车场等用地。

公用设施用地(13):指用于城乡和区域基础设施的供水、排水、供电、供燃气、供热、通信、邮政、广播电视、环卫、消防、干渠、水工等设施用地。

绿地与开敞空间用地(14):指城镇、村庄建设用地范围内的公园绿地、防护绿地、广场等公共开敞空间用地,不包括其他建设用地中的附属绿地。

特殊用地(15):指军事、外事、宗教、安保、殡葬,以及文物古迹等具有特殊性质的用地。

留白用地(16):指国土空间规划确定的城镇、村庄范围内暂未明确规划用途、规划期内不开发或特定条件下开发的用地。

陆地水域(17):指陆域内的河流、湖泊、冰川及常年积雪等天然陆地水域,以及水库、坑塘水面、沟渠等人工陆地水域。

渔业用海(18):指为开发利用渔业资源、开展海洋渔业生产所使用的海域及无居民海岛。

工矿通信用海(19):指开展临海工业生产、海底电缆管道建设和矿产能源开发所使用的海域及无居民海岛。

交通运输用海(20):指用于港口、航运、路桥等交通建设的海域及无居民海岛。

游憩用海(21):指开发利用滨海和海上旅游资源,开展海上娱乐活动的海域及无居民海岛。

特殊用海(22):指用于科研教学、军事及海岸防护工程、倾倒排污等用途的海域及无居民海岛。

其他土地(23):指上述地类以外的其他类型的土地,包括盐碱地、沙地、裸土地、裸岩石砾地等植被稀少的陆域自然荒野等土地以及空闲地、田坎、田间道。

其他海域(24):指需要限制开发,以及从长远发展角度应当予以保留的海域及无居民海岛。

(三)二级类名称和代码

耕地包括3个二级类:水田(0101)、水浇地(0102)、旱地(0103)。

园地包括4个二级类:果园(0201)、茶园(0202)、橡胶园(0203)、其他园地(0204)。

林地包括4个二级类:乔木林地(0301)、竹林地(0302)、灌木林地(0303)、其他林地(0304)。

草地包括3个二级类:天然牧草地(0401)、人工牧草地(0402)、其他草地(0403)。

湿地包括7个二级类:森林沼泽(0501)、灌丛沼泽(0502)、沼泽草地(0503)、其他沼泽地(0504)、沿海滩涂(0505)、内陆滩涂(0506)、红树林地(0507)。

农业设施建设用地包括4个二级类:乡村道路用地(0601)、种植设施建设用地(0602)、畜禽养殖设施建设用地(0603)、水产养殖设施建设用地(0604)。

居住用地包括4个二级类:城镇住宅用地(0701)、城镇社区服务设施用地(0702)、农村宅基地(0703)、农村社区服务设施用地(0704)。

公共管理与公共服务用地包括7个二级类:机关团体用地(0801)、科研用地(0802)、文化用地(0803)、教育用地(0804)、体育用地(0805)、医疗卫生用地(0806)、社会福利用地(0807)。

商业服务业用地包括4个二级类:商业用地(0901)、商务金融用地(0902)、娱乐康体用地(0903)、其他商业服务业用地(0904)。

工矿用地包括3个二级类:工业用地(1001)、采矿用地(1002)、盐田(1003)。

仓储用地包括2个二级类:物流仓储用地(1101)、储备库用地(1102)。

交通运输用地9个二级类:铁路用地(1201)、公路用地(1202)、机场用地(1203)、港口码头用地(1204)、管道运输用地(1205)、城市轨道交通用地(1206)、城镇道路用地(1207)、交通场站用地(1208)、其他交通设施用地(1209)。

公用设施用地包括13个二级类:供水用地(1301)、排水用地(1302)、供电用地(1303)、供燃气用地(1304)、供热用地(1305)、通信用地(1306)、邮政用地(1307)、广播电视设施用地(1308)、环卫用地(1309)、消防用地(1310)、干渠(1311)、水工设施用地(1312)、其他公用设施用地(1313)。

绿地与开敞空间用地包括3个二级类:公园绿地(1401)、防护绿地(1402)、广场用地(1403)。

特殊用地包括7个二级类:军事设施用地(1501)、使领馆用地(1502)、宗教用地(1503)、文物古迹用地(1504)、监教场所用地(1505)、殡葬用地(1506)、其他特殊用地(1507)。

陆地水域包括6个二级类:河流水面(1701)、湖泊水面(1702)、水库水面(1703)、坑塘水面(1704)、沟渠(1705)、冰川及常年积雪(1706)。

渔业用海包括3个二级类:渔业基础设施用海(1801)、增养殖用海(1802)、捕捞海域(1803)。

工矿通信用海包括6个二级类:工业用海(1901)、盐田用海(1902)、固体矿产用海(1903)、油气用海(1904)、可再生能源用海(1905)、海底电缆管道用海(1906)。

交通运输用海包括3个二级类:港口用海(2001)、航运用海(2002)、路桥隧道用海(2003)。

游憩用海包括2个二级类:风景旅游用海(2101)、文体休闲娱乐用海(2102)。

特殊用海包括 2 个二级类:军事用海(2201)、其他特殊用海(2202)。

其他土地包括 7 个二级类:空闲地(2301)、田坎(2302)、田间道(2303)、盐碱地(2304)、沙地(2305)、裸土地(2306)、裸岩石砾地(2307)。

留白用地、其他海域,这两个一级类用地不含二级类。

(四)三级类名称和代码

并不是所有二级类都有三级类,乡村道路用地(0601)、城镇住宅用地(0701)、农村宅基地(0703)、文化用地(0803)、教育用地(0804)、体育用地(0805)、医疗卫生用地(0806)、社会福利用地(0807)、商业用地(0901)、娱乐康体用地(0903)、工业用地(1001)、物流仓储用地(1101)、交通场站用地(1208),一共 13 个二级类,下有三级分类。

乡村道路用地(0601)包括 2 个三级类:村道用地(060101)、村庄内部道路用地(060102)。

城镇住宅用地(0701)包括 3 个三级类:一类城镇住宅用地(070101)、二类城镇住宅用地(070102)、三类城镇住宅用地(070103)。

农村宅基地(0703)包括 2 个三级类:一类农村宅基地(070301)、二类农村宅基地(070302)。

文化用地(0803)包括 2 个三级类:图书与展览用地(080301)、文化活动用地(080302)。

教育用地(0804)包括 5 个三级类:高等教育用地(080401)、中等职业教育用地(080402)、中小学用地(080403)、幼儿园用地(080404)、其他教育用地(080405)。

体育用地(0805)包括 2 个三级类:体育场馆用地(080501)、体育训练用地(080502)。

医疗卫生用地(0806)包括 3 个三级类:医院用地(080601)、基层医疗卫生设施用地(080602)、公共卫生用地(080603)。

社会福利用地(0807)包括 4 个三级类:老年人社会福利用地(080701)、儿童社会福利用地(080702)、残疾人社会福利用地(080703)、其他社会福利用地(080704)。

商业用地(0901)包括 5 个三级类:零售商业用地(090101)、批发市场用地(090102)、餐饮用地(090103)、旅馆用地(090104)、公用设施营业网点用地(090105)。

娱乐康体用地(0903)包括 2 个三级类:娱乐用地(090301)、康体用地(090302)。

工业用地(1001)包括 3 个三级类:一类工业用地(100101)、二类工业用地(100102)、三类工业用地(100103)。

物流仓储用地(1101)包括 3 个三级类:一类物流仓储用地(110101)、二类物流仓储用地(110102)、三类物流仓储用地(110103)。

交通场站用地(1208)包括 3 个三级类:对外交通场站用地(120801)、公共交通场站用地(120802)、社会停车场用地(120803)。

第三节　地下空间用途补充分类

地下空间用途分类的表达方式,应对照用地用海各类名称和代码,并在其代码前增加 UG 字样(同时删除用地字样),表达对应设施所属的用途;当地下空间用途出现用地用海各类中未列出的用途类型时,应符合表 5-2 地下空间用途补充分类及其名称、代码的规定。

一、地下空间用途补充分类及其名称与代码

地下空间用途补充分类包含 4 个一级类,其中地下交通运输设施包含 1 个二级类,地下公

用设施包含 2 个二级类(表 5-2)。

表 5-2　地下空间用途补充分类及其名称、代码(自然资源部办公厅,2020c)

一级类		二级类	
代码	名称	代码	名称
UG12	地下交通运输设施	UG1210	地下人行通道
UG13	地下公用设施	UG1314	地下市政管线
		UG1315	地下市政管廊
UG25	地下人民防空设施		
UG26	其他地下设施		

二、地下空间用途补充分类的含义

地下交通运输设施,指地下道路设施、地下轨道交通设施、地下公共人行通道、地下交通场站、地下停车设施等。

地下人行通道,指地下人行通道及其配套设施。地下公用设施,指利用地下空间实现城市给水、供电、供气、供热、通信、排水、环卫等市政公用功能的设施,包括地下市政场站、地下市政管线、地下市政管廊和其他地下市政公用设施。地下市政管线,指地下电力管线、通信管线、燃气配气管线、再生水管线、给水配水管线、热力管线、燃气输气管线、给水输水管线、污水管线、雨水管线等。地下市政管廊,指用于统筹设置地下市政管线的空间和廊道,包括电缆隧道等专业管廊、综合管廊和其他市政管沟。

地下人民防空设施,指地下通信指挥工程、医疗救护工程、防空专业队工程、人员掩蔽工程等设施。其他地下设施,指除以上之外的地下设施。

思考题

1. 国土空间规划用地用海分类的作用是什么?
2. 在国土空间规划编制过程中,当用地用海具备多种用途时应当如何分类?
3. 自然保护区、国家公园在用地用海分类中属于哪个类别?

第六章 国土空间规划层级及主要内容

国土空间规划构建了国家—省—市—县—乡镇的五级纵向传导体系。全国国土空间规划是对全国国土空间作出的全局安排，是全国国土空间保护、开发、利用、修复的政策和总纲，侧重战略性，由自然资源部会同相关部门组织编制，由党中央、国务院审定后印发。省级国土空间规划是对全国国土空间规划的落实，指导市县国土空间规划编制，侧重协调性，由省级政府组织编制，经同级人大常委会审议后报国务院审批。市县和乡镇国土空间规划是本级政府对上级国土空间规划要求的细化落实，是对本行政区域开发保护作出的具体安排，侧重实施性。本章主要介绍省级及以下层级国土空间规划内容。

第一节 省级国土空间规划

为贯彻落实《中共中央 国务院关于建立国土空间规划体系并监督实施的若干意见》，指导和规范省级国土空间规划编制工作，提高规划编制的科学性、针对性和可实施性，2020 年自然资源部研究制定了《省级国土空间规划编制指南(试行)》。本节内容主要参考该指南。

《省级国土空间规划编制指南(试行)》规定了省级国土空间规划的定位、编制原则、任务、内容、程序、管控和指导要求等，适用于各省、自治区、直辖市国土空间规划编制。跨省级行政区域、流域和城市群、都市圈等区域性国土空间规划可参照执行。直辖市国土空间总体规划，可结合本指南和《市级国土空间总体规划编制指南》有关要求编制。

一、基本特点与总体要求

(一)省级国土空间规划的基本特点

余云州等(2020)基于广东省实践，论述了新时代省级国土空间规划的特性，认为协调性、战略性、综合性和约束性是省级国土空间规划的基本特点。

1. 协调性

省级行政区是我国一级地方行政区，省内存在跨市县行政界线的功能区，此外还有一些专项规划跨市县，各市县的国土空间需求差异等，这些都需要省级国土空间规划进行协调。

针对跨行政界线的功能区，实施差异化的空间引导。结合区域性的主导功能，分类明确空间布局指引及管控要求，并依托生态廊道、重大交通廊道、人文线性廊道等促进各功能区域间要素相互流动。综合平衡各专项领域的空间需求，包括重大基础设施建设、公共服务设施建设、生态系统保护与修复、历史文化保护与利用、重点产业发展平台等，提出合理的空间布局和管控导向，增强国土空间规划的基础保障作用。协调省域内各市县发展空间需求，基于"三调"和"双评价"结果，综合考虑各市县的资源禀赋、资源利用数量与质量、人民生活保障等因素，统筹协调各市县国土空间的增量与存量。

除了侧重协调性之外，省级国土空间规划还具有战略性、综合性和约束性。

2. 战略性

省级国土空间规划应重点对重大战略作出空间响应，体现战略性。对国家重大战略作出空间响应是省级国土空间规划的战略性任务。从区域发展层面来看，省级国土空间规划需要对主体功能区、区域协调等国家重大战略作出空间响应，发挥好空间规划在空间开发保护方面的基础作用和平台功能，为国家、省确定的重大战略任务落地，提供空间保障。同时，省级国土空间规划需要引领生产空间、生活空间、生态空间的科学布局，需要推动高质量发展和建设高品质生活，需要建设美好家园，必须将重大战略具体转化为空间治理措施。

具体而言，对以下三个方面的重大战略，省级国土空间规划重点需要作出空间响应：贯彻新发展理念，落实国家赋予省的重大区域战略及主体功能定位，落实省委省政府战略决策部署，制定省级国土空间规划战略目标；实现省级自然资源主管部门"两统一"的职责要求，即统一行使全民所有自然资源资产所有者职责，统一行使所有国土空间用途管制和生态保护修复职责；以科学有效的空间治理措施，促进国家治理体系和治理能力现代化。

3. 综合性

省级国土空间规划是对省域范围内国土空间的保护、开发、利用、修复作出的总体部署与统筹安排。从国土空间规划的功能层面来看，省级国土空间规划的综合性主要体现在以下四个方面。

保护类要素的底线刚性管控，对于承担生态安全、粮食安全和资源安全等地域空间进行严格管控，在省级国土空间规划中划定生态保护红线、永久基本农田保护线边界，明确管制规则。发展类要素的空间供给保障，优化城镇发展空间、农业农村发展空间、海洋发展空间布局，统筹用地用海规模。对于国家重要科技基础设施、重点民生工程、区域性重大交通设施、重点发展平台、重大产业项目等的用地用海的需求予以优先保障。低效、受损性要素的整治与修复，在省级国土空间规划中需要明确"批而未用"、闲置用地等存量土地的处理措施，需要确定对旧城、旧厂、旧村等低效空间进行分类整治、改造的措施及规模，需要明确省域内河流、山地等受损规模，确定需要生态修复的范围、名录，确定市县内部改造的空间原则。各类要素的利用和管理规则，通过建立全域全类型的国土空间用途管制制度，明确各类空间管制要求，实现国土空间节约与集约利用，强化国土空间的科学管理。

4. 约束性

国土空间规划强调底线约束，包含了对规划内容进行结构化分层的任务要求，建立有效的传导机制是省级国土空间规划约束性得以实现的基础保障。根据省级国土空间规划所处的层级，应在纵向和横向两个维度进行有效传导：纵向传导上，落实国家重大战略及各类约束性、预期性指标，明确省级国土空间规划向市县国土空间规划传导的目标和指标、空间布局、空间要素配套标准、分区分类管控要求等，为下位国土空间规划的目标和指标细化、各类控制线划定用途管制等规划内容提供依据。横向传导上，制定需要细化的特定区域和专业领域等专项规划的编制清单，通过编审要点及合规性审查机制，保障规划横向传导。

（二）规划编制总体要求

1. 规划定位与规划范围

省级国土空间规划是对全国国土空间规划的落实和深化，是一定时期内省域国土空间保护、开发、利用、修复的政策和总纲，是编制省级相关专项规划的依据，也是编制市县等下位国土空间规划的基本依据，在国土空间规划体系中发挥承上启下、统筹协调作用，具有战略性、协调性、综合性和约束性。省级国土空间规划范围包括省级行政辖区内全部陆域和管理海域国土空间。

2. 编制原则

生态优先、绿色发展。践行绿水青山就是金山银山的理念,坚持节约资源和保护环境的基本国策,落实最严格的生态环境保护制度、耕地保护制度和节约用地制度,严守生态、粮食、能源资源等安全底线。坚持人与自然和谐共生,建设和谐的人地关系、城乡关系等,通过优化国土空间开发保护格局,促进绿色发展方式和生活方式的加快形成。

以人民为中心、高质量发展。以人民对美好生活的向往为目标,坚持增进人民福祉,改善人居环境,提升国土空间品质。建设美丽家园,促进生产、生活、生态相协调的空间格局的形成,实现高质量发展,满足高品质生活。

区域协调、融合发展。落实主体功能区、区域协调发展等国家重大战略,推动国家区域协调发展战略在省域协同实施。完善统筹协调机制,协调解决国土空间使用冲突。加强陆域和海域空间统筹,促进城镇和乡村融合发展。形成主体功能约束有效、国土开发有序的空间发展格局。

因地制宜、特色发展。立足省域自然环境条件和资源禀赋,基于发展阶段、重点问题和空间治理需求,尊重客观规律,体现地方特色,发挥比较优势,确定省级国土空间规划的目标、策略、任务和行动,走合理分工、优化发展的道路。

数据驱动、创新发展。收集覆盖陆海全域、包括自然资源和人文资源的基础数据,整理归纳数据。充分利用大数据、云计算等技术手段对数据进行分析和研究,夯实规划基础。建设国土空间基础信息平台,实现互联互通,为国土空间规划"一张图"提供支撑。

共建共治、共享发展。加强公众参与,充分听取公众意见,发挥专家作用,实现共商共治,推动社会协同,让规划编制成为凝聚社会共识的平台。发挥市场配置和政府引导作用,推进空间治理体系和治理能力现代化,实现经济效益、社会效益、环境效益相统一,让发展成果更多更公平地造福全体人民。

3. 编制主体和程序

省级国土空间规划的编制主体为省级人民政府,由省级自然资源主管部门会同相关部门开展具体编制工作。编制程序包括准备工作、专题研究、规划编制、规划多方案论证、规划公示、成果报批、规划公告等。

二、基础准备

(一)数据基础

以国土调查成果数据为基础,当前国土空间规划以第三次国土调查成果数据为基础,形成统一的工作底数。结合基础测绘和地理国情监测成果,收集整理自然地理、自然资源、生态环境、人口、经济、社会、文化、基础设施、城乡建设、灾害风险等方面的基础数据和资料,以及相关规划成果、审批数据。利用大数据等手段,加强基础数据分析。

(二)梳理重大战略

按照主体功能区战略、区域协调发展战略、乡村振兴战略、可持续发展战略等国家战略部署,以及省级党委政府有关发展要求,梳理相关重大战略对省域国土空间规划的具体要求,作为编制省级国土空间规划的重要依据。

(三)现状评价与风险评估

通过资源环境承载能力和国土空间开发适宜性评价,分析区域自然地理、资源禀赋、生态环境的特点，识别省域重要生态系统，明确生态功能极重要和极脆弱区域，提出农业生产、城镇发展的承载规模和适宜空间。

从数量、质量、布局、结构、效率等方面，诊断国土空间开发保护现状问题，评估风险和挑战。结合城镇化发展、人口分布、经济发展、科技进步、气候变化等趋势，分析国土空间开发利用需求；在生态保护、资源利用、自然灾害、国土安全等方面识别可能面临的风险，并开展情景模拟分析。

（四）专题要求

各省、自治区、直辖市可结合本区域实际，开展国土空间开发保护重大问题研究，例如，国土空间目标战略、城镇化趋势、开发保护格局优化、人口产业与城乡融合发展、空间利用效率和品质提升、基础设施与资源要素配置、历史文化传承和景观风貌塑造、生态保护修复和国土综合整治、规划实施机制和政策保障等。要加强水平衡研究，综合考虑水资源利用现状和需求，明确水资源开发利用上限，提出水平衡措施。量水而行，以水定城、以水定地、以水定人、以水定产，形成与资源、水环境、水安全相匹配的国土空间布局。沿海省份应开展海洋相关专题研究。

三、省级国土空间规划重点管控性内容

（一）目标与战略

目标定位。省级国土空间规划需要落实国家重大战略，按照全国国土空间规划纲要的主要目标、管控方向、重大任务等，结合省域实际，明确省级国土空间规划发展的总体定位，确定本行政区内国土空间开发保护目标。落实全国国土空间规划纲要确定的省级空间规划指标要求，结合省域实际，完善指标体系。

空间战略。按照空间发展的总体定位和开发保护目标，立足本省自然地理条件、资源禀赋和经济社会发展需求，针对国土空间开发保护突出问题，制定省级国土空间开发保护战略，推动形成主体功能约束有效、科学适度有序的国土空间布局体系。

（二）开发保护格局

1. 主体功能分区

省级国土空间规划需要落实全国国土空间规划纲要确定的国家级主体功能区。各地可结合实际，完善和细化省级主体功能区，按照主体功能区定位划分政策单元，确定协调引导要求，明确管控导向。按照陆海统筹、保护优先的原则，沿海县（市、区）要统筹确定一个主体功能定位。

2. 生态空间

生态空间指的是以提供生态系统服务或生态产品为主的功能空间。依据重要生态系统识别结果，维持自然地貌特征，改善陆海生态系统、流域水系网络的系统性、整体性和连通性，明确生态屏障、生态廊道和生态系统保护格局；确定生态保护与修复重点区域；构建生物多样性保护网络，为珍稀动植物保留栖息地和迁徙廊道；合理预留基础设施廊道。优先保护以自然保护地体系为主的生态空间，明确省域国家公园、自然保护区、自然公园等各类自然保护地布局、规模和名录。

3. 农业空间

农业空间指的是以农业生产、农村生活为主的功能空间。严格落实全国国土空间规划纲

要确定的耕地和永久基本农田保护任务,确保数量不减少、质量不降低、生态有改善、布局有优化。以水平衡为前提,优先保护平原地区水土光热条件好、质量等级高、集中连片的优质耕地,实施"小块并大块",推进现代农业规模化发展;在山地丘陵地区因地制宜发展特色农业。综合考虑不同种植结构水资源需求和现代农业发展方向,明确种植业、畜牧业、养殖业等农产品主产区,优化农业生产结构和空间布局。按照乡村振兴战略和城乡融合要求,提出优化乡村居民点布局的总体要求,实施差别化国土空间利用政策;可对农村建设用地总量作出指标控制要求。

4. 城镇空间

城镇空间指的是以承载城镇经济、社会、政治、文化、生态等要素为主的功能空间。依据全国国土空间规划纲要确定的建设用地规模,结合主体功能定位,综合考虑经济社会、产业发展、人口分布等因素,确定城镇体系的等级和规模结构,职能分工,提出城市群、都市圈、城镇圈等区域协调重点地区多中心、网络化、集约型、开放式的空间格局,引导大中小城市和小城镇协调发展。按照城镇人口规模300万以下、300～500万、500～1000万、1000～2000万、2000万以上等层级,分布确定城镇空间发展战略,促进人口集中、产业集聚、土地集约。将建设用地规模分解至各市(地、州、盟)。针对不同规模等级城镇,提出基本公共服务设施配置要求,优化教育、医疗、养老等民生领域重要设施的空间布局。加强产城融合,完善产业集群布局,为战略性新兴产业预留发展空间。

5. 网络化空间组织

以重要自然资源、历史文化资源等要素为基础、以区域综合交通和基础设施网络为骨架、以重点城镇和综合交通枢纽为节点,加强生态空间、农业空间和城镇空间的有机互动,实现人口、资源、经济等要素优化配置,促进形成省域国土空间网络化。

6. 统筹三条控制线

将生态保护红线、永久基本农田、城镇开发边界三条控制线作为调整经济结构、规划产业发展、推进城镇化不可逾越的红线。结合生态保护红线和自然保护地评估调整、永久基本农田核实整改等工作,陆海统筹,确定省域三条控制线的总体格局和重点区域,明确市县划定任务,提出管控要求,将三条控制线的成果在市县级和乡级国土空间规划中落地。实事求是解决历史遗留问题,协调解决划定矛盾,做到边界不交叉、空间不重叠、功能不冲突。各类线性基础设施应尽量并线、预留廊道,做好与三条控制线的协调衔接。

(三)资源要素保护与利用

1. 自然资源

按照山水林田湖草系统保护要求,统筹耕地、森林、草原、湿地、河湖、海洋、冰川、荒漠、矿产等各类自然资源的保护利用,确定自然资源利用上线和环境质量安全底线,提出水、土地、能源等重要自然资源供给总量、结构以及布局调整的重点和方向。严格保护耕地和永久基本农田,对水土光热条件好的优质耕地,要优先划入永久基本农田。建立永久基本农田储备区制度。各项建设要尽量不占或少占耕地,特别是永久基本农田。

结合自然保护地体系建设,保护林地、草地、湿地、冰川等重要自然资源,落实天然林、防护林、储备林、基本草原保护要求。在落实国家确定的战略性矿产资源勘查、开发布局安排的基础上,明确省域内大中型能源矿产、金属矿产和非金属矿产的勘查开发区域,加强与三条控制线衔接,明确禁止、限制矿产资源勘查开采的空间。

沿海省份要明确海洋开发保护空间,提出海域、海岛与岸线资源保护利用目标。除国家重大项目外，全面禁止围海和填海，提出存量围填海的利用方向。明确无居民海岛保护利用的底线要求，加强特殊用途海岛保护。

以严控增量、盘活存量、提高流量为基本导向，确定水、土地、能源等资源节约集约利用的目标、指标与实施策略。明确统筹地上地下空间，以及其他对省域发展产生重要影响的资源开发利用要求，提出建设用地结构优化、布局调整的重点和时序安排。

2. 历史文化和自然景观资源

落实国家文化发展战略，深入挖掘历史文化资源，系统建立包括国家文化公园、世界遗产、各级文物保护单位、历史文化名城名镇名村、传统村落、历史建筑、非物质文化遗产、未核定公布为文物保护单位的不可移动文物、地下文物埋藏区、水下文物保护区等在内的历史文化保护体系，编撰名录。全面评价山脉、森林、河流、湖泊、草原、沙漠、海域等自然景观资源，保护自然特征和审美价值。构建历史文化与自然景观网络，统一纳入省级国土空间规划。梳理各种涉及保护和利用的空间管控要求，制定区域整体保护措施，延续历史文脉，突出地方特色，做好保护、传承、利用。

（四）基础支撑体系

1. 基础设施

落实国家重大交通、能源、水利、信息通信等基础设施项目，明确空间布局和规划要求。预测新增建设用地需求，明确省级重大基础设施项目、建设时序安排，确定重点项目表。按照区域一体化要求，构建与国土空间开发保护格局相适应的基础设施支撑体系。按照高效集约的原则，统筹各类区域基础设施布局，线性基础设施尽量并线，明确重大基础设施廊道布局要求，减少对国土空间的分割和过度占用。

2. 防灾减灾

考虑气候变化可能造成的环境风险，如沿海地区海平面上升、风暴潮等自然灾害，山地丘陵地区崩塌、滑坡、泥石流等地质灾害，提出防洪排涝、抗震、防潮、人防、地质灾害防治等防治标准和规划要求，明确应对措施。对国土空间开发不适宜区域，根据治理需求提出应对措施。合理布局各类防灾抗灾设施和救灾通道，明确省级综合防灾减灾重大项目布局及时序安排，并纳入重点项目表。

（五）生态修复和国土综合整治

落实国家确定的生态修复和国土综合整治的重点区域、重大工程。按照自然恢复为主、人工修复为辅的原则，以国土空间开发保护格局为依据，针对省域生态功能退化、生物多样性降低、用地效率低下、国土空间品质不高等问题区域，将生态单元作为修复和整治范围，按照保障安全、突出生态功能、兼顾景观功能的优先次序，结合山水林田湖草系统修复、国土综合整治、矿山生态修复和海洋生态修复等类型，提出修复和整治目标、重点区域、重大工程。

（六）区域协调与规划传导

1. 省际协调

做好与相邻省级行政区在生态保护、环境治理、产业发展、基础设施、公共服务等方面协调和对接，确保省际生态格局完整、环境协同共治、产业优势互补，基础设施互联互通，公共服务共建共享。

2. 省域重点地区协调

加强省内流域和重要生态系统统筹，协调空间矛盾冲突，明确分区发展指引和管控要求，促进整体保护和修复。生态功能强的地区要得到有效保护,创造更多优质生态产品,建立健全纵向横向结合、多元化市场化的生态保护补偿机制。

明确省域重点区域的引导方向和协调机制,按照内涵式、集约型、绿色化的高质量发展要求,加强存量建设用地盘活力度,提高经济发展优势区域的经济和人口承载能力。在此基础上,建设用地资源向中心城市和重点城市倾斜,使优势地区具有更大发展空间。通过优化空间布局结构,促进解决资源枯竭型城市、传统工矿城市发展活力不足的问题。

发挥比较优势,增强不同地区在保障生态安全、粮食安全、边疆安全、文化安全、能源资源安全等方面的功能,明确主体功能定位和管控导向,促进各类要素合理流动和高效集聚,走合理分工、优化发展的道路。

完善全民所有自然资源资产收益管理制度,健全自然资源资产收益分配机制,作为区域协调的重要手段。

3. 市县规划传导

以省域国土空间格局为指引,统筹市县国土空间开发保护需求,实现发展的持续性和空间的合理性。省级国土空间规划通过分区传导、底线管控、控制指标、名录管理、政策要求等方式,对市县级国土空间规划编制提出指导约束要求。省级国土空间规划要将上述要求分解到下级规划,下级规划不得突破。

4. 专项规划指导约束

省级国土空间规划要综合统筹相关专项规划的空间需求,协调各专项规划空间安排。专项规划经依法批准后纳入同级国土空间基础信息平台,叠加到国土空间规划"一张图",实施严格管理。

四、省级国土空间规划指导性内容

在完成重点管控性内容规划的基础上,省域国土空间规划可结合自身实际,按照世界眼光、国际标准、中国特色、高点定位的要求,深化相关工作。主动应对全球气候变化带来的风险挑战,采取绿色低碳安全的发展措施,优化国土空间供给,改善生物多样性,提升国土空间韧性。

深度融入经济全球化,结合"一带一路"优化生产力、城镇和基础设施布局,增强公共服务供给能力,促进高质量发展和高品质生活,提升区域竞争力。运用国土空间地理设计方法,结合全域旅游,加强区域自然和人文景观的整体保护和塑造,充分供给多样化和高品质的国土空间。

探索绿水青山就是金山银山的实现路径,完善生态产品价值实现机制,提升自然资源资产的经济、社会和生态价值。在规划编制和实施中充分运用大数据、云计算、区块链、人工智能等新技术,探索可感知、能学习、善治理、自适应的智慧规划。

五、实施保障、公众参与与社会协调

(一)规划实施保障

1. 健全配套政策机制

省级国土空间规划编制,要完善细化主体功能区配套政策和制度安排,建立健全自然资源调查监测、资源资产管理、有偿使用、用途管制、生态保护修复等方面的规划实施保障机制及政策措施。

2. 完善国土空间基础信息平台建设

将现状数据及规划数据纳入省级国土空间基础信息平台，汇总市县基础数据和规划数据。依托国土空间基础信息平台，构建国土空间规划“一张图”。推动实现互联互通的数据共享。

3. 建立规划监测评估预警制度

省级自然资源主管部门会同有关部门动态监测省级国土空间规划实施情况，定期评估省级国土空间规划主要目标、空间布局、重大工程等执行情况，以及各市县对省级国土空间规划的落实情况，对规划实施情况开展动态监测、评估和预警。

（二）公众参与

国土空间规划采取政府组织、专家领衔、部门合作、公众参与的方式，建立全流程、多渠道的公众参与机制。在规划编制启动阶段，深入了解各地区、各部门、各行业和社会公众的意见和需求。在规划方案论证阶段，应将中间成果征求有关方面意见。规划成果报批前，应以通俗易懂的方式征求社会各方面意见。充分利用各类媒体和信息平台，采取贴近群众的各种社会沟通工具，保障各阶段公众参与的广泛性、代表性和实效性，保障充分的参与时间。

（三）社会协调

制定包含各相关部门的协作机制，研究规划重大问题，共同推进规划编制工作。充分调动大专院校、企事业单位力量，组建专家咨询团队，注重听取地理、生态、资源、环境、经济、社会、文化、安全等多领域多学科的专家意见和建议。

六、规划成果要求

省级国土空间规划的成果包括规划文本、规划图集、规划说明和专题研究报告，以及基于国土空间基础信息平台的国土空间规划“一张图”等。

1. 规划文本

规划文本是国土空间规划的重要文件，省级国土空间规划文本一般包含以下内容：

(1)现状分析与风险识别；(2)规划目标和战略；(3)区域协调联动；(4)国土空间开发保护格局；(5)资源要素保护与利用；(6)国土空间基础支撑体系；(7)国土空间生态修复；(8)规划管控引导；(9)规划实施保障；(10)规划附表。

2. 规划图集

省级国土空间规划图集包括规划成果图、基础分析图、评价分析图。

(1)规划成果图

规划成果图为必备图件，各地可根据实际需要增设。包括：

(a)国土空间总体规划图；(b)主体功能分区图；(c)生态空间布局规划图；(d)农业空间布局规划图；(e)城镇空间布局规划图；(f)城镇体系规划图；(g)重要产业集群布局规划图；(h)重点基础设施规划图；(i)自然保护地体系规划图；(j)历史文化保护规划图；(k)海岸带保护利用规划图(沿海省份)；(l)生态修复和国土综合整治规划图；(m)重点区域(流域)规划图。

(2)基础分析图

基础分析图可根据地区实际情况和需求选择性绘制，包括：

(a)区位图；(b)地形地貌图；(c)行政区划图；(d)土地利用现状图；(e)海域、海岛开发利用现状图；(f)矿产资源分布图；(g)自然保护地现状图；(h)城镇体系现状图；(i)历史文化保护现状图；(j)综合交通现状图；(k)地质、水文、灾害、海洋环境质量等其他现状图。

(3)评价分析图

评价分析图可根据地区实际情况和需求选择性绘制,包括:

(a)生态保护重要性等级评价图;(b)农业生产适宜性等级评价图;(c)城镇建设适宜性等级评价图。

3. 规划说明

省级国土空间规划说明主要包含以下内容。

(1)规划编制基础。包括编制背景、依据、工作过程、数据采用等。

(2)规划目标定位。包括规划定位和发展战略的确定依据,规划目标确定和规划指标体系的构建,规划指标测算等。

(3)主体功能区划分。主体功能区划分的依据和分级分类管控思路。

(4)国土空间开发保护格局。国土空间格局的确定依据、思路与方法。

(5)资源要素保护与利用。提出资源保护目标的确定依据、测算思路,阐述空间分布情况和管控要求。

(6)基础支撑体系。说明各项基础设施的空间布局和管控要求,阐述省级综合防灾减灾项目的确定思路。

(7)生态修复和国土综合整治。各类国土空间生态保护修复和国土综合整治的重点区域、重点工程制定的依据。

(8)规划环境影响评价。依据双评价成果,预测规划方案实施后可能产生的环境影响评价,提出拟采用的环境保护对策和措施。

(9)规划协调衔接。分析与相关规划的目标定位、空间格局、主要任务的衔接情况,规划方案比选与论证情况,规划传导的有关情况说明等。

(10)其他。公众参与情况、专家论证意见、部门和地方意见采纳情况等其他规划需要具体说明的重要问题。

4. 专题研究报告

根据设置的重大专题,形成省级国土空间规划相应的专题研究报告。

5. 其他资料

省级国土空间规划的其他资料包括规划编制过程中形成的工作报告、基础资料、会议纪要、人大常委会审议意见、部门意见、专家论证意见、公众参与记录等。

6. 电子数据

包括各类文字报告、图件及各类栅格和矢量数据。主要涉及三种类型的数据:(1)由自然要素和经济社会要素构成的基础空间数据和属性数据;(2)在规划编制过程中搜集的其他相关规划的数据;(3)通过对基础数据和相关规划数据分析评价、加工计算形成的规划数据。

7. 成果报批和公告

采取多种方式和渠道,对规划方案征求公众意见;规划方案由规划编制工作小组组织专家论证,论证情况在规划说明中要形成专门一章,包括规划环境影响评价、专家论证意见、部门和地方意见采纳情况等。对存在重大分歧和颠覆性的意见和建议,行政层面不要轻易决策,要经过充分论证后形成决策方案。专家论证、征求相关部门意见与合规性审查后,报同级人大常委会审议,然后报国务院审批。规划经批准后,应在一个月内向社会公告。涉及向社会公开的图件,应符合国家地图管理有关规定并依法履行地图审核程序。

七、省级国土空间规划技术路线

省级国土空间规划技术路线为基础准备—重点管控性内容—指导性要求—规划实施保障—规划论证和审批，而公众参与和社会协调贯彻整个编制过程（图 6-1）。

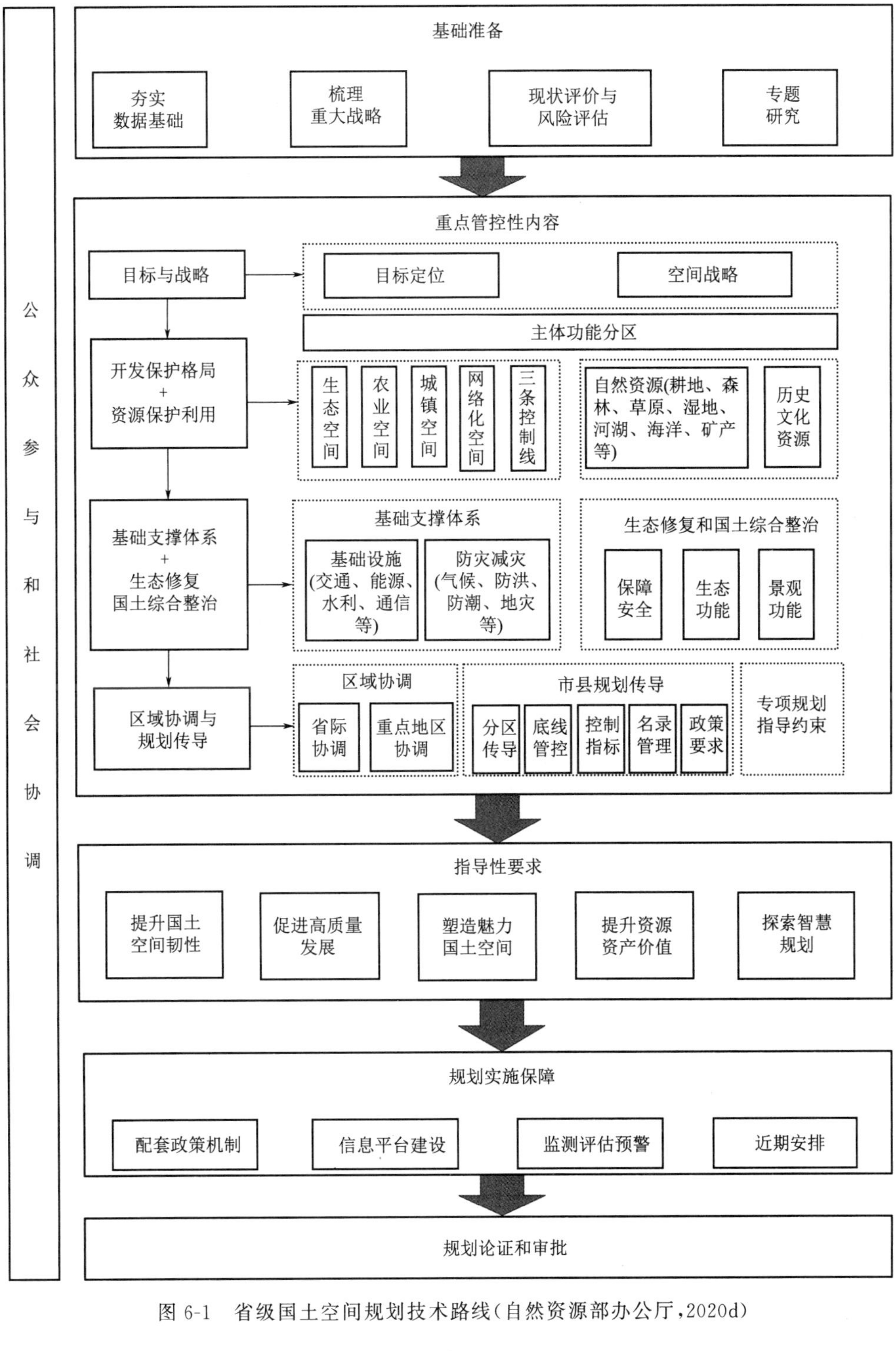

图 6-1　省级国土空间规划技术路线（自然资源部办公厅，2020d）

八、省级国土空间规划指标体系

(一)指标组成与含义

省级国土空间规划指标体系由三大类组成:生态保护类、农业发展类、区域建设类。按指标性质分为约束性指标和预期性指标,约束性指标是为实现规划目标,在规划期内不得突破或必须实现的指标。预期性指标是按照经济社会发展预期,规划期内要努力实现或不突破的指标。

1. 生态保护类

(1)生态保护红线面积:在生态空间范围内具有特殊重要生态功能,必须强制性严格保护的陆域、水域、海域等面积。(2)用水总量:国家确定的规划水平年流域、区域用水总量。(3)林地保有量:规划期内必须保有的林地数量。(4)基本草原面积:具有重要生态功能和适用于畜牧业生产,实施特殊保护的草地面。(5)湿地面积:指红树林地,天然的或人工的,永久的或间歇性的沼泽地、泥炭地、盐田、滩涂等。(6)新增生态修复面积:指规划期内通过人工干预方式新增的山水林田湖草生态修复、矿山生态修复、海洋生态修复等区域面积累计规模。(7)自然岸线保有率:大陆自然海岸线保有率是指辖区内大陆自然海岸线长度与总长度的比例;重要河湖自然岸线保有率是指辖区内重要河湖自然岸线与总长度的比例。

2. 农业发展类

(1)耕地保有量:规划期内必须保有的耕地数量。(2)永久基本农田保护面积:按照一定时期人口和经济社会发展对农产品的需求,依据国土空间规划确定的不得擅自占用或改变用途的耕地。(3)规模化畜禽养殖用地:具有法人资格和一定规模,用于畜禽养殖的用地。(4)海水养殖用海区面积:用于海水养殖的海域面积。

3. 区域建设类

(1)国土开发强度:建设用地总规模占行政区陆域面积的比例,建设用地总规模是指城乡建设用地、区域基础设施用地和其他建设用地规模之和。(2)城乡建设用地规模:城市、建制镇、村庄面积之和。(3)“1/2/3 小时”交通圈人口覆盖率:指以省级城市群为主要对象,其中,都市圈 1 小时通勤圈、城市群 2 小时商务圈、主要城市 3 小时高铁交通圈的覆盖人口与总人口的比例。(4)公路与铁路网密度:每平方千米上的公路和铁路总长度。(5)单位 GDP 使用建设用地(用水)下降率:与规划基期年相比,单位 GDP 建设用地使用面积(用水)的下降幅度。

(二)指标体系表

省级国土空间规划指标体系表见表 6-1。

表 6-1 省级国土空间规划指标体系(自然资源部办公厅,2020d)

序号	类型	名称	单位	属性
1	生态保护类	生态保护红线面积	千米^2	约束性
2		用水总量	亿米^3	约束性
3		林地保有量	千米^2(万亩)	约束性
4		基本草原面积	千米^2(万亩)	约束性
5		湿地面积	千米^2(万亩)	约束性
6		新增生态修复面积	千米^2	预期性
7		自然岸线保有率	%	约束性

续表

序号	类型	名称	单位	属性
8	农业发展类	耕地保有量(永久基本农田保护面积)	千米^2(万亩)	约束性
9		规模化畜禽养殖用地	千米^2(万亩)	预期性
10		海水养殖用海区面积	万亩	预期性
11	区域建设类	国土开发强度	%	预期性
12		城乡建设用地规模	千米^2	约束性
13		“1/2/3 小时”交通圈人口覆盖率	%	预期性
14		公路与铁路网密度	千米/千米^2	预期性
15		单位 GDP 使用建设用地(用水)下降率	%	约束性

第二节　市级国土空间总体规划

本节内容主要参考自然资源部 2020 年 9 月 22 日印发的《市级国土空间总体规划编制指南(试行)》。当前国土空间规划编制尚处于实践探索阶段,《市级国土空间总体规划编制指南(试行)》主要提出原则性、导向性要求,将来根据各地市的城市国土规划的实践再修订。各省、自治区可根据地方实际,补充、细化市级国土空间总体规划编制的内容要求和技术规定,提高针对性和可操作性。

一、总体要求

(一)适用范围与规划定位

《市级国土空间总体规划编制指南(试行)》适用于市级(包括副省级和地级城市)国土空间总体规划编制。不是地级市,但与地级市同级的地区、州、盟可参照执行。直辖市不同于一般城市,是省级行政区,因此可结合《市级国土空间总体规划编制指南(试行)》和《省级国土空间规划编制指南(试行)》有关要求编制。

市级国土空间总体规划是城市为实现“两个一百年”奋斗目标制定的空间发展蓝图和战略部署,是城市树立新发展理念,推进国土空间治理高效,促进高质量发展和高品质生活的空间政策,是市域国土空间保护、开发、利用、修复和指导各类建设的行动纲领。市级国土空间总体规划要体现综合性、战略性、协调性、基础性和约束性,落实和深化上位规划要求,为编制下位国土空间总体规划、详细规划、相关专项规划和开展各类开发保护建设活动、实施国土空间用途管制提供基本依据。

(二)工作原则

1. 贯彻新时代新要求

坚持以人民为中心的发展思想,从社会全面进步和人的全面发展出发,塑造高品质的人居环境,不断提升人民群众的获得感、幸福感、安全感;坚持底线思维,在生态文明思想和总体国家安全观指导下编制市级国土空间规划,将城市看成有机生命体,探索内涵式、集约型、绿色化、低碳化的高质量发展道路,推动形成绿色生产方式和生活方式,增强城市韧性和可持续发展的竞争力;坚持陆海统筹、区域协同、城乡融合,落实区域协调发展、新型城镇化、乡村振兴、可持续发展和主体功能区等国家战略;坚持一切从城市实际出发,立足本地自然禀赋、人文特色以及发展特征,发挥比较优势,因地制宜开展规划编制工作,突出地域特点、文化特色、时代特征。

2. 突出公共政策属性

坚持体现市级国土空间总体规划的公共政策属性,坚持问题导向、目标导向、结果导向相结合,坚持以战略为引领,按照“问题—目标—战略—布局—机制”的逻辑,针对性地制定规划方案和实施政策措施,确保规划能用、管用、好用,更好发挥规划在空间治理能力现代化中的作用。

3. 创新规划工作方法

坚持开门编规划,倾听各方意见,坚持群众路线,推动规划深入人民大众。将共谋、共建、共享、共治贯穿规划工作全过程,广泛凝聚人民智慧;强化城市设计、大数据、人工智能等技术手段对规划方案的辅助支撑作用,提升规划编制和管理水平。

(三)规划范围和层次

规划范围包括市级行政辖区内全部陆域和管辖海域国土空间。市级国土空间总体规划一般包括市域和中心城区两个层次。市域要统筹全域全要素规划管理,侧重国土空间开发保护的战略部署和总体格局;中心城区要细化土地使用和空间布局,侧重功能完善和结构优化;市域与中心城区要落实重要管控要素的系统传导和衔接。

(四)编制主体与程序

规划编制应坚持党委领导、政府组织、部门协同、专家领衔、公众参与的工作方式。市级人民政府负责市级国土空间总体规划的组织编制工作,市级自然资源主管部门会同相关部门承担具体编制工作。工作程序主要包括基础工作、规划编制、规划设计方案论证、规划公示、成果报批、规划公告等。

二、基础工作

(一)统一底图底数

各城市依据第三次国土调查的成果,按照国土空间用地用海分类、城区范围确定等有关标准规范,形成符合规定的国土空间利用现状和工作底数。统一采用 2000 国家大地坐标系和 1985 国家高程基准作为空间定位基础,形成坐标一致、边界吻合、上下衔接的工作底图。沿海地区要增加所辖海域海岛底图底数。

各城市应根据实际需要开展补充调查,并充分应用基础测绘和地理国情监测成果,收集自然资源、生态环境、水土污染、经济产业、人口社会、历史文化、基础设施、城乡发展、区域协调、灾害风险、海洋空间保护和利用等相关资料,以及相关规划成果、土地利用审批、永久基本农田等数据,加强基础数据分析。

(二)分析自然地理格局

研究当地气象气候和地形地貌、水土等自然资源禀赋、生态环境容量等空间本底特征,分析自然地理格局、人口分布与区域经济格局的空间匹配关系,开展资源环境承载能力和国土空间开发适宜性评价,明确农业生产、城镇建设的最大合理规模和适宜空间,提出国土空间优化导向。

(三)重视规划实施和灾害风险评估

开展现行城市总体规划、土地利用总体规划、市级海洋功能区划等空间类规划及相关政策实施的评估；对自然生态和历史文化保护、基础设施和公共服务设施、节约集约用地等规划实施情况进行评估；结合自然地理本底特征以及资源环境承载能力和国土空间开发适宜性评价结果，针对不确定性和不稳定性，分析区域发展和城镇化趋势、人口与社会需求变化、科技进步和产业发展、气候变化等因素，系统梳理国土空间开发保护中存在的问题，开展灾害和风险评估。

（四）重大专题研究

人口专题研究，研究城市人口规模、结构、分布以及人口流动等对空间供需的影响和对策。气候变化与自然灾害影响研究，研究气候变化及水土资源、洪涝等自然灾害等因素对空间开发保护的影响和对策。区域空间发展影响因素研究，研究重大区域战略、新型城镇化、乡村振兴、科技进步、产业发展等对区域空间发展的影响和对策。研究交通运输体系和信息技术对区域空间发展的影响和对策。支撑保障系统研究，研究公共服务、基础设施、公共安全、风险防控等支撑保障系统的问题和对策。土地利用研究，研究建设用地节约集约利用和城市更新、土地整治、生态修复的空间策略。空间形态和品质研究，研究自然山水和人居环境的空间特色、历史文化保护传承等空间形态和品质改善的空间对策。城市振兴研究，研究资源枯竭、人口收缩城市的振兴发展，提出空间规划策略。实施保障研究，综合研究规划实施保障机制和相关政策措施。

（五）总体城市设计研究

将城市设计贯穿国土空间规划全过程。基于人与自然和谐共生的原则，研究市域生产、生活、生态的总体功能关系，优化开发保护的约束性条件和管控边界，协调城镇乡村与山水林田湖草海等自然环境的布局关系，塑造具有特色和比较优势的市域国土空间总体格局和空间形态。基于本地自然和人文禀赋，加强自然与历史文化遗产保护，研究城市开敞空间系统、重要廊道和节点、天际轮廓线等空间秩序控制引导方案，提高国土空间的适居性、艺术性，提升国土空间品质。

三、主要编制内容

（一）目标与定位

落实主体功能定位，明确城市空间发展目标战略。强化总体规划的战略引领和底线管控作用，促进国土空间发展更加绿色安全、健康宜居、开放协调、富有活力并各具特色。

围绕“两个一百年”奋斗目标和上位规划部署，结合城市自身发展阶段和特点，并针对存在问题、风险挑战和未来趋势，确定城市性质和国土空间发展目标，提出国土空间开发保护战略。落实上位规划的约束性指标要求，结合经济社会发展要求，确定国土空间开发保护的量化指标。

表 6-2　市级国土空间规划指标体系表（自然资源部办公厅，2020e）

编号	指标项	指标属性	指标层级
一、空间底线			
1	生态保护红线面积（千米^2）	约束性	市域
2	用水总量（亿米^3）	约束性	市域
3	永久基本农田保护面积（千米^2）	约束性	市域

续表

编号	指标项	指标属性	指标层级
4	耕地保有量(千米^2)	约束性	市域
5	建设用地总面积(千米^2)	约束性	市域
6	城乡建设用地面积(千米^2)	约束性	市域
7	林地保有量(千米^2)	约束性	市域
8	基本草原面积(千米^2)	约束性	市域
9	湿地面积(千米^2)	约束性	市域
10	大陆自然海岸线保有率(%)	约束性	市域
11	自然和文化遗产(处)	预期性	市域
12	地下水水位(米)	建议性	市域
13	新能源和可再生能源比例(%)	建议性	市域
14	本底指示性物种种类	建议性	市域
二、空间结构与效率			
15	常住人口规模(万人)	预期性	市域、中心城区
16	常住人口城镇化率(%)	预期性	市域
17	人均城镇建设用地面积(米^2)	约束性	市域、中心城区
18	人均应急避难场所面积(米^2)	预期性	中心城区
19	道路网密度(千米/千米^2)	约束性	中心城区
20	轨道交通站点800米半径服务覆盖率(%)	建议性	中心城区
21	都市圈1小时人口覆盖率(%)	建议性	市域
22	每万元GDP水耗(米^3)	预期性	市域
23	每万元GDP地耗(米^2)	预期性	市域
三、空间品质			
24	公园绿地、广场步行5分钟覆盖率(%)	约束性	中心城区
25	卫生、养老、教育、文化、体育等社区公共服务设施步行15分钟覆盖率(%)	预期性	中心城区
26	城镇人均住房面积(米^2)	预期性	市域
27	每千名老年人养老床位数(张)	预期性	市域
28	每千人口医疗卫生机构床位数(张)	预期性	市域
29	人均体育用地面积(米^2)	预期性	中心城区
30	人均公园绿地面积(米^2)	预期性	中心城区
31	绿色交通出行比例(%)	预期性	中心城区
32	工作日平均通勤时间(分钟)	建议性	中心城区
33	降雨就地消纳率(%)	预期性	中心城区
34	城镇生活垃圾回收利用率(%)	预期性	中心城区
35	农村生活垃圾处理率(%)	预期性	市域

注:各城市可因地制宜增加相应指标。

(二)国土空间总体格局

优化空间总体格局,促进区域协调、城乡融合发展。落实国家和省的区域发展战略、主体功能区战略，以自然地理格局为基础，形成人地和谐型、开放式、网络化、集约型的国土空间总体格局。

1. 区域协调格局

完善区域协调格局，加强推动城市群、都市圈的交通一体化，发挥综合交通对区域网络化布局的引领和支撑作用，重点解决资源和能源、生态环境、公共服务设施和基础设施、产业空间和邻避设施布局等区域协同问题。城镇密集地区的城市要提出跨行政区域的都市圈、城市群等协调发展的规划内容，促进多中心、多层次、多节点、组团式、网络化发展，防止城市无序蔓延。其他地区在培育区域中心城市的同时，要重视县城、重点特色镇等节点城镇的作用，形成多节点、网络化的协同发展格局。

2. 生态保护空间

优先确定市域范围内的生态保护空间，明确自然保护地等生态重要和生态敏感地区，构建重要生态屏障、廊道和网络，形成连续、完整、系统的生态保护格局和开敞空间网络体系，维护生态安全和生物多样性。

3. 农业发展空间

保障农业发展空间，优化农业生产空间布局，引导都市农业发展，提高就近粮食保障能力和蔬菜自给率，重点保护集中连片的优质耕地、草地，明确具备整治潜力的区域，以及生态退耕、耕地补充的区域。沿海城市要合理安排集约化海水养殖和现代化海洋牧场空间布局。

4. 城乡发展空间

融合城乡发展空间，围绕新型城镇化、乡村振兴、产城融合，明确城镇体系的规模等级和空间结构，提出村庄布局优化的原则和基本要求。完善城乡基础设施和公共服务设施网络体系，改善可达性，构建不同层次和类型、功能复合、健康安全、韧性十足的城乡生活圈。

5. 地方特色空间

突出地方特色空间的规划建设，发掘本地自然和人文资源，系统保护自然景观资源和历史文化遗存，划定自然和人文资源的整体保护区域。

6. 地下空间

协同地上地下空间，提出地下空间和重要矿产资源保护开发的重点区域，处理好地上与地下、矿产资源勘查开采与生态保护红线及永久基本农田等控制线的关系。提出城市地下空间的开发目标、规模、重点区域、分层分区和协调连通的管控要求。

7. 陆海空间

统筹陆海空间，沿海城市应按照陆海统筹原则确定生态保护红线，并提出海岸带两侧陆海功能衔接要求，制定陆域和海域功能相互协调的规划对策。

8. 战略预留

明确战略性的预留空间，应对城市未来发展的不确定性。

（三）资源环境底线约束

按照资源环境承载能力和国土安全要求，明确重要资源利用上限，划定各类控制线，作为开发建设不可逾越的红线。

1. 三条控制线

落实上位国土空间规划确定的生态保护红线、永久基本农田、城镇开发边界（简称“三条控制线”）等划定要求，统筹划定“三条控制线”。各城市需结合本市实际，提出历史文化、矿产资源等其他需要保护和控制的底线要求。

2. 水平衡

制定水资源供需平衡方案,明确水资源利用上限。按照以水定城、以水定地、以水定人、以水定产原则,优化生产、生活、生态用水结构和空间布局,重视雨水和再生水等资源利用,建设节水型城市。

3. 能源供需

制定能源供需平衡方案,落实碳排放减量任务,控制能源消耗总量。优化能源结构,推动风、光、水、地热等本地清洁能源利用,提高可再生能源比例,鼓励分布式、网络化能源布局,推动低碳城市的建设。

4. 自然地理线

基于地域自然环境条件,严格保护低洼地等调蓄空间,明确海洋、河湖水系、湿地、蓄滞洪区和水源涵养地的保护范围,确定海岸线、河湖自然岸线的保护措施。明确天然林、生态公益林、基本草原等为主体的林地、草地保护区域。

(四)空间结构

优化城市空间结构,提升连通性,促进节约集约、高质量发展。依据国土空间开发保护总体格局,加强城乡融合、产城融合,优化城市功能布局和空间结构,改善空间可达性,促进形成高质量发展的新增长点。

1. 规划分区

按照主体功能定位和空间治理要求,优化城市功能布局和空间结构,划分规划分区。其中,中心城区和沿海城市的海洋发展区应细化至二级规划分区。

规划分区应落实上位国土空间规划要求,为本市行政区域国土空间保护开发做出综合部署和总体安排,应充分考虑生态环境保护、经济布局、人口分布、国土利用等因素;坚持陆海统筹、城乡统筹、地上地下空间统筹的原则,以国土空间的保护与保留、开发与利用两大功能属性作为规划分区的基本取向;规划分区应科学、简明、可操作,遵循全覆盖、不交叉、不重叠,并符合下列基本规定(表 6-3)。

表 6-3 规划分区建议(自然资源部办公厅,2020e)

<table>
<tr><th>一级规划分区</th><th colspan="2">二级规划分区</th><th>含义</th></tr>
<tr><td>生态保护区</td><td colspan="2"></td><td>具有特殊重要生态功能或生态敏感脆弱,必须强制性严格保护的陆地和海洋自然区域,包括陆域生态保护红线、海洋生态保护红线集中划定的区域</td></tr>
<tr><td>生态控制区</td><td colspan="2"></td><td>生态保护红线外,需要予以保留原貌、强化生态保育和生态建设、限制开发建设的陆地和海洋自然区域</td></tr>
<tr><td>农田保护区</td><td colspan="2"></td><td>永久基本农田相对集中的需要严格保护的区域</td></tr>
<tr><td rowspan="6">城镇发展区</td><td colspan="2"></td><td>城镇开发边界围合的范围,是城镇集中开发建设并可满足城镇生产、生活需要的区域</td></tr>
<tr><td rowspan="5">城镇集中建设区</td><td>居住生活区</td><td>以住宅建筑和居住配套设施为主要功能导向的区域</td></tr>
<tr><td>综合服务区</td><td>以提供行政办公、文化、教育、医疗以及综合商业等服务为主要功能导向的区域</td></tr>
<tr><td>商业商务区</td><td>以提供商业、商务办公等就业岗位为主要功能导向的区域</td></tr>
<tr><td>工业发展区</td><td>以工业及其配套产业为主要功能导向的区域</td></tr>
<tr><td>物流仓储区</td><td>以物流仓储及其配套产业为主要功能导向的区域</td></tr>
</table>

续表

<table>
<tr><th>一级规划分区</th><th colspan="2">二级规划分区</th><th>含义</th></tr>
<tr><td rowspan="5">城镇发展区</td><td rowspan="3">城镇集中建设区</td><td>绿地休闲区</td><td>以公园绿地、广场用地、滨水开敞空间、防护绿地等为主要功能导向的区域</td></tr>
<tr><td>交通枢纽区</td><td>以机场、港口、火车站等大型交通设施为主要功能导向的区域</td></tr>
<tr><td>战略预留区</td><td>在城镇集中建设区内，为城镇重大战略性功能控制的留白区域</td></tr>
<tr><td colspan="2">城镇弹性发展区</td><td>为应对城镇发展的不确定性，在满足特定条件下方可进行城镇开发和集中建设的区域</td></tr>
<tr><td colspan="2">特别用途区</td><td>为完善城镇功能，提升人居环境品质，保持城镇开发边界的完整性，根据规划管理需划入开发边界内的重点地区，主要包括与城镇关联密切的生态涵养、休闲游憩、防护隔离、自然和历史文化保护等区域</td></tr>
<tr><td rowspan="5">乡村发展区</td><td colspan="2"></td><td>农田保护区外，为满足农林牧渔等农业发展以及农民集中生活和生产配套为主的区域</td></tr>
<tr><td colspan="2">村庄建设区</td><td>城镇开发边界外，规划重点发展的村庄用地区域</td></tr>
<tr><td colspan="2">一般农业区</td><td>以农业生产发展为主要利用功能导向划定的区域</td></tr>
<tr><td colspan="2">林业发展区</td><td>以规模化林业生产为主要利用功能导向划定的区域</td></tr>
<tr><td colspan="2">牧业发展区</td><td>以草原畜牧业发展为主要利用功能导向划定的区域</td></tr>
<tr><td rowspan="8">海洋发展区</td><td colspan="2"></td><td>允许集中开展开发利用活动的海域，以及允许适度开展开发利用活动的无居民海岛</td></tr>
<tr><td colspan="2">渔业用海区</td><td>以渔业基础设施建设、养殖和捕捞生产等渔业利用为主要功能导向的海域和无居民海岛</td></tr>
<tr><td colspan="2">交通运输用海区</td><td>以港口建设、路桥建设、航运为主要功能导向的海域和无居民海岛</td></tr>
<tr><td colspan="2">工矿通信用海区</td><td>以临海工业利用、矿产能源开发和海底工程建设为主要功能导向的海域和无居民海岛</td></tr>
<tr><td colspan="2">游憩用海区</td><td>以开发利用旅游资源为主要功能导向的海域和无居民海岛</td></tr>
<tr><td colspan="2">特殊用海区</td><td>以污水达标排放、倾倒、军事等特殊利用为主要功能的海域和无居民海岛</td></tr>
<tr><td colspan="2">海洋预留区</td><td>规划期内为重大项目用海用岛预留的控制性后备发展区域</td></tr>
<tr><td colspan="2"></td><td></td></tr>
<tr><td>矿产能源发展区</td><td colspan="2"></td><td>为适应国家能源安全与矿业发展的重要陆域采矿区、战略性矿产储量区等区域</td></tr>
</table>

以主体功能定位为基础，体现规划意图，配套管控要求；当出现多种使用功能时，应突出主导功能，选择更有利于实现规划意图的规划分区类型；如市域内存在未列出的特殊政策管控要求，可在规划分区建议的基础上，叠加历史文化保护、灾害风险防控等管控区域，形成复合控制区。

规划分区分为一级规划分区和二级规划分区。一级规划分区包括生态保护区、生态控制区、农田保护区、城镇发展区、乡村发展区、海洋发展区、矿产能源发展区 7 类，其中城镇发展区、乡村发展区和海洋发展区分别细分为二级规划分区，各地可结合实际补充二级规划分区类型（参见表 6-3）。

2. 国土空间功能结构

落实上位规划指标，以盘活存量为重点，明确用途结构优化方向，确定全域主要用地用海的规模和比例，制定市域国土空间功能结构调整表（表 6-4）。提出城乡建设用地集约利用的目标和措施。优先保障住房和各类重要公共服务设施用地，以及涉及军事、外事、殡葬等特殊用地。

表 6-4 市域国土空间功能结构调整表(自然资源部办公厅,2020e)

<table>
<tr><td colspan="2" rowspan="2">用地用海类型</td><td colspan="2">规划基期年</td><td colspan="2">规划目标年</td></tr>
<tr><td>面积(千米^2)</td><td>比重(%)</td><td>面积(千米^2)</td><td>比重(%)</td></tr>
<tr><td colspan="2">耕地</td><td></td><td></td><td></td><td></td></tr>
<tr><td colspan="2">园地</td><td></td><td></td><td></td><td></td></tr>
<tr><td colspan="2">林地</td><td></td><td></td><td></td><td></td></tr>
<tr><td colspan="2">草地</td><td></td><td></td><td></td><td></td></tr>
<tr><td colspan="2">湿地</td><td></td><td></td><td></td><td></td></tr>
<tr><td rowspan="2">城乡建设用地</td><td>城镇</td><td></td><td></td><td></td><td></td></tr>
<tr><td>村庄</td><td></td><td></td><td></td><td></td></tr>
<tr><td colspan="2">区域基础设施用地</td><td></td><td></td><td></td><td></td></tr>
<tr><td colspan="2">其他建设用地</td><td></td><td></td><td></td><td></td></tr>
<tr><td colspan="2">陆地水域</td><td></td><td></td><td></td><td></td></tr>
<tr><td colspan="2">渔业用海</td><td></td><td></td><td></td><td></td></tr>
<tr><td colspan="2">工矿通信用海</td><td></td><td></td><td></td><td></td></tr>
<tr><td colspan="2">交通运输用海</td><td></td><td></td><td></td><td></td></tr>
<tr><td colspan="2">游憩用海</td><td></td><td></td><td></td><td></td></tr>
<tr><td colspan="2">特殊用海</td><td></td><td></td><td></td><td></td></tr>
<tr><td colspan="2">其他土地</td><td></td><td></td><td></td><td></td></tr>
<tr><td colspan="2">其他海域</td><td></td><td></td><td></td><td></td></tr>
</table>

注:城乡建设用地中的城镇、村庄是指城镇、村庄范围的建设用地,规划基期年数据采用“三调”中的城市、建制镇、村庄用地数据。区域基础设施用地包括区域性交通运输用地、公用设施用地。其他建设用地是城乡建设用地、区域基础设施用地以外的建设用地,主要包括特殊用地、矿业用地等。

3. 建设用地

确定城市中心城区各类建设用地总量和结构,制定中心城区城镇建设用地结构规划表(表 6-5)。提出不同规划分区的用地结构优化导向,鼓励土地混合使用。

表 6-5 中心城区城镇建设用地结构规划表(自然资源部办公厅,2020e)

序号	用地类型	比例(%)	面积(千米^2)
1	居住用地		
2	公共管理与公共服务用地		
3	商业服务业用地		
4	工矿用地		
5	仓储用地		
6	交通运输用地		
7	公用设施用地		
8	绿地与开敞空间用地		
9	特殊用地		
10	留白用地		
	合计		

4. 建设用地空间布局

优化建设用地结构和布局，推动人口、城市、产业、交通一体化发展，促进产业园区与城市服务功能的融合，保障发展实体经济的产业空间，在确保环境安全的基础上引导发展功能复合的产业社区，促进产城融合、职住平衡。

5. 空间连通与综合交通

提高城市国土空间连通性和交通可达性，明确综合交通系统发展目标，促进城市高效、安全、低碳运行，优化综合交通网络，完善物流运输系统布局，促进新业态发展，增强区域、市域、城乡之间的交通服务能力。

6. 公共交通

坚持公共交通引导城市发展，提出与城市功能布局相协调的公共交通体系与设施布局。优化公交枢纽和场站（含轨道交通）布局与集约用地要求，提高公交站点覆盖率，鼓励站点周边地区土地混合使用，引导综合服务节点的建设，提升公交服务质量与规模。

（五）公共空间与公共服务

完善城市公共空间和公共服务功能，营造健康、舒适、便捷的人居环境。结合不同尺度的城乡生活圈，优化居住和公共服务设施用地布局，完善开敞空间和慢行网络，提高人居环境品质。

1. 公共服务设施用地

基于城市常住人口的总量和结构，提出分区分级公共服务中心体系布局和标准，针对实际服务管理人口特征和需求，完善服务功能，增强服务的便捷性。确定中心城区公共服务设施用地总量和结构比例。

2. 居住用地

优化居住用地结构和布局，改善工作和居住的关系，推动职住平衡，引导政策性住房优先布局在交通和就业便捷地区，避免形成功能单一的大型居住区。确定中心城区人均居住用地面积。严格控制高层高密度住宅。

3. 社区生活圈

完善社区生活圈，针对人口老龄化、少子化趋势和社区功能复合化需求，重点提出医疗、康养、教育、文体、社区商业等服务设施和公共开敞空间的配置标准和布局要求，建设友好健康城市，以社区生活圈为单元，完善公共服务。

4. 道路网

按照“小街区、密路网”的理念，优化中心城区城市道路网结构和布局，提高中心城区道路网密度。

5. 慢行系统

构建系统安全的慢行系统，结合街道和蓝绿网络，构建连通城市和城郊的绿道系统，提出城市中心地区覆盖地上地下、室内户外的慢行系统规划要求，建设步行友好城市。

6. 开敞空间

结合市域生态网络，完善蓝绿开敞空间系统，为市民创造更多接触大自然的机会。确定结构性绿地、城乡绿道、市级公园等重要绿地以及重要水体的控制范围，划定中心城区的绿线、蓝线，并提出控制要求。

7. 绿地

在中心城区提出通风廊道、隔离绿地和绿道系统等布局和控制要求。确定中心城区绿地与开敞空间的总量、人均用地面积和覆盖率指标,并着重提出包括社区公园、口袋公园在内的各类绿地均衡布局的规划要求。

(六)自然与历史文化遗存

加强自然和历史文化资源的保护,运用城市设计方法,优化空间形态,突显本地特色优势。

1. 历史文化资源

挖掘本地历史文化资源,梳理市域历史文化遗产保护名录,明确和整合各级文物保护单位、历史文化名城名镇名村、历史城区、历史文化街区、传统村落、历史建筑等历史文化遗存的保护范围,统筹划定包括城市紫线在内的各类历史文化保护线。保护历史性城市景观和文化景观,针对历史文化和自然景观资源富集、空间分布集中的区域和廊道,明确整体保护和促进活化利用的空间要求。

2. 空间形态与开发强度

提出全域山水人文格局的空间形态引导和管控原则,对滨水地区(河口、海岸)、山麓地区等城市特色景观地区提出有针对性的管控要求。

明确空间形态重点管控地区,提出城市开发强度分区和容积率、密度等控制指标,以及高度、风貌、天际线等空间形态控制要求。明确有景观价值的制高点、山水轴线、视线通廊等,严格控制新建超高层建筑。

3. 乡村地区

对乡村地区分类分区提出特色保护、风貌塑造和高度控制等空间形态管控要求,发挥田野的生态、景观和空间间隔作用,营造体现地域特色的田园风光。

(七)基础设施体系

完善基础设施体系,增强城市安全韧性。统筹存量和增量、地上和地下、传统和新型基础设施系统布局,构建集约高效、智能绿色、安全可靠的现代化基础设施体系,提高城市综合承载能力,建设韧性城市。

1. 基础设施

以协同融合、安全韧性为导向,结合空间格局优化和智慧城市建设,优化形成各类基础设施一体化、网络化、复合化、绿色化、智能化布局。提出市域重要交通廊道和高压输电干线、天然气高压干线等能源通道空间布局,以及全市重大水利工程布局安排。提出中心城区交通、能源、水系统、信息、物流、固体废弃物处理等基础设施的规模和网络化布局要求,明确廊道控制要求,鼓励新建城区提出综合管廊布局方案。

2. 防灾减灾

基于灾害风险评估,确定城市主要灾害类型的防灾减灾目标和设防标准,划示灾害风险区。明确防洪(潮)、抗震、消防、人防、防疫等各类重大防灾设施标准、布局要求与防灾减灾措施,适度提高生命线工程的冗余度。针对气候变化影响,结合城市自然地理特征,优化防洪排涝通道和蓄滞洪区,划定洪涝风险控制线,修复自然生态系统,因地制宜推进海绵城市建设,增加城镇建设用地中的渗透性表面。沿海城市应加强因气候变化造成海平面上升的灾害应对措施。

3. 应急空间

以社区生活圈为基础构建城市健康安全单元,完善应急空间网络。结合公园、绿地、广场等开敞空间和体育场馆等公共设施,提出网络化、分布式的应急避难场所、疏散通道的布局要求。

4. 战略预留

预留一定应急用地和大型危险品存储用地，科学划定安全防护和缓冲空间。

5. 基础设施用地控制

确定城市重要交通、能源、市政、防灾等基础设施用地控制范围，划定中心城区重要基础设施的黄线，与生态保护红线、永久基本农田等控制线相协调。在提出控制要求的同时保留一定弹性，为新型基础设施建设预留发展空间。

（八）国土整治与城市更新

推进国土整治修复与城市更新，提升空间综合价值。针对空间治理问题，分类开展整治、修复与更新，有序盘活存量，提高国土空间的品质和价值。

1. 生态修复

生态修复应坚持山水林田湖草生命共同体的理念，按照陆海统筹的原则，针对生态功能退化、生物多样性减少、水土污染、洪涝灾害、地质灾害等问题区域，明确生态系统修复的目标、重点区域和重大工程，维护生态系统，改善生态功能。

2. 土地整治

土地整治应以乡村振兴为目标，结合村庄布局优化要求，推进乡村地区"田水路林村"全要素综合整治，针对土壤退化等问题，提出农用地综合整治、低效建设用地整治等综合整治目标、重点区域和重大工程，建设美丽乡村。

3. 城市更新

城市更新应根据城市发展阶段与目标、用地潜力和空间布局特点，明确实施城市有机更新的重点区域，根据需要确定城市更新空间单元，结合城乡生活圈构建，注重弥补短板、补齐弱项，优化功能结构和开发强度，传承历史文化，提升城市品质和活力，禁止大拆大建，保障公共利益。

（九）规划实施保障机制

建立规划实施保障机制，确保一张蓝图干到底。保障规划有效实施，提出对下位规划和专项规划的指引；衔接国民经济和社会发展五年规划，制定近期行动计划；提出规划实施保障措施和机制，以"一张图"为支撑，完善规划的全生命周期管理。

1. 区县引导

对市辖县（区、县级市）提出规划指引，按照主体功能区定位，落实市级国土空间总体规划确定的规划目标、规划分区、重要控制线、城镇定位、要素配置等规划内容。制定市辖县（区、县级市）的约束性指标分解方案，下达调控指标，确保约束性指标的落实。

各地可根据实际情况，在市级国土空间总体规划基础上，以行政区或规划片区为单元，大城市可编制分区规划（相当于县级总体规划）；中小城市可直接划分详细规划单元，加强对详细规划的指引和传导。涉及中心城区范围的县（区、县级市）的国土空间总体规划，应落实市级国土空间总体规划对中心城区的国土空间安排。

2. 专项指引

明确专项规划编制清单。相关专项规划应在国土空间总体规划的约束下编制，落实相关约束性指标，不得违背市级国土空间总体规划的强制性内容。经依法批准后纳入市级国土空间基础信息平台，叠加到国土空间规划"一张图"上。

3. 近期行动计划

衔接国民经济和社会发展五年规划,结合城市体检评估,对规划近期做出统筹安排,制定行动计划。编制城市更新、土地整治、生态修复、基础设施、公共服务设施和防洪排涝工程等重大项目清单,提出实施支撑政策。

4. 政策机制

落实和细化主体功能区等政策,提出有针对性、可操作的财政、投资、产业、环境、生态、人口、土地等规划实施政策措施,保障规划目标的实现,促进国土空间的优化和空间资源的资产价值实现。鼓励探索主体功能区制度在基层落实的途径,各地可依法制定相应配套措施。

5. 国土空间规划"一张图"建设

形成市级国土空间总体规划数据库,作为市级国土空间总体规划的成果组成部分同步上报。建立各部门共建共享共用、全市统一、市县(区)联动的国土空间基础信息平台,并做好与国家级平台对接,积极推进与其他信息平台的横向联通和数据共享。

基于国土空间基础信息平台同步建设国土空间规划"一张图"实施监督信息系统,为城市体检评估和规划的全生命周期管理奠定基础。鼓励基于国土空间基础信息平台,探索建立城市信息模型和城市时空感知系统,促进智慧规划和智慧城市建设,提高国土空间精治、共治、法治水平。

四、公众参与和多方协同

贯彻落实"人民城市人民建,人民城市为人民"理念,坚持开门编规划,建立全流程、多渠道的公众参与和社会协同机制。

在规划编制阶段,广泛调研社会各界意见和需求,深入了解人民群众所需所急所盼。充分调动和整合各方力量,鼓励各类相关机构参与规划编制。健全专家咨询机制,组建包括各相关领域专家的综合性咨询团队。健全部门协作机制,共同推进规划编制工作。在方案论证阶段,要形成通俗易懂可视化的中间成果,充分征求有关部门、社会各界意见。规划获批后,应在符合国家保密管理和地图管理等有关规定的基础上及时公开,并接受社会公众监督。

五、成果要求与审查要求

国土空间规划成果包括规划文本、附表、图件、说明、专题研究报告、国土空间规划"一张图"相关成果等。在方案论证阶段和成果报批之前,审查机关应组织专家参与论证和进行审查。审查要件包括市级国土空间总体规划相关成果。报国务院审批城市的审查要点依据《自然资源部关于全面开展国土空间规划工作的通知》(自然资发〔2019〕87 号)(自然资源部,2019),其他城市的审查要点各省(自治区)可结合实际参照执行。

第三节　县级国土空间总体规划

自然资源部未组织编制专门的县级国土空间规划编制指南,本节内容主要参考山东省自然资源厅 2019 年 9 月公开发布的《山东省市县国土空间总体规划编制导则(试行)》。

一、总体要求

（一）指导思想

编制县级国土空间总体规划应以习近平新时代中国特色社会主义思想为指导，全面贯彻党的十九大和十九届五中全会精神，紧密围绕统筹推进“五位一体”总体布局，即经济建设、政治建设、文化建设、社会建设、生态文明建设；协调推进“四个全面”战略布局，即全面建成小康社会、全面深化改革、全面依法治国、全面从严治党。坚持新发展理念和高质量发展要求，坚持以人民为中心，坚持一切从实际出发，统筹安排国土空间开发保护，体现国土空间总体规划的战略性、科学性、协调性和操作性，推动县域形成生产空间集约高效、生活空间和谐宜居、生态空间山清水秀，富有竞争力和可持续发展的国土空间格局。

（二）编制原则

县级国土空间总体规划的编制，应坚持战略性、科学性、协调性、操作性原则，切实发挥总体规划的战略引领作用和刚性管控作用。

1. 战略性原则

全面落实党中央、国务院重大决策部署，认真落实国家安全战略、区域协调发展战略和主体功能区战略，围绕“两个一百年”奋斗目标，深入实施上级省市的社会经济发展战略，对县域空间发展作出战略性系统性安排，明确空间发展目标，确定空间发展策略，优化空间格局，转变国土空间开发保护方式，提升国土空间开发保护质量。

2. 科学性原则

编制县域国土空间总体规划，应当坚持生态优先、绿色发展，尊重自然规律、经济规律、社会规律和城乡发展规律，因地制宜开展国土空间总体规划编制工作。坚持节约集约利用、保护优先、自然恢复为主的方针，在资源环境承载能力和国土空间开发适宜性评价的基础上，划定本县国土空间的生态保护红线、永久基本农田、城镇开发边界等空间管控边界，沿海县还需要划定各类海域保护线，科学统筹布局生态、农业、城镇等功能空间。坚持山水林田湖草生命共同体理念，加强陆海统筹、区域协调和城乡融合，优化国土空间结构和布局，统筹地上地下空间综合利用。鼓励运用大数据、人工智能、云计算等技术手段，改进规划方法，提高规划编制水平。

3. 协调性原则

严格遵守国家和省有关法律法规，以发展规划为统领，增强国土空间规划的基础作用，统筹和综合平衡相关专项领域的空间需求。充分借鉴原土地利用总体规划、城市总体规划、主体功能区规划、海洋功能区划等空间类规划先进工作经验，形成“一本规划”，绘制“一张蓝图”，实现国土空间规划管理全域覆盖、全要素管控。

4. 可操作原则

立足本县自然条件与自然资源禀赋，基于地方特色和发展阶段，坚持问题导向，合理确定规划目标。明确规划约束性指标和刚性管控要求，同时提出指导性要求。探索空间规划“留白”机制，注重保护与发展、刚性与弹性、存量与增量、政府与市场、近期与远期的关系协调。加强规划实施的政策措施，针对乡镇国土空间总体规划和相关专项规划、详细规划等，提出分解落实要求，健全规划实施传导机制，确保规划能用、管用、好用。

（三）基础数据

以第三次全国国土调查为基础数据，以地理国情普查、地质环境调查和海洋、森林、草原、湿地、矿产等专项自然资源调查监测成果为补充,统一采用2000国家大地坐标系和1985国家高程基准作为空间定位基础。沿海县的陆海分界线以最新的海岸线修测成果(平均大潮高潮线)为标准。

二、编制组织程序

(一)编制主体与组织机制

县级国土空间总体规划编制主体为县级人民政府,县自然资源主管部门会同有关部门开展具体编制工作。县级国土空间规划的编制领导小组应以本县主要领导为组长、相关部门主要负责人为成员,建立重大问题决策机制。工作小组应由自然资源主管部门牵头成立,其他相关部门参与,建立部门协调联动机制。有条件的县可成立规划编制工作专班,协调国土空间规划工作有序推进。

(二)工作方式

编制县级国土空间总体规划,应当坚持“政府主导、专家领衔、部门合作、公众参与、科学决策”的工作方式,按照党中央、国务院和省级党委、政府的要求,建立工作协调机制,在规划编制各环节充分征求政府、专家、公众、法人和驻地军事机关的意见。

政府主导。县级人民政府应当切实履行主导作用,充分发挥主体责任,主要领导亲自负责,明确部门职责,落实任务分工,加强组织领导。

专家领衔。县级国土空间规划应建立专家咨询制度,建立综合性与专业化相结合的专家咨询团队,形成广泛而又坚实的技术支撑体系。

部门合作。县级政府发改、住建、生态环境、农业农村等有关部门按照职责分工,密切配合自然资源部门,协同做好县级国土空间规划编制工作,确保规划编制横向传导有效。

公众参与。坚持公开编规划,倾听各方声音,建立广泛的公众参与机制。规划草案应通过多种方式对外公示,广泛听取民意,集中人民智慧,凝聚民众之心。

科学决策。深入社会各界,走进基层,开展社会调查研究,完善决策程序方式,借助科学方法和先进技术手段,选择最优规划方案。

(三)编制程序

编制县级国土空间总体规划,一般包括制定方案、基础调研、现状评价、专题研究、规划编制、成果报批6个阶段。

1. 制定方案

明确国土空间总体规划的工作组织、责任分工、工作内容、工作进程、阶段目标、决策机制、经费保障等内容,确保编制国土空间规划工作的顺利开展。对社会开展必要的宣传动员,对规划编制团队开展技术培训工作。

2. 基础调研

收集行政区划、自然环境、经济社会、人文历史、城乡建设、土地利用、基础设施和公共服务设施等方面的基础资料和数据,以及本县相关行业、相关部门的工作计划、空间类规划、行政审批等数据,夯实规划底数与底图。通过现场踏勘、部门走访、访谈座谈、问卷调查等方式,深入了解本县发展实际与诉求,掌握部门有关政策要求、行业发展趋势与目标等。

3. 现状评价

开展现行空间规划实施评估、资源环境承载能力和国土空间开发适宜性评价,加强规划基础工作。对现行国土空间规划实施情况进行评估，分析规划实施成效和存在问题，为规划编制提供借鉴。按照国家关于资源环境承载能力和国土空间开发适宜性评价技术指南要求，充分考虑土地、矿产、能源、水、生态环境等条件，把握自然环境整体性和系统性，客观全面评价资源环境本底状况，明确空间发展潜力规模及分布范围，为规划编制奠定基础。县级人民政府编制国土空间总体规划可直接使用上一级政府的“双评价”结果，也可根据需要单独开展“双评价”工作。

4. 专题研究

结合县域地方特点和国土空间规划编制需求，对本县国土空间有关重大问题开展专题研究。包括区域协调发展、城乡融合发展、陆海统筹（沿海县）、三条控制线划定、人口变化与城镇化趋势、重大基础设施布局、村庄布局与乡村振兴、海域海岛和海岸线保护利用（沿海县）、矿产资源保护利用、国土整治与生态保护修复等，为国土空间规划编制提供基础性支撑。

5. 规划编制

确定县域国土空间开发保护战略目标、总体格局和指标体系，统筹划定三条控制线，推进管控落实，协调自然资源保护与利用，提出城乡统筹和要素配置要求，明确国土整治工程和生态保护修复工程，建立任务分解和指标传导机制，制定国土空间管控规则、保障机制和配套政策。通过规划方案比较、选择、论证，提出推荐方案，形成规划成果。

6. 成果报批

县级国土空间规划成果编制完成后，编制单位需要按程序征求有关部门意见，规划编制单位组织专家论证，多种方式向社会公示规划成果，报本级人大常委会审议。经上级政府自然资源主管部门审查通过后，报上级人民政府批准。规划成果经批准后，应对规划目标、规划期限、规划范围等内容依法向社会公告。

三、规划主要内容

（一）基础分析

依据第三次全国国土调查成果形成统一底图底数，以现行空间类规划实施评估、“双评价”、重大问题专题研究为基础，全面分析国土空间开发保护利用现状及特点，系统研究土地、水、矿产、森林、草原、湿地、海洋等资源开发利用的数量、质量、结构、空间布局特征和演变规律，总结国土空间开发保护的成效和问题。综合运用大数据、人工智能等技术方法，客观分析人口城镇化、资源利用、经济发展、环境质量与国土空间开发保护的内在联系和时空规律，把握新时代国土空间需求特征，识别潜在风险和隐患，科学研究和判断未来国土空间开发保护可能面临的形势与挑战，提出规划编制的重点内容。

（二）战略目标

1. 总体定位

紧紧围绕“两个一百年”奋斗目标，统筹推进“五位一体”总体布局和协调推进“四个全面”战略布局，落实国家、省重大战略决策部署，按照省国土空间规划要求，综合确定本县发展总体定位和目标。

2. 发展目标和指标体系

依据总体定位，科学制定国土空间发展战略，提出近远期国土利用结构调整和国土空间发展目标，建立可统计、可考核、可监督的规划指标体系（表 6-6）。指标分为约束性和预期性指标两类,耕地保有量、永久基本农田保护面积、生态保护红线控制面积、城镇开发边界面积、国土开发强度、建设用地规模、用水总量、河湖水面率、自然岸线保有率等作为约束性指标。各县可结合自身特点和地方实际,增加其他空间性指标。

县级国土空间总体规划近期目标要与国民经济和社会发展"十四五"规划做好衔接。各阶段目标值应与上级国土空间规划分解指标一致,不得突破约束性指标要求。

(三)区域协同发展

积极融入国家"一带一路"建设,主动对接所在区域的协同发展发展,东北地区的县积极融入振兴东北战略、中俄蒙走廊建设等;东部地区的县积极融入沿海开发战略、长江经济带战略等;中部地区的县积极融入黄河流域高质量发展战略、长江经济带战略等;西部地区的县积极融入西部大开发战略等。积极融入所在地区的大都市圈、城市群等一体化发展。

表 6-6 县级国土空间规划指标体系(山东省自然资源厅,2019)

类别	序号	具体指标	现状值	规划值		属性
				近期	远期	
社会经济发展	1	常住人口规模(万人)				预期性
	2	常住人口城镇化率(%)				预期性
	3	三次产业结构				预期性
	4	海洋生产总值占 GDP 比重(%)(临海县)				预期性
	5	城乡居民可支配收入(元)				预期性
	6	研发经费支出占 GDP 比重(%)				预期性
资源环境约束	7	生态保护红线面积(千米^2)				约束性
	8	永久基本农田保护面积(千米^2)				约束性
	9	城镇开发边界面积(千米^2)				约束性
	10	耕地保有量(千米^2)				约束性
	11	城乡建设用地面积(千米^2)				约束性
	12	国土开发强度(%)				约束性
	13	河湖水面率(%)				约束性
	14	湿地面积(千米^2)				预期性
	15	森林覆盖率(%)				约束性
	16	用水总量(亿米^3)				约束性
	17	河湖水质达标率(%)				约束性
	18	自然海岸线保有率(%)				约束性
	19	近岸海域水质优良(一二类)比例(%)				约束性
	20	草原面积(千米^2)				约束性
	21	林地面积(千米^2)				约束性
空间利用效率	22	人均农村居民点用地面积(米^2)				预期性
	23	人均城镇建设用地面积(米^2)				预期性
	24	单位地区生产总值地耗(千米^2/万元)				约束性
	25	单位地区生产总值能耗(吨标准煤/万元)				预期性

续表

类别	序号	具体指标	现状值	规划值		
				近期	远期	属性
城乡品质提升	26	人均应急避难场所面积（$米^2$）				预期性
	27	公园绿地、广场步行5分钟覆盖率（%）				约束性
	28	人均公园绿地面积（$米^2$）				约束性
	29	人均公共服务设施用地面积（$米^2$）				约束性
	30	千人拥有医疗卫生机构床位数（张）				约束性
	31	自然和文化遗产（处）				预期性
	32	城镇道路网密度（千米/$千米^2$）				约束性
	33	公共交通出行比重（%）				预期性
	34	生活垃圾无害化处理率（%）				约束性
	35	污水处理率（%）				约束性
国土整治修复	36	新增国土生态修复面积（$千米^2$）				预期性
	37	矿山综合治理面积（$千米^2$）				预期性
	38	整治与修复海岸线长度（千米）				预期性
	39	高标准农田建设面积（公顷）				预期性
	40	城乡建设用地增减挂钩面积（公顷）				预期性
	41	存量土地供应占比（%）				预期性

注：各县可因地制宜增加相应指标，沿海县应增加海域、海岛和海岸线保护利用的相关指标。

按照上级国土空间规划要求，加强陆海统筹（临海县），提出本县产业发展、生态环境保护、重大设施建设、资源开发与利用、空间布局等方面协调建议，重点协调内容包括：对通过县域的区域性重大交通、调水、供电、输油输气等廊道控制，大气污染联防联控，流域上下游环境共治等。

（四）县域国土空间格局

1. 总体格局

以"双评价"为基础，按照主体功能定位和县国土空间发展目标，统筹生态、农业、海洋、历史文化等重要保护区域和廊道，合理安排城镇、产业开发轴带和重要节点、重大交通基础设施网络，因地制宜确定本县国土空间保护、开发、利用、修复、治理总体格局，构建协调统一、和谐发展的国土空间格局。

2. 陆海生态安全格局

明确自然保护区、海洋特别保护区、海洋公园、森林公园、地质公园、湿地公园等各类自然保护地范围和保护要求。以自然保护地和重要山体林地、河流水系、滩涂湿地、海域海岛、海岸线等为重点，发挥农田生态基质功能，建设生态屏障、生态廊道和生态系统有机统一的生态安全格局，系统保护山水林田湖草和海洋生态资源。

3. 国土空间开发利用格局

严格落实上级国土空间规划分解下达指标，按照严控增量、盘活存量、释放流量、提高质量原则，合理确定城乡开发利用总量。与人口转移趋势相适应，与资源环境承载能力相一致，统筹安排城镇生产空间和生活空间，合理优化城乡产业结构和城镇功能结构，建立集群集聚、高质高效的现代产业布局体系，构建规模合理、和谐美好、宜居宜业的全域城乡体系，促进新旧动能转换和高质量发展。沿海市县应明确提出陆海统筹的开发保护措施和策略，以海岸带为重点，构建陆海一体化的国土空间开发利用格局。

4. 农用地保护利用和乡村振兴

以耕地保护为重点，加强农用地资源保护利用，明确农用地供给总量，确定农用地结构优化、布局调整目标，确定粮食生产功能区、重要农产品生产功能区、特色农产品生产功能区以及渔业资源保护区布局，提出农村一二三产业融合发展用地需求和引导策略，保障设施农业和农业产业园发展合理空间，建立适应乡村振兴战略要求的农用地空间结构和利用方式，加快推进农业转型升级。考虑农业现代化和智能化趋势，考虑乡村城镇化进程，因地制宜提出县域村庄分类引导策略、布局原则和建设标准，统筹推进农村人居环境整治和美丽乡村建设。

5. 统筹划定落实三条控制线

以“双评价”为基础，落实省级和市级国土空间规划关于三条控制线划定有关要求，在县域范围内，统筹划定落实生态保护红线、永久基本农田、城镇开发边界等重要控制线以及各类海域保护线，严格管控措施。

三条控制线划定和管控要求，应与县的主体功能定位相一致，符合国家和省有关规定。各类自然保护地核心区、水源涵养区等生态功能重要区域和生态环境敏感脆弱区域应优先划入生态保护红线。粮棉油生产基地内的耕地，高标准农田等集中连片、质量较高的耕地，优先划入永久基本农田；城镇规划建设区、各类新区、开发区等人口产业集聚区，划入城镇开发边界。

6. 县域规划分区及管制

围绕国土空间总体规划的战略目标和开发保护总体格局，结合本县地域特征和经济社会发展水平，按照全域覆盖、功能明确、便于实施的原则，在三条控制线划定和上级国土空间总体规划基本分区基础上，按照《国土空间用地用海分类指南》和本省的国土空间规划用地用海分类标准，进一步细化县域国土空间规划分区，分别明确各分区的核心管控目标、政策导向与准入规则(表6-7)。乡镇国土空间规划与县合并编制的，内容深度应达到乡镇国土空间规划编制相关技术规范要求。

(五)中心城区空间布局

中心城区界定为县城集中建设区域，是需要加强规划引导、划分功能分区、细化管理的区域，可以是县主要开发边界的围合区域，也可以是围合区域及其相关控制区域。县中心城区周边的各类开发区、新城、新区，以及组团式的主城和副城，应纳入中心城区统一规划。中心城区空间布局应强调主要功能导向，通过结构控制、指标控制、分区控制和底线控制，实现刚性和弹性有机结合。

1. 县城空间结构

以“双评价”和城镇开发边界划定为基础，结合地形地貌、河湖水系、自然生态、地质灾害防御、重大设施廊道控制、空间布局演进特征、区域协同等因素，综合确定规划期内本县主要发展方向。统筹考虑现状用地情况和人口集聚态势，合理确定本县集中建设区范围和建设用地规模，引导县城从外延扩张转向内涵集约发展。按照职住平衡、精明增长理念，统筹生活区与生产区、建设空间与生态空间、新区与旧区的关系，优化县城空间结构和形态。

2. 城市用地构成和功能分区

城市用地构成。深入研究本县各类用地现状和问题，基于节约集约用地，综合考虑人口结构变化、人口政策、人口迁移等，明确本县中心城区用地结构调整方向，合理确定住宅、工业、公共设施、道路交通、绿地广场等主要用地的比例结构。

表 6-7　县域国土空间规划分区建议(山东省自然资源厅,2019)

目标	一级规划分区	二级规划分区	含义
保护与保留	自然生态与农田	生态保护区	具有特殊生态功能或生态环境敏感脆弱、必须保护的陆地和海洋自然区域,包括陆域生态保护红线、海洋生态保护红线集中区域,以及需进行生态保护与生态修复的其他陆地和海洋自然区域。
		自然保留区	不具备开发利用与建设条件,也不需要特别保护的陆地和海洋自然区域。
		永久基本农田保护区	永久基本农田相对集中需严格保护的区域。
开发与利用	城镇发展区	城镇集中建设区	为了满足城镇居民生产、生活需要集中连片建设的区域,是在城镇开发边界内允许开展城镇开发建设行为的核心区域。
		城镇弹性发展区	为了应对未来发展的不确定性,增强规划适应性,在城镇开发边界内预留的特定条件下城镇集中建设区可调整的范围。
		特别用途区	为了优化城镇空间格局与功能布局,保障城镇生态功能与环境品质、居民休闲游憩、设施安全与防护隔离,提升居民生活质量等需要,划入城镇开发边界内进行管控的各类生态、人文景观等开敞空间。
	农业农村发展区	村庄建设区	城镇开发边界外,规划重点发展的村庄用地。
		一般农业区	以农业生产发展为主要利用功能导向划定的区域。
		林业发展区	以规模化林业生产为主要利用功能导向划定的区域。
		牧业发展区	以草原畜牧业发展为主要利用功能导向划定的区域。
	海洋发展区	渔业用海区	以渔业基础设施建设和增养殖等渔业利用为主要功能导向的海域。
		交通运输用海区	以港口建设、航道利用、锚地利用、路桥建设等为主要功能导向的海域。
		工业用海区	以临海工业利用为主要功能导向的海域。
		游憩用海区	以开发利用旅游资源为主要功能导向的海域。
开发与利用	海洋发展区	特殊用海区	以海底管线铺设、污水达标排放、倾倒、军事等特殊利用为主要功能导向的海域。
		无居民海岛利用区	允许适度开展开发利用活动的无居民海岛。
		海洋预留区	规划期内为重大项目用海用岛预留的后备发展区域。
	矿产与能源开发区	矿产与能源用地区	为适应国家能源安全与矿业发展的重要陆域采矿区、战略性矿产储量区等区域。
		矿产与能源用海区	以油气和固体矿产等勘探、开采,以及盐田和可再生能源利用等为主要功能导向的海域。

城市功能分区。按照“职住平衡、功能混合”理念,确定县城主要功能布局,将集中建设区分为居住生活区、综合服务区、商业服务区、工业物流区、交通枢纽区、绿地休闲区、公用设施集中区、战略预留区、特色功能区等功能分区,明确各类分区可兼容和不可兼容的土地用途,鼓励规划“留白地”,并提出“留白地”管理办法,通过建立功能分区与用途分类的混合配比约束关

系,实现规划向下有效传导,体现总体规划的战略引领和刚性控制作用。

3. 城市存量更新和地下空间利用

城市存量更新。深入调研和分析县城建设用地使用情况,按照“严控增量、盘活存量”要求,明确存量用地挖潜目标、原则和措施,划定老城区保护、整治、改造、重建重点区域,制定存量更新重点项目和时序安排,配套存量更新政策和制度,有效提高空间资源利用效率。

地下空间利用。开展县城资源、环境、空间等多要素地质调查,查清地质结构、地下空间状况。按照安全、高效、适度的原则,统筹地上地下空间利用,提出县城地下空间利用的原则和目标,明确地下空间总体规模、功能布局、竖向分层和分期实施要求,积极发展公共服务、公共交通、市政设施等用途,逐步推进地下综合管廊建设。

4. 重要控制性管控

在城镇开发边界内明确划定城市黄线、蓝线、绿线、紫线,建立控制线体系,提出分级管控和规划传导要求。重大交通、市政基础设施和公共安全设施控制线,结构性水域(4 级及以上河流、其他具有历史文化等特殊价值的重要水体)岸线,结构性防护绿地和大型公共绿地(面积≥2 公顷)控制线,历史文化街区及大型遗址、重要文物的保护控制线等应纳入线控范围。

城市黄线、蓝线、绿线、紫线一经划定不得随意调整,因发展条件和发展环境发生重大变化确需调整的,必须经原审批机关同意,调整后按总体规划报批程序报批,并同步报送调整后的规划数据库。未纳入城市绿线范围的绿地、未纳入城市蓝线范围的水域、未纳入城市黄线范围的基础设施,以及其他用地布局调整,应确保相关服务功能不降低、相应用地面积不减少,经本级人大常委会审议批准,调整后成果报上级自然资源主管部门备案。

(六)自然资源保护和合理利用

按照“山水林田湖草”系统保护要求,统筹耕地、森林、河流、湖泊、湿地、海洋及矿产等各类自然资源的保护与利用,确定自然资源保护底线和利用上线,提出各类自然资源供给总量、结构优化、布局调整的重点和方向,以及时序安排等。

1. 水资源保护与利用

提高水资源保障能力,优化河湖湿地和水网格局,明确具体管护要求。坚守水资源承载能力底线,确定取用水总量、水质达标率等控制目标和配置方案,统筹重点河湖岸线及周边土地保护利用。明确水源地保护要求和保护范围。

2. 森林资源保护与利用

加强森林资源管理与保护,明确县域森林覆盖率、林地保有量、重点公益林比重等控制目标,完善林地用途管制。加强林地利用监督管理,提出严格执行森林采伐限额、有偿使用林地、加强野生动物和珍稀植物保护等的措施与要求。

3. 耕地资源保护与利用

健全耕地保护责任制度,切实落实耕地保有量、永久基本农田保护面积等控制目标和任务要求,划定永久基本农田保护区,确定永久基本农田储备区。提出高标准农田建设和土地整治工程指引,提高耕地和永久基本农田质量。严格实行监督检查制度,提出耕地动态监测、综合监管、联合执法等系列措施。提出耕地后备资源开发利用时序,严格落实耕地占补平衡责任,落实耕地“先补后占”“占优补优”要求。

4. 海域、海岛和海岸线资源保护与利用

沿海县要在国土空间总体规划中对海域、海岛和海岸线资源保护与利用进行规划，应单独编制海域、海岛和海岸线资源保护与利用专章。

(1)海域

坚持集约节约用海和生态用海的原则，统筹保护海洋资源和海陆生态环境，合理确定各类海洋保护利用分区及主要功能导向，提出差异化用途管制要求，明确海洋特殊保护区、海洋保留区、各类建设用海规模等控制目标，优化海域使用结构。海域利用区可根据具体使用功能进一步细分为渔业利用区、交通运输用海区、工业用海区、城镇用海区、矿产与能源用海区、旅游休闲娱乐用海区、特殊利用区。严格限制在生态脆弱敏感、自净能力弱的海域实施围海和填海行为。

(2)海岛

以保护为核心，合理利用海岛自然资源。对海岛进行分类管理，明确主导功能，科学保护海岛及其周边海域生态系统，有居民海岛以优化利用为主，无居民海岛以保护利用为主，特殊用途海岛则需要严格保护。因岛制宜，发展特色海岛生态经济。严禁在岛上建设国家产业政策淘汰类、限制类项目。

(3)海岸线

按照“自然为主、因岸制宜、适度开发、集约利用”原则，对海岸线资源保护利用实施分类管控。加强自然岸线保护，落实上级国土空间规划确定的自然岸线保有率等约束指标，明确需要保护的自然岸线。协调保护好海岸线地区河口、沙滩、岛礁、滩涂、湿地、沿海防护林等生态资源，加强海岸带在缓冲陆海交互作用、抵御海洋自然灾害、维护区域生态安全中的关键作用。与资源环境承载能力相适应，统筹陆海布局，合理安排海岸线旅游、渔业、城镇、港口等功能，加强海岸线地区规划设计，提升整体品质。

5. 矿产资源保护与利用

明确矿产资源开发与生态环境保护关系，统筹矿产资源勘查开发利用与保护，合理划分矿产资源重点勘查区、集中开采区、战略性紧缺性资源调查评价区、绿色矿业发展示范区等，优化资源开采布局，提高矿产资源利用效率，防治矿山地质灾害，推动清洁能源、绿色矿山建设等转型升级，提出矿产资源开发格局、时序安排、总量调控目标。

(七)城乡品质提升和特色塑造

1. 提升交通可达性

提出本县综合交通发展目标和策略，确定城乡综合交通体系，明确公路、铁路、水运等重要交通走廊，以及机场、港口、铁路站场、长途汽车站等重要交通枢纽设施布局和控制要求。坚持“窄马路、密路网”和完整街道理念，完善道路网结构和布局，提出主干路、次干路、支路的等级、功能及走向、红线宽度和交叉口控制要求；提出综合交通枢纽功能、布局和用地规模；明确机动车停车差异性分区供给目标；以社区生活圈为基础，提出县城慢行系统布局指引，明确公交系统与慢行系统衔接原则与要求。

2. 提升公共服务水平

综合考虑人口生育政策，适应年龄结构变化趋势，明确城乡公共服务体系构成及建设要求，确定住房保障、文化、教育、卫生、体育和社会福利等涉及民生的主要公共服务设施配置标准，明确重要公共服务设施布局。建立城乡社区生活圈体系，明确社区生活圈建设标准和要求，全面推进社区服务全覆盖和基本公共服务均等化。中心城区应考虑实际服务人口需求，预留公共服务设施和基础设施保障能力。

3. 增强市政保障水平

以问题为导向,补齐市政基础设施建设短板,确定各类市政基础设施的建设目标,预测城乡供水、排水、供电、燃气、供热、环卫、通信的需求总量,确定各类设施建设标准、规模和重大设施布局,明确重要市政基础设施廊道和重大邻避设施控制要求。

4. 加强历史文化保护

梳理全县范围内历史文化名镇、名村、历史文化街区,省级以上文物保护单位、历史建筑,以及各级各类传统村落,提出历史文化保护体系和保护格局,明确保护目标、原则和具体要求。省级及以上历史文化名城,明确中心城区历史文化保护框架、保护原则和重点,提出古城格局、风貌和高度控制、城市紫线等历史文化名城保护规划核心内容,完整保护和展现不同历史时期发展积淀形成的城市空间脉络和历史文化风貌。

5. 完善绿地水系布局

立足本县的河流、湖泊、湿地、山体、草原等自然本底要素,提出需要保护的山水格局,确定本县整体景观风貌架构,明确绿地系统、主要河湖水系及岸线的布局和建设要求,构建高品质公共空间网络。

6. 塑造城乡风貌特色

结合山水林田湖草整体形态格局和地方文化特色,开展总体城市设计,确定县城风貌特色定位与总体要求。划定城镇开发强度分区,明确开发建设的容积率、密度、建筑限高等控制指标;提出县城公共空间体系构建原则、重要生态及景观廊道布局和控制要求、县城天际轮廓线控制要点;研究确定城乡特色风貌保护和建设的重点区域,提出高度、风貌等空间形态控制要求;对重点地区进行设计引导。

7. 增强防灾减灾能力

提升城市安全,增强城市韧性,系统分析和评估影响本地长远发展的重大灾害风险类型,提出减缓和适应未来灾害的措施,提高抗灾应急能力。针对本地主要灾害风险类型及存在的主要安全防灾问题,明确防灾减灾目标、设防标准、防灾分区,确定各类防灾基础设施和应急服务设施布局方案,提出防洪(潮)排涝、消防、人防、抗震、地质灾害防治等规划措施,制定危险品存储设施用地布局方案及安全管控要求。

(八)国土整治和生态保护修复

1. 土地整治与土壤污染治理

根据"双评价"结果,结合国土空间开发保护格局优化要求,明确土地整治目标任务、策略路径、重点方向与重点区域。统筹推进农村土地整治,提出高标准农田、"田水路林村"综合整治、城乡建设用地增减挂钩重点工程和措施要求。开展耕地后备资源评估,明确补充耕地集中整备区规模和布局。实施城乡建设用地存量更新,明确重点工程及项目,有效盘活农村闲散土地、城镇工业用地、老旧小区和城中村等存量低效用地。

综合运用源头控制、隔离缓冲、土壤改良等措施,提出农业污染源治理、土壤污染治理、农田生态建设、污染土地无害化利用等措施。

2. 矿山环境整治修复

积极推进矿山环境治理和恢复,以重要生态区、居民生活区、采空塌陷区、废弃矿山治理为重点,明确矿产资源综合整治的空间布局、类型和规模,提出矿山废弃地开发利用可能与方向;修复交通沿线敏感矿山山体,加大对植被破坏严重、岩坑裸露矿山的治理力度,恢复绿色;提出矿山企业改造升级、绿色矿山建设目标与规模，从源头上减轻矿产开发对生态环境的负面影响。

3. 水生态修复

提出水环境质量提升目标、重点区域污染负荷削减措施。以持续改善河湖水质为中心，提出重点水源、岸线修复、流域整治、水系连通、水库湖泊调蓄、农田水利等重点工程。深入分析影响水生态恢复的主要因素，提出不同区域水生生物多样性保护的主要措施等。

4. 海洋生态保护和修复

沿海县要加强海洋生态保护和修复，以侵蚀海滩修复、入海河口海域整治、海岛生态修复、淤泥质海岸(砂质海岸)原土生态修复、海水养殖生态修复、滨海湿地修复等为重点，加强海岸带和近岸海域整体保护与修复，提出海岛、海湾、海岸修复重点工程和海洋珍稀、濒危物种资源保护措施。

5. 生态环境综合修复

以各类自然保护地，具有典型生态效用的自然遗迹、水源涵养、饮用水源地、自然湿地，以及其他重要生态功能区、生态敏感区、生态脆弱区为目标单元，对集中连片、破碎化严重、功能退化的生态系统进行修复和综合整治，提出封山育林、退耕还林、退耕还湿、退还公益林修复、山体综合整治、生态景观林带建设等重点工程和措施，逐步恢复生态系统功能。

（九）任务分解和指标传导

适应新时代国土空间规划体系建立需要，对县级国土空间总体规划核心指标和主要内容进行分解，提出下级国土空间总体规划和相关专项规划、详细规划的落实要求。

1. 乡镇传导

明确县域范围内须单独或联合编制国土空间规划的乡镇。将城镇开发边界、生态保护红线、永久基本农田等重要控制线、国土空间主体功能、国土开发保护方向、国土整治与生态修复等管控要求，以及准入、退出和转换规则，向乡镇级国土空间规划传导，明确各乡镇国土利用结构调整目标，提出乡镇驻地主要发展方向和建设用地规模控制要求，乡村空间优化、品质提升要求，以及重要公共服务设施和基础设施布局要求。

2. 相关专项规划分解落实要求

县级国土空间总体规划应提出需要编制的相关专项规划及任务要求，明确专项规划深化细化的方向和重点，切实发挥总体规划对各相关专项规划的指导约束作用。海岸带、自然保护地等特定区域(流域)，跨县的城市群或城镇圈，交通、能源、农业、水利、信息、市政等基础设施，各类公共服务设施，军事设施，以及涉及生态环境保护修复、历史文化和文物保护、国土整治、矿产资源保护利用、安全防灾等需在空间上进行细化安排的特定领域，应当编制专项规划。

3. 详细规划分解落实要求

按照有利于规划意图向下传导并最终落地实施的原则，确定中心城区详细规划编制单元划分方案，明确需要向各编制单元传导的功能定位、核心指标、管控边界和要求。其中建设用地规模、容积率、建筑密度、绿地和水域面积、道路网密度等应作为约束性指标向下传递，城市黄线、蓝线、绿线、紫线以及主次干路的走向、红线宽度应作为刚性要素层层落实。总体规划层面无法具体落位的公共服务设施和市政基础设施，应对总量、结构、布局等提出分解落实要求。根据不同编制单元主导功能，提出差异化的引导要求，生活区应突出不同等级社区生活圈的构建，生产区应突出土地效能的提升，生态区应突出生态价值的发挥。还应对高度、风貌等空间形态、历史遗产保护、城市设计及其他内容提出控制引导要求。

(十)规划实施

1. 近期实施重点

围绕县级国土空总体规划的定位和目标,结合经济社会发展规划,综合考虑现有基础、宏观调控政策和城乡发展需求态势,对近期国土空间开发保护做出统筹安排,提出近期实施目标和重点任务,建立近期项目库,明确近期约束性指标、管控边界和管控要求。

2. 实施保障措施

从提升规划信息化水平、健全规划传导机制、建立国土空间用途管制制度、完善相关配套政策、加强规划实施监测评估等方面制定措施,确保规划落到实处。

(1)提升规划信息化水平

整合自然资源、经济社会、空间规划等相关数据,构建国土空间规划大数据体系。建立国土空间基础信息平台,对国土空间规划数据进行实时更新和动态维护,新批相关专项规划、详细规划有关成果及时纳入平台,逐步形成国土空间规划"一张图"。

(2)健全规划传导机制

完善县域国土空间规划体系,制定下位规划的编制计划,建立健全从全域到分区、社区、地块,从总体规划到相关专项规划、详细规划,从县到乡镇的规划传导机制,强化审查审批管理,确保县级国土空间总体规划核心内容向下有效传递。

(3)建立国土空间用途管制制度

对所有国土空间分区分类实施用途管制,因地制宜明确分区准入、用途转换等管制规则。城镇开发边界内实行"详细规划+规划许可";城镇开发边界外,按照主导用途分区,实行"详细规划+规划许可"和"约束指标+分区准入"。严格耕地、自然保护地、生态保护红线、海岸线、生态敏感脆弱区等特殊区域的用途管制。

(4)完善相关配套政策

健全自然资源有偿使用、生态补偿制度,完善增减挂钩、增存挂钩、人地挂钩等政策工具,创新人口、产业、财税、金融等体制机制,构建有利于县级国土空间总体规划实施的政策体系。

(5)加强规划实施监测评估

建立规划实施评估指标体系和"一年一体检,五年一评估"定期评估制度,同步建设国土空间规划监测评估预警系统,健全规划实施动态监测、评估、预警、考核和动态调整机制。

四、规划成果要求

(一)成果形式

县级国土空间总体规划应按照"管什么就批什么"要求,形成规划成果,由上一级人民政府批准并监督实施。

(二)成果构成

县级国土空间总体规划的成果由规划文本、图件、数据库和附件构成,涉及的文、图、表、数应相辅相成,衔接一致。

规划文本应当以条款格式表述规划结论,包括文本条文、必要的表格。文本条文应法条化,表述准确规范,简明扼要,突出政策性、规定性和针对性。

规划图件统一采用2000国家大地坐标系作为空间基准,以第三次全国国土调查作为现状基础数据。图件比例尺应根据第三次全国国土调查工作实际,采用1∶5000或1∶2000。海域的图纸比例尺可为 1∶50000 或 1∶100000。图件应符合相关制图规范要求，明确标示项目名称、图名、图号、比例尺、图例、绘制时间等。

规划数据库包括基础空间数据和属性数据，按照统一的国土空间规划数据库标准与规划编制工作同步建设、同步报批，并逐级报自然资源部备案，形成国土空间规划“一张图”。

附件是对规划文本、图件的补充解释，包括规划说明、专题研究报告以及规划编制情况说明、专家论证意见及修改说明、人民代表大会常务委员会审议意见的采纳情况、公众和有关部门意见及采纳情况等。现行空间类规划实施评估、“双评价”、城镇开发边界划定与三条控制线协调优化研究以及人口城镇化研究作为必选专题，应与总体规划成果一并上报。其他需要向审批机关呈报的文件和情况说明，也应当作为上报的附属文件。

（三）规划强制性内容

规划应明确表达强制性内容，包括：耕地保有量、永久基本农田保护面积、生态保护红线控制面积、国土开发强度、河湖水面率、自然岸线保有率、城乡建设用地规模、用水总量等规划指标体系中的约束性指标，各类约束性指标的向下分解调控指标；生态保护红线、永久基本农田、城镇开发边界及管控要求；自然保护地体系、重要生态廊道及生态系统保护控制要求；城市绿线、蓝线、紫线、黄线以及管控要求；城镇政策性住房和城乡文化、教育、卫生、体育和社会福利等主要公共服务设施布局原则和标准；重大交通枢纽、重要线性工程网络、城市安全与综合防灾体系、地下空间、邻避设施等设施布局；其他法律法规规定或规划认为必须强制实施的事项。

强制性内容应当可实施、可检查、可监督。绿线、蓝线、黄线、道路红线和主要公共服务设施布局等，可分为在规划文本、图件中明确表达的内容和需要在详细规划、相关专项规划中落实的内容。需下位规划落实的，规划文本应对总量、结构、布局等提出可落实、可监管的要求，实现规划强制性内容的层级落实和传导。

（四）成果提交

国土空间规划成果应以纸质文档和数字化文件两种形式提交。纸质文档采用 A4 幅面竖开本装订，规划图纸可采用 A3 幅面印制并折页装订。数字化文件采用通用的文件存储格式。规划文本可采用 *.wps、*.doc（*.docx）、pdf 格式，图纸采用 *.jpg 格式，矢量数据采用 *.shp 格式。

第四节 乡镇级国土空间总体规划

根据 2019 年 5 月发布的《中共中央 国务院关于建立国土空间规划体系并监督实施的若干意见》，各地可因地制宜，将市县与乡镇国土空间规划合并编制，也可以几个乡镇为单元编制乡镇级国土空间规划。目前，自然资源部尚未制定全国统一的乡镇国土空间总体规划编制导则，而是由省级政府根据当地实际制定。本节内容主要参考河北省自然资源厅（2020）印发的《河北省乡镇国土空间总体规划编制导则（试行）》。

乡镇是我国行政区划的重要基础单元，空间规划改革背景下，乡镇级国土空间规划上承市县国土空间总体规划，下启详细规划（含村庄规划），十分关键。乡镇国土空间总体规划作为最低行政层级区域的总体规划，更强调实施性。我国乡镇数量非常庞大，分布广泛、经济发展水平千差万别，处于不同发展阶段，发展诉求存在不同。编制有效、管用、实用的乡镇国土空间总体规划，能够推动国土空间规划改革走向深入，落到基层。

一、概述

(一)乡镇规划面临的问题

彭震伟等(2020)认为乡镇总体规划处于尴尬境地,面临以下四个方面的问题。

1. 乡镇规划与现实管控的需要存在差异

乡镇作为最低层级的总体规划编制单元,同时也是"多规冲突"最直接的呈现平台。在乡镇国土空间规划实施之前,乡镇层面的主要的空间规划为乡镇总体规划和乡镇土地利用总体规划,但从长期的规划实践看,两类规划存在矛盾,规划目标不一致,技术路线存在偏差,实施手段不同,这些都削弱了规划的严肃性与权威性,降低了规划的可操作性。传统的乡镇总体规划强调对地方发展的战略引领作用,但普遍存在"重镇区建设而轻镇域统筹"的问题,且在技术方法上沿用城市总体规划的范式框架和指标体系,缺少对乡镇及农村的特定问题的分析,对存在的现实问题未能有效解决,从而使得乡镇总体规划存在较大的局限性。

传统乡镇土地利用总体规划的核心思想是"保护耕地和基本农田",强调自上而下的土地指标分配和边界管控,但其垂直分解的操作方式较粗,忽视现状条件中的差异,与乡镇的实际发展需求不很匹配。与此同时,已往的土地利用总体规划实施"县乡同步编制"的工作方法,且管控权力和审批权高度集中,常常导致乡镇在完成了县市的数据搜集等基础任务之后,乡镇土地利用总体规划编制也就结束了,很多乡镇缺乏完整的编制程序,缺少正式的规划成果。

而在管控层面,目前针对区域性的空间管制手段缺乏明确的技术标准与规范,乡镇规划原本应在村镇层面具有实施性的空间管制作用,但实际而言,对乡镇行政管辖地域的管控能力较低。主要体现在规划编制过程中"先图后底"做法普遍,空间管制分区科学性不足,规划管理有效手段缺乏,造成乡镇对自然资源保护和监管不够。

2. 乡镇总体规划向下传导与落实差

目前有些乡镇编制了总体规划,但有些乡镇缺乏规划成果,总体看,很多乡镇的下位详细规划及村庄规划的编制完成度较低,导致乡镇总体规划的实施性较差。在对村庄规划的引导上,既往的乡镇总体规划对村庄单元仅做宏观的体系性引导(如划定中心村、基层村等),而不涉及村庄具体的管控内容和建设指导;传统的乡镇土地利用总体规划对于村庄的管控也仅限于建设用地与非建设用地的区分,对村庄建设的管控作用不强,且村庄土地利用规划基本没有启动编制。总体来看,乡镇总体规划和乡镇土地利用总体规划都表现出对乡镇和村庄发展的不适应性,难以对自然资源和国土空间有效管控,有必要将两类规划统一为乡镇国土空间总体规划。

3. 乡镇二元土地制度明显

在乡镇层面明显能体会到城乡二元土地所有制的并存。乡镇镇区总体呈现出低密度和松散的空间结构。与此同时,乡镇人均建设用地面积较大,特别是人口比较稀少的乡镇,人均建设用地面积过大。乡镇土地的这些特征也间接导致传统的乡镇总体规划和乡镇土地利用总体规划的效用难以发挥。乡镇总体规划主要沿用了城市用地的规划方法,对于存在大量集体建设用地的镇区而言,并不是很适合。乡镇土地利用比较粗放,乡镇总体规划的用地指标管控标准与地方实际之间存在较大偏差。乡镇土地利用总体规划在镇区的表达仅仅是"红斑",并未区分土地权属的差异,亦未实施用途管制分区,即"粗放有余,精细不足"。

4. 单一规划标准难以应付乡镇的差异

我国乡镇的用地规模差异很大,既有几百平方千米的规模,也有数万平方千米的规模。从镇域常住人口规模来看，大多数镇在5万人以下，但也有一些超过10万人的建制镇（非县城）。与此同时，当前我国乡镇一级政府的职能不完备，不具有独立财政和建设审批等权力，涉及建设空间管控和非建设空间管理的事权十分有限，尤其对重要自然资源的管理权限缺乏，致使乡镇层面对于生态资源保护与监管缺乏足够的权力、经费，相应的工作人员也不足，这也是我国山水林田湖草等自然资源受到破坏的原因之一。与乡镇之间巨大差异相矛盾的是，现有乡镇规划的规划标准、编制办法、技术规程等，缺少分类指导的针对性内容，基本是整齐划一的规定性条款，导致规划的适应性差，难以因地制宜满足实际的建设管理需求。

（二）空间规划改革对乡镇规划的要求

1. 国家治理现代化要求乡镇管控与事权协同

国土空间规划是国家开展空间治理的重要手段，新的国土空间规划体系作为推进国家治理体系和治理能力现代化的重要手段，同时也将调整不同层级政府之间的事权关系，成为规范管理地方发展的重要治理工具。乡镇政府作为我国行政体系的基础单元，应当在当下事权有限的条件制约下，积极响应国家治理体系现代化建设的目标，建立与乡镇事权高度匹配的规划管控体系，以及探索适应现代治理要求的乡镇事权体系。乡镇作为一级地方政府，应有总体层面的规划来引领和管控全域国土空间的保护、开发、利用和治理。

2. 城乡融合发展要求乡镇承担自然资源和生态保护的职责

党的十八大以来，生态文明成为指导我国社会经济方面建设的重要思想。《中共中央 国务院关于建立国土空间规划体系并监督实施的若干意见》提出“坚持生态优先、绿色发展”的理念，这就要求从生态视角建立国土空间规划体系，树立生态价值观。乡镇作为最接近自然资源的政府基层单元，具有重要的自然资源和生态保护的作用，是国土空间规划有效实施的关键关节。此外，乡镇的产业发展、基础设施和公共服务设施布局等需要总体层面的布局安排，发挥城乡统筹作用，既要考虑与市县的衔接，也要考虑与村庄的融合。

3. 乡镇实现高质量发展和高品质生活是新型城镇化的客观要求

分级分类的国土空间规划体系的建立与完善是推进我国社会经济高质量发展的重要举措，也是国家新型城镇化的客观要求。新时期的乡镇国土空间规划强调对全域各类自然资源的管理和空间资源的有序开发利用，不仅落实“多规合一”，更要充分重视生态、农业、城镇三大空间的发展质量，促进发展方式、生活方式及治理方式的转变。实现高质量的乡镇发展，仅靠市县层面的国土空间规划是难以实现的，需要因地制宜、深化细致的乡镇级国土空间规划。

（三）乡镇国土空间总体规划的定位

1. 服务地方发展诉求，匹配乡镇事权

按照“谁组织编制、谁组织实施”“谁审批、谁监管”“管什么就批什么”的原则进行国土空间规划的编制与监管。结合我国的行政管理体制特点，乡镇国土空间总体规划既要与当下的乡镇事权相匹配，也要明晰并尝试改革县与乡镇之间的事权划分，逐步因地制宜地适当下放县级规划建设管理权限，提升乡镇政府的执政能力。要定向下放国土空间资源的管理权限，明晰乡镇政府在自然资源管理、监督方面的作用。乡镇国土空间总体规划应兼顾乡镇发展诉求，实现覆盖全域全要素统筹的规划管控。

2. 传导市县规划的管控要求，增强实施性

县级国土空间总体规划是乡镇国土空间规划的上位规划，因此，乡镇国土空间总体规划不得违背上位国土空间规划，必须严格衔接上位规划，落实上位规划中的相关内容，主要包括指标衔接(如永久基本农田、自然岸线保有率等保护类指标;城乡建设用地规模等开发类指标;高标准农田建设面积等修复整治类指标等)、分区衔接(如三区三线控制区线;红线、黄线、蓝线、紫线等二级控制线;以及用途区划定等)和名录衔接(如各类保护区、文保单位、重大项目等)等。

与此同时,在县市国土空间总体规划编制阶段,比较适合县乡联动、同步编制,从而确保县市层面获得足够的、有效的、精准的信息反馈,也能同时确保乡镇发展诉求在县市国土空间总体规划中体现。

3. 创新镇区空间用途管制方式

对于乡镇而言,除了全域层面进行各类资源的保护与开发利用外,重点和难点在于镇区空间的用途管制方式。要创新空间用途管制方式,区分国有建设用地和集体建设土地,探索用途准入和用途许可制度。

此外,对于乡镇国土空间总体规划与详细规划的编制关系,宜采取"主导用途分区+关键要素控制"的方法。针对重点和关键内容可以做精做细,做到详略得当。镇区规划通过划分主导功能分区,利用各分区进行指标和要素控制,明确主导功能、开发强度等关键指标以及公共服务设施与市政基础设施等的配置和选址要求等,同时结合主导功能区内其他管控要素(如历史建筑、生态保护等要求),最终形成"主导用途分区+关键要素控制"的镇区规划方式,向下传递指导详细规划,能很好地与现行国土空间总体规划体系相融合。

4. 统筹引导村庄(详细)规划

在新的国土空间规划体系之中,市县层面要完成村庄布点工作,乡镇国土空间总体规划作为县市规划与村庄规划的中间层级,应成为村庄建设管控的主体平台。在当下国土空间规划的改革中,应紧紧抓住乡镇作为地方基层政府的管理优势,在乡镇层面实现镇村空间(总体)规划合并编制、全域覆盖,以实现对村庄的规划建设管控。要把握好乡镇层面对村庄建设的管控边界,切实明确村庄规划是详细规划。在乡镇国土空间总体规划中明确村庄的建设边界(规模),并能够切实引导城镇开发边界外的详细规划编制。

对于人口大村、经济强村和历史文化名村、传统村落等特殊类型的村庄,可以在乡镇层面底线管控的基础上,编制专门的综合性村庄规划,但在乡镇层面仍应覆盖基础的管控要求。

二、总体要求

(一)地位与适用范围

乡镇国土空间总体规划是对上位国土空间总体规划的细化落实,是对乡镇域国土空间保护开发作出的具体安排,是开展乡镇详细规划、相关专项规划和村庄规划编制的依据。市县中心城区城镇开发边界内的乡镇区域,纳入市县规划统筹编制;市县中心城区城镇开发边界外的乡镇区域,根据实际需要编制乡镇规划,可以单独编制,也可以几个乡镇联合编制。乡镇规划编制应当符合国家、省的有关法律法规和政策要求,执行国家、省的有关技术标准与规范。

(二)编制原则

坚持以人为本,品质提升的原则。以乡村居民需求为中心,推动实施乡村振兴战略,实现高质量发展、高品质生活。

坚持生态优先,绿色发展的原则。落实上位国土空间规划划定的"三区三线",严守生态环境底线,优化人居环境。

坚持全域管控，适度集约的原则。强化自然资源统筹利用和用途管控，控制村庄建设用地增量，提高土地利用效率。

坚持上下结合，强化实施的原则。严格落实上位国土空间规划下达的核心指标，并将本级约束性、预期性指标分解至村庄。

坚持因地制宜，突出特色的原则。结合乡镇自然和历史文化资源，塑造乡镇特色风貌，建设有文化、有记忆的美丽乡镇。

（三）规划范围与层次

规划范围，乡镇规划范围为乡镇行政管辖区域。县（县级市、市辖区）人民政府可根据需要确定以一个或几个乡镇为单元编制乡镇规划。

规划层次，乡镇规划包括乡镇域和乡镇政府驻地两个层次。乡镇域层面突出国土空间格局、空间用途管制、居民点体系及各类设施的统筹安排等内容。乡镇政府驻地层面突出用地布局、住房建设、设施安排和特色风貌引导等内容。乡镇政府驻地应在乡镇规划指导下编制详细规划。

（四）编制主体

乡镇规划在县级人民政府统一领导下，由乡镇人民政府组织编制。县级自然资源规划主管部门指导乡镇政府开展规划编制工作。以几个乡镇为单元合并编制的乡镇规划，由县级自然资源规划主管部门会同乡镇人民政府组织编制。乡镇规划编制经费应纳入市县财政预算。

三、规划工作程序

（一）工作方案和团队

1. 工作方案。明确乡镇国土空间规划编制工作内容、责任分工、工作进度和经费保障，建立专家咨询和公众参与机制，开展宣传动员和技术培训。

2. 领导小组。在市县国土空间规划领导小组指导下，成立乡镇党委、政府主要负责同志任组长，相关部门、村党组织和村委会（简称“村两委”）主要负责同志为成员的规划工作领导小组。领导小组负责制定工作方案、选择编制单位、审定规划成果、解决重大问题、决策重大事项等。

3. 编制团队。乡镇规划应委托具有国土空间规划（城乡规划或土地规划）相应资质的单位承担具体编制工作，可根据需要组织经济社会、地理、地质矿产、林业草原、生态环境、农业水利等领域团队和人员参与编制。

（二）现状调研和底图

1. 调研方式。通过走访座谈、问卷调查和实地踏勘等方式，全面摸清乡镇底数，了解乡镇现状、存在问题和发展诉求等。

2. 资料收集。收集有关县（市、区）和乡镇人口经济、区位交通、自然历史、土地利用、村庄建设情况及相关规划等。

3. 基础数据。以第三次全国国土调查成果为基础数据，遥感影像、地形图、地理国情监测等为补充数据。

4. 工作底图。采用2000国家大地坐标系和1985国家高程基准作为空间定位基础，乡镇域地形图比例尺宜采用1∶5000～1∶10000，乡镇政府驻地地形图比例尺宜采用1∶1000～1∶2000。整合规划编制所需要的空间现状数据和信息，与市县规划形成坐标一致、边界吻合、上下贯通的一张底图。

(三)成果编制和论证

1. 评估分析。对现行土地利用总体规划、乡镇总体规划等空间性规划进行评估,开展国土空间保护开发现状和风险评估,总结特征和问题。

2. 方案编制。在评估基础上,结合市县资源环境承载力评价和国土空间开发适宜性评价成果,明确乡镇国土空间规划的主要任务和编制重点,乡镇政府驻地形成2～3个规划方案进行比较和选择。

3. 研究论证。乡镇人民政府会同县级自然资源规划主管部门召开规划论证会,听取编制单位汇报,邀请专家、县直部门、乡镇人大代表、村两委和乡镇政府驻地村民代表参加。

(四)规划审查和批准

1. 公示审议。乡镇国土空间规划报批前应将规划方案予以公示,时间不得少于30日。公示后应经乡镇人民代表大会审议通过。

2. 报送审批。乡镇人民政府将规划成果报送县级人民政府批准。规划批准前由县级自然资源规划主管部门审查同意。市辖区范围内的乡镇规划应报送市级人民政府或由市级人民政府授权的县级人民政府批准。在规划批准前由市级自然资源规划主管部门审查同意。

3. 公告汇交。规划自批准之日起30日内,由乡镇人民政府通过多种途径向社会公告;同时,各级自然资源规划主管部门应将电子成果逐级汇交至省级自然资源主管部门。

四、分类指引

应结合实际,考虑乡镇区位条件、资源禀赋、产业发展、空间特征和生态保护等因素,划分乡镇类型,可分为城郊服务型、工贸带动型、特色保护型、资源生态型和现代农业型等类型,乡镇根据发展实际落实一种或多种类型的编制指引。

(一)城郊服务型

1. 类型界定

指位于大中城市、县城周边,与市县中心城区联系紧密,能够承接城市外溢功能,服务城市能力强,从事非农产业人口比重较高,城乡要素流动通畅,发展动力较好的乡镇。

2. 编制指引

职能定位应以城市卫星镇为主,有效承接区域内大城市的功能疏解和其他中小城市、县城外溢的功能。空间布局应与城市呈组团式发展,避免沿城市外围贴边建设,为城市发展预留弹性发展空间。产业发展应围绕承接城市制造业、科研教育、医疗卫生等功能疏解,打造创新创业平台,适当增加战略留白用地。设施建设应与市县中心城区基础设施互联互通、公共服务共建共享,为城市基础设施向乡镇延伸做好规划预留,积极融入城市30分钟交通圈、生活圈。

有条件的乡镇可开展产业发展、综合交通、公共服务设施等专题研究。

(二)工贸带动型

1. 类型界定

指以工业、商贸为主要产业的乡镇,包括部分特色小城镇、特色小镇、经济发达镇。该类型乡镇非农产业就业人口占比大,专业化、特色化、规模化特征明显,吸纳劳动力能力强,对周边乡镇和村庄有一定辐射带动作用,对县域经济有较强支撑作用。

2. 编制指引

职能定位应突出在区域经济和产业体系中的地位作用，产业发展应巩固传统基础，引导转型升级，打造特色产业集群。空间布局应处理好乡镇政府驻地与产业园区的关系，引导工业企业向乡镇政府驻地或产业园区集中，适当提高工业和商贸用地比例，推动产业和城区融合、职住平衡。道路交通应加强与区域公路、铁路、航空、港口等交通网络联系，建设高效便捷的交通、物流通道。设施建设应注重提高宜居环境品质，建设与产业发展相适应的配套服务设施。

有条件的乡镇可开展产业发展等专题研究。

（三）特色保护型

1. 类型界定

指历史文化名镇、特色景观旅游名镇和部分具有文化旅游资源的特色小城镇，乡政府驻地为历史文化名村或传统村落的，具有世界文化遗产、全国重点文物保护单位、国家级非物质文化遗产、重要革命旧址，以及其他具有文化保护价值的乡镇。

2. 编制指引

职能定位应突出乡镇历史文化特色，体现在历史发展、建筑艺术、文化民俗等方面的重要价值。空间布局应处理好古村镇保护与新村建设的关系，注重保护传统格局、历史风貌和山水环境，并为近远期发展留足必要空间。产业发展应围绕文物古迹、革命旧址、传统民居和民俗文化展示，发展特色文化旅游。历史文化名镇、乡政府驻地为历史文化名村或传统村落的，应按照《历史文化名镇名村保护规划编制要求》《传统村落保护规划编制办法》编制保护规划，提出特色资源保护和建设管控要求。

有条件的乡镇可开展历史文化保护、全域旅游等专题研究。

（四）资源生态型

1. 类型界定

指位于山区，平原地区重要河湖水系周边，水、林草、矿产等资源相对丰富，生态敏感度较高或具有较高生态安全战略意义，以及资源枯竭需生态修复的乡镇。

2. 编制指引

职能定位应突出乡镇自然生态和资源禀赋特征，体现在生态涵养修复、自然遗产保护、农田水利建设、工矿生产等方面的作用。空间布局应注重提高生态空间占比，保持山体和河湖水系自然形态，合理安排工矿企业布局。产业发展应围绕健康疗养、休闲旅游等绿色产业，统筹自然资源保护和内涵式开发利用，严格落实产业准入条件，提出生态保护措施。空间治理应注重做好自然资源和生态环境保护修复，引导矿山生态修复，保障生态安全。加强人口、用地管控，严格控制开发强度。

有条件的乡镇可开展地质灾害防治、生态保护等专题研究。

（五）现代农业型

1. 类型界定

指位于粮食生产功能区、重要农产品生产保护区，域内耕地面积比重大，在农业发展效率、规模、质量等方面优势突出的乡镇。

2. 编制指引

职能定位应突出农业产业优势，体现农耕种植、畜禽养殖、林草养殖等方面的特色。空间布局上稳定农业空间占比，巩固高标准农田建设和中低产田改造成果，保障重大农业基础设施和现代农业发展用地。产业发展应拓展农业生产功能,建设田园综合体和高效设施农业,推动农业与加工流通、文化旅游、信息产业融合发展。设施建设上注重补齐乡镇基本生活服务设施短板,与乡村自然风光和田园景观相协调,打造恬静、宜居、舒适的现代乡镇。

有条件的乡镇可开展现代农业发展等专题研究。

五、规划内容

(一)现状分析与目标定位

1. 现状分析

特征问题。从区位交通、自然条件、人口变动、资源环境、产业经济、历史文化、安全防灾等方面提炼主要特征,结合评估分析,总结乡镇存在主要问题。

机遇挑战。围绕国家重大战略、区域协同发展、市县新区规划建设等及市县发展新要求,分析乡镇在经济社会、国土空间保护开发、生态修复与国土整治等机遇挑战。

2. 目标定位

职能定位。结合市县规划确定的职能分工,以及自身特色、发展条件,明确乡镇职能定位和发展战略。

目标指标。结合自身发展条件,提出 2025 年、2035 年产业经济、社会发展、国土空间保护开发等目标。在落实市县规划下达的各项指标基础上,明确底线管控、结构效率、生活品质等指标。乡镇规划应落实市县规划分解指标,明确生态保护红线面积、耕地保有量、永久基本农田、城乡建设用地规模等刚性指标的分解落实情况,并向村庄传导。

(二)国土空间格局

严格落实上位规划确定的生态保护红线、永久基本农田保护红线、城镇开发边界。按照人口资源环境相均衡,经济社会生态效益相统一的原则,统筹划定生态空间、农业空间、建设空间,落实市县规划分区,明确农用地、建设用地和其他用地的范围、规模和管控要求,因地制宜确定国土空间总体格局。

1. 生态空间

生态空间包括生态保护红线范围内的重要生态空间和生态保护红线以外的一般生态空间,合理预留上位规划确定的重大基础设施廊道等空间。

落实生态保护红线。严格落实上位规划下达的生态保护红线传导指标和要求,将生态保护红线落实到具体地块,并分解至村庄,确保生态保护红线面积不减少、落地准确、边界清晰。落实国家公园、自然保护区、自然公园等自然保护地规模、边界和管控要求。

划定一般生态空间。衔接市县规划生态保护区布局,将生态保护红线以外集中连片的具有生态功能的林地、河流、水源保护地、湿地、其他草地等用地,统筹划入一般生态空间,确定各类用地布局和规模,明确管控要求和管制规则。

2. 农业空间

农业空间包括永久基本农田保护红线范围内的重要农业空间和永久基本农田以外的一般农业空间。落实永久基本农田保护红线。严格落实上位规划下达的永久基本农田传导指标和要求,将永久基本农田落实到具体地块,并分解至村庄,确保布局稳定、边界清晰。划定一般农业空间。落实上位规划确定的耕地保护任务,确保数量不减少、质量不降低、布局有优化,划定永久基本农田储备区,明确耕地后备资源储备规模。将永久基本农田以外耕地、园地、林地、牧草地、其他农用地等用地，统筹划入一般农业空间，确定各类用地布局和规模，明确管控要求和管制规则。

3. 建设空间

建设空间包括城镇开发边界、乡村居民点、区域基础设施和其他建设用地空间。

城镇开发边界。落实上位规划划定的城镇开发边界，包括镇区、开发区等集中建设区域；已建成较完善城镇基础设施或有城镇建设重大项目需求的乡政府驻地可划入城镇开发边界，明确布局、规模和管控要求。

乡村居民点。落实上位规划下达的城乡建设用地规模，划定城镇开发边界以外的乡政府驻地和村庄建设边界，明确建设用地规模和管控要求。

区域基础设施。落实上位规划提出的交通、水利、能源、环保等基础设施项目的选线和走向，明确区域基础设施布局、规模和管控要求。

其他建设空间。划定乡镇域内的采矿、盐田等工矿用地，文物古迹、宗教、殡葬、军事设施、外事等特殊用地的布局范围，明确规模和管控要求。

4. 国土规划用途与结构调整

落实上位规划的功能分区和调控目标，立足土地利用现状，稳定耕地、园地、林地、牧草地等农用地结构，优化城乡建设用地结构，恢复湿地和陆地水域等原有空间。在乡镇管辖范围内明确农用地、建设用地、其他用地的规模、范围和管制要求，提出国土空间结构调整优化的重点、方向及时序安排，编制国土用途结构调整表。

（三）自然资源保护与利用

按照山水林田湖草系统保护要求，分类梳理自然资源利用特点和问题，按照上位规划确定的保护目标，深化细化各类自然资源要素的管控边界、保护范围，提出管控措施。

1. 水资源。落实上位规划确定的水源涵养区、饮用水水源保护区、河湖水域及其岸线、水土流失重点防治区等水生态保护区，明确保护范围和管控要求。合理安排农业灌溉水渠、输水渠道，落实蓄滞洪区、行洪通道位置、规模特征等要求。

2. 矿产资源。落实上位规划确定的矿产资源重点开采区、集中开采区及禁止和限制勘查开采空间，细化落实分区管控措施。

3. 耕地资源。落实上位规划确定的永久基本农田储备区范围，明确耕地后备资源潜力、分布。制定永久基本农田质量提升和耕地占补平衡措施。

4. 林草资源。明确森林覆盖率、基本草原面积等指标，落实上位规划确定的基本林地集中保护区、基本草原保护边界和退耕还草范围，制定林地、草地用途管制措施。

5. 海域海岛海岸线。沿海乡镇应按照行政职能，落实上位规划关于海域、海岛、海岸线国土空间保护和资源利用的范围要求，统筹保护海洋资源和海陆生态环境。

（四）居民点体系与产业布局

1. 居民点体系

人口规模预测。依据市县规划，分析乡镇人口流动、结构和分布变化，确定乡镇行政区域内的人口规模、乡镇政府驻地和各村庄常住人口规模。确定人口规模划分标准，明确乡镇政府驻地、村庄等居民点规模结构。

等级结构确定。综合考虑人口规模、经济职能、辐射范围等因素，按照乡镇政府驻地、中心村、基层村三个等级，细化居民点体系等级结构、职能分工和发展方向。

中心村确定。应考虑村庄人口规模较大、经济实力较强、基础设施和公共设施较完善、一村或多村合建、能对周围村庄有一定带动和辐射作用等因素确定。

建设用地规模。综合考虑县、乡镇、不同类型村庄发展需要,适当调整村庄建设用地,预测规划期内建设用地变化,参照本省村庄规划标准或者技术规定,确定乡镇政府驻地、村庄的人均建设用地控制指标。

鼓励战略留白。乡镇规划预留不超过5%的建设用地机动指标,用于乡镇域内村民居住、农村公共公益设施、零星分散的乡村文化和旅游设施及农村新产业新业态等用地,计入建设用地指标,明确规模、位置和管控要求。

2. 村庄分类与编制单元划分

村庄分类。结合县域村庄布局规划,可将乡镇域村庄分为城郊融合类、集聚提升类、特色保护类、搬迁撤并类、保留改善类,明确设施配置标准与建设要点。

搬迁撤并村确定。结合新型城镇化、空心村治理,在尊重村民意愿基础上,综合考虑生存条件恶劣、生态环境脆弱、自然灾害频发、存在重大安全隐患、人口流失严重、易地扶贫搬迁和重大项目建设等因素稳妥慎重确定。

村庄规划编制单元。乡镇可因地制宜,统筹推进辖区内村庄规划编制,可以一个或几个村庄为整体,确定村庄规划编制单元。现状建设已连成一体的村庄应合并编制村庄规划。位于市县中心城区城镇开发边界内或乡镇政府驻地规划范围内的村庄,可不再单独编制村庄规划,纳入市县中心城区详细规划、乡镇规划统筹编制。规划搬迁撤并类村庄,可不再编制村庄规划。

3. 产业发展与布局

发展方向。结合上位规划,在分析产业发展优劣势的基础上,提出产业培育的方向和类型、重点和目标,优化产业结构,研究产业发展策略。推动农林牧副渔、加工流通、文化旅游、健康养老和信息化产业深度融合,鼓励引导发展新产业新业态,特色化、产业化、规模化经营。制定产业发展负面清单,加强污染管控。

产业布局。因地制宜提出具有地方特色的农业生产布局规划方案,落实粮食生产功能区和重要农产品生产保护区,合理布局果蔬生产区、畜牧区、养殖区以及特色农产品区。充分利用田园风光、生态文化等资源优势,策划旅游产品、规划旅游线路,推进全域旅游高质量发展。

明确工业主导发展方向,统筹工业用地布局和功能分区,合理确定新增工业项目选址,鼓励适度向乡镇政府驻地和县级及以上工业园区集中,提高土地利用效率。有条件的地方建设创新创业平台,引导新产业新业态发展,推动特色化、规模化、专业化经营。

用地保障。以乡村振兴为指引,优化农村生产、生活空间布局,乡镇规划优先落实"不少于10%建设用地指标重点保障乡村重点产业和项目用地"的要求。充分利用农村现状集体经营性建设用地,在村庄建设用地规划范围内,优先将腾退的宅基地等闲散建设用地规模,集中用于乡村产业发展。

(五)乡镇政府驻地规划

1. 用地布局

细化落实上位规划下达的城乡建设用地规模,划定乡镇政府驻地建设边界,确定规划期内用地主要发展方向。综合考虑建设现状、经济社会发展、资源禀赋、类型特征,明确用地结构调整方向,合理确定住宅、工业、公共设施、公用设施、道路交通、绿地广场等各类用地规模和布局。

2. 空间形态引导

结合山水格局和地方文化特色，确定乡镇风貌特色定位，提出重要生态及景观廊道布局和控制要求。确定乡镇政府驻地主要出入口、广场、重要节点的景观意向，提出标志性建筑物的位置、类型、功能、风貌建议。划定开发强度分区和高度分区，按照分区或用地类型提出容积率、密度、高度等管控要求。规划人口规模在3万人以上的乡镇政府驻地应明确城市设计重点地区和详细规划编制单元。

3. 住房建设和人居环境

合理确定居住用地规模、比例和位置，提升居民生活品质，保障人均住房面积。针对新建和改建居住用地，提出容积率、建筑密度、建筑高度等开发强度控制要求。结合乡镇政府驻地实际，制定人居环境整治、旧村改造、危房改造、建筑节能改造等行动计划，并提出建设时序。乡镇政府驻地居住用地规划布局应根据发展需求，选择低层、多层等不同住宅形式，相对集中布置，形成居住组团。新规划的集中住宅小区，宜以多层为主，并处理好与乡镇道路交通、公共设施、山水景观等关系。乡政府驻地还应对农村住宅布局做出安排，应优先利用村内空闲地、闲置宅基地和未利用地，引导集中建设。充分考虑居民生产生活实际，提供不少于3种代表性住宅户型。

4. 绿化和公共空间

提出乡镇政府驻地绿地、水体等开敞空间的控制范围和管控要求，确定人均公园绿地面积。通过多种绿化和空间组合形式，构建尺度宜人、富有活力，具有传统文化特色的街巷、广场、公园和滨水等公共空间体系。推进公共空间与公共设施、市政设施的共用共享，提高公共空间利用效率。

5.“五线”管控

乡镇政府驻地划定道路红线，重大基础设施和公共安全设施黄线，公园绿地和防护绿地绿线，水域蓝线，历史文化资源保护紫线，明确管控范围和要求，及需要在详细规划中落实的有关内容。

（六）基础保障体系

1. 综合交通

（1）乡镇域。落实公路、铁路、机场、水运等重要交通规划，加强各类对外交通设施与市县规划路网、乡镇域道路系统的衔接协调。强化乡镇政府驻地与村庄、村庄间的道路连通，配置相应的公交站场（点）等交通设施。有旅游发展潜力的乡镇，结合旅游线路设置旅游交通引导标识、步游道、驿站、公共停车场、观景平台等配套设施。

（2）乡镇政府驻地。明确乡镇政府驻地道路交通网结构和密度，划分道路等级，确定主次干路走向、红线宽度、道路断面形式和控制点标高，合理布局公交站场（点）、客运站、停车场等交通设施。

2. 公共服务设施

落实上位国土空间规划确定的区域公共服务设施，梳理分析现状公共服务设施情况，按照中心镇、一般乡镇、中心村、基层村层级和共建共享的原则统筹确定行政办公、文化教育、医疗体育、社会福利（养老服务、殡葬）、商业金融等公共服务设施的布局、规模和数量。

乡镇政府驻地人口规模较大、工贸产业发达、位于城市郊区、具有旅游发展潜力的乡镇，公共服务设施应根据实际发展需求适度超前配置。

3. 基础设施

(1)乡镇域。落实上位规划确定的基础设施和廊道,提出邻避设施控制要求。结合现状基础设施布局,按照共建共享的原则统筹安排水利能源、给水排水、电力电信、供热燃气、环卫等设施,提出建设标准、规模和规划要求。

(2)乡镇政府驻地。结合上位国土空间规划中对各类设施的建设要求,确定各类基础设施建设目标、规模、布局。

供水排水。确定供水水源,选择集中统一或独立分片的供水模式;预测需水总量,布置供水管网,确定供水设施的布局、规模,提高供水应急保障能力。确定排水体制,划分排水分区,布局污水管网及处理设施;确定污水处理标准,加强对再生水合理利用,对污泥进行无害化、稳定化处理。采用海绵城镇理念,加强雨水利用和排放,布局雨水管道(沟渠)及调蓄设施。

电力电信。落实上位规划中确定的电厂、35 千伏及以上变电站、高压走廊的建设标准、规模及用地管控要求。预测用电需求,布局中低压电力线路和变电设施。落实通信设施布局、用地规模及建设要求。

供热燃气。根据乡镇实际选择集中供热、分散供热方式。确定供热热源,积极推进清洁供热。预测供热需求总量,明确供热站场规模、用地及建设标准,布局供热管网及热交换站。根据周边气源条件,确定供气方式。预测燃气需求总量,布局燃气管道,确定门站、供气储备站等燃气站场的供气规模、占地面积。提出对燃气管道及燃气站场的安全防护要求。

环境卫生。建立垃圾分类收集、运输、处置体系,推进垃圾处理无害化、减量化和资源化。落实上位规划确定的垃圾处理设施。明确垃圾转运站、公共厕所等主要环境卫生设施布局、建设标准及用地管控要求。

4. 综合防灾

(1)乡镇域。结合现状实际,明确灾害风险,确定防灾减灾目标,构建安全综合防灾系统。确定防洪(潮)排涝、消防、人防、抗震、森林防火等主要灾害设防标准,合理布局各类防灾减灾设施。提出地质灾害、气象灾害等的预防和治理措施;加强危险源的规划控制。

(2)乡镇政府驻地。确定各类防灾设施和应急保障设施的建设标准、规模。综合布局防洪堤、避难场所、应急指挥、消防站、医疗卫生、救灾物资储备等设施。明确道路交通、消防车通道、消防供水、基础设施防灾和应急防灾要求。对重大危险源防治、搬迁、改造提出管控要求。

(七)历史文化与景观风貌

1. 历史文化保护

依据上位国土空间规划,确定保护与传承的重点地区,以及具有较高价值的自然景观、人文风貌等历史文化保护传承区域。深入挖掘乡镇历史文化遗存,系统研究乡镇域内地方历史、人文底蕴,提出空间保护引导方向和具体措施。

建立具有乡镇特色的历史文化资源保护体系,包括世界文化遗产、文物保护单位、历史文化名镇名村、历史文化街区、传统村落、历史建筑、非物质文化遗产,未核定公布为文物保护单位的不可移动文物、地下文物埋藏区、水下文物保护区等,编撰历史文化保护名录。

严格落实上位规划确定的历史文化保护线,确定各级文物保护单位的保护范围与建设控制地带;对特色村镇和历史街巷、传统民居等,明确保护利用措施;提出历史文化资源空间优化、区域协同、功能复兴、活化利用的基本策略和目标要求。

2. 景观风貌塑造

结合乡镇所处地形地貌特征,细化落实上位规划提出的城乡总体风貌指引和管控要求。

对山水林田格局、镇村形态、建筑特色等提出具体的风貌控制安排，构建全域景观系统。结合山水空间、生态廊道、干线公路，塑造景观节点，预留视线通廊。挖掘地方民居特色，对村庄布局形态、建筑风格、体量色彩提出引导；针对公共空间、重要景观节点等标志性地段提出风貌指引与设计意向。

（八）生态修复与国土综合整治

识别乡镇域生态系统存在的问题，统筹山水林田湖草整治修复，鼓励以乡镇为单元开展全域土地综合整治，落实上位规划确定的生态修复和国土综合整治目标、任务、重点区域，确定各类工程的规模、布局、时序、建设内容。

1. 生态修复

水域湿地修复。加强地下水使用综合治理，落实乡镇境内河流水系和流域治理重点工程；对集中连片、破碎化严重、功能退化的湿地进行修复和综合整治。

森林草原修复。落实风沙治理、防护林建设、荒山绿化等重点防护造林工程，治理水土流失、土地沙化，明确修复工程。实施通道绿化、农田林网建设、流域水土保持生态治理，以及水系堤坝、河渠湖库周边绿化。

矿山生态修复。以重要生态功能区及居民生活区历史遗留矿山治理为重点，修复主要交通沿线、景区周边矿山，推进绿色矿山建设，加大植被破坏严重、岩坑裸露矿山的复绿力度，提高地质灾害风险防范能力。

乡村生态保护修复。优化调整生态用地布局，保护和恢复乡村生态功能，维护生物多样性，提高防御自然灾害能力，保持乡村山水和农业景观。构建良性田园生态系统，建设种养结合，生态循环、环境优美的乡村。

2. 国土综合整治

农用地整治。统筹推进高标准农田建设、耕地提质改造、低效林草地和园地整治、污染土壤修复、农田基础设施等工程，集中连片改良提升农田，增加耕地数量，提升耕地质量。

建设用地整治。统筹整治区域内农房建设、产业发展、公共服务、基础设施等建设用地，有序开展农村宅基地、工矿废弃地、城镇低效用地以及其他闲置低效建设用地整治，加强建设用地土壤环境管理，规范城乡建设用地增减挂钩，明确拆旧区规模、范围和图斑位置。

后备土地资源开发。在不破坏生态环境的前提下，慎重开发后备土地资源，因地制宜确定盐碱地、沙地等未利用地开发的用途和措施。

（九）规划环境影响评价

在规划编制过程中，对规划方案进行环境影响评价，提高规划的科学性，从源头预防环境污染和生态破坏，促进经济、社会和环境的全面协调可持续发展。

分析、预测和评估规划环境影响。主要包括规划实施可能对相关区域、流域、海域生态系统产生的整体影响；对环境和人群健康产生的长远影响；规划实施的经济效益、社会效益与环境效益之间以及当前利益与长远利益之间的关系。

规划环境影响的对策和措施。基于分析预测评估规划环境影响的主要结论，提出预防或者减轻不良环境影响的政策、管理或者技术等措施。

（十）规划传导与实施保障

1. 规划传导

对上位规划的落实。乡镇规划应落实上位规划确定的职能定位、人口和建设用地规模，生态保护红线面积、耕地保有量、永久基本农田保护面积、城乡建设用地规模等约束性指标,以及“三区三线”和重大基础设施、生态廊道等空间布局。

对村庄规划的传导。确定村庄规划编制单元,明确村庄规划编制数量和名单。对村庄规划提出等级类型、发展方向等引导,划定村庄建设用地边界。将生态保护红线、永久基本农田等底线管控的指标规模和空间布局传导至村庄。

对详细规划的传导。明确乡镇政府驻地详细规划编制单元,提出重要功能布局、开发强度、要素配置、空间形态等方面的约束要求,划定镇区“五线”(红线、黄线、绿线、蓝线、紫线),明确基础设施、公共服务设施和综合防灾设施布局。

对专项规划的传导。有条件的乡镇可根据发展实际,选择编制产业、交通、生态、旅游、现代农业、公共服务等专项规划,切实发挥乡镇规划对专项规划的指导约束作用。

2. 实施保障

结合国土资源保护开发中的事权划分,健全乡镇国土空间用途管制、空间管控传导、区域联动等制度,提出人口流动、资源配置、项目建设、动态监测等规划实施措施。

(十一)近期建设

衔接上位规划,结合乡镇实际对近期规划作出统筹安排,落实市县重大基础设施项目建设、生态修复和国土综合整治等工程及时序安排。

对乡镇产业、交通、能源、水利、电力、通信、环保、旅游等建设项目,文化教育、医疗体育、社会福利等公共设施项目,明确近期实施重点和发展时序。

制定重点建设项目规划表,明确项目名称、建设性质、建设规模、资金估算及来源、责任主体、建设年限、涉及村庄等。

六、成果要求

(一)规划文本和附件

1. 规划文本

规划文本应当以章节条款格式表述规划内容,包括文本条文、表格。规划文本中应明确以下强制性内容:(1)城乡建设用地规模、生态保护红线面积、耕地保有量、永久基本农田保护面积和国土开发强度等约束性指标;(2)城镇开发边界、生态保护红线、永久基本农田控制线及管控要求;(3)自然保护地、生态廊道和生态系统保护格局;(4)历史文化遗存保护范围和控制要求;(5)教育、卫生、养老、文化体育、社会福利等主要公共设施布局和标准;(6)重大交通枢纽、重要线性工程网络、公共安全体系、邻避设施等布局;(7)乡镇政府驻地开发强度,绿线、蓝线、紫线、黄线、红线及管控要求。

2. 规划附件

规划附件包括规划说明、基础资料汇编、人大审议意见、会议纪要、部门意见、专家意见和公众参与记录等。

(二)规划图件

乡镇域包括:国土空间现状图、国土空间总体规划图、居民点体系布局规划图、生态修复和国土综合整治规划图、交通与基础设施规划图、历史文化与景观风貌规划图、近期建设规划图等。

乡镇政府驻地包括:国土空间现状图、用地布局规划图、道路交通规划图、基础设施布局规划图、空间形态与风貌控制规划图等。

乡镇可结合实际，将以上图件合并表达或增加其他规划图件。

(三)“一张图”数据库

依托市县国土空间基础信息平台和数据库，建立乡镇规划数据库。数据库成果包括各类文字报告、图件及各类栅格和矢量数据。主要涉及数据：(1)由自然要素和经济社会要素构成的基础空间数据和属性数据；(2)生态保护红线、永久基本农田、城镇开发边界矢量数据；(3)在规划编制中搜集的其他相关规划数据；(4)通过对基础数据和规划数据分析评价、加工计算形成的规划数据等。

(四)成果形式

规划成果应以纸质版文件和电子版文件两种形式提交。

1. 纸质版成果

规划文本、规划说明和其他材料等文字资料，建议采用 A4 竖向排版，图集宜采用 A3 幅面折叠成册。挂图应根据制图区域范围和内容完整的要求，合理确定幅面大小。

2. 电子版成果

电子版文件采用通用文件存储格式。文档采用 *. docx 或 *. wps、pdf 两种格式，图纸采用 *.jpg 或 TIF 等格式，矢量数据为 shp、mdb、gdb、dwg 等格式。

思考题

1. 市县级国土空间总体规划如何对上位规划确定的指标细化落实？
2. 如何保障国土空间规划的实施？
3. 直辖市国土空间总体规划与省(自治区))国土空间规划有什么不同？
4. 乡镇国土空间总体规划如何对上位规划确定的指标细化落实？
5. 如何通过乡镇国土空间总体规划促进乡村振兴？
6. 乡镇类型如何划分？

第七章　详细规划

第一节　概述

一、详细规划类型与作用

（一）详细规划类型

根据2019年5月《中共中央 国务院关于建立国土空间规划体系并监督实施的若干意见》，在市县及以下编制详细规划。详细规划是对具体地块用途和开发建设强度等作出的实施性安排，是开展国土空间开发保护活动、实施国土空间用途管制、核发城乡建设项目规划许可、进行各项建设等的法定依据。

在城镇开发边界内的详细规划，由市县自然资源主管部门组织编制，报同级政府审批；在城镇开发边界外的乡村地区，以一个或几个行政村为单元，由乡镇政府组织编制"多规合一"的实用性村庄规划，作为详细规划，报上一级政府审批。

村庄规划是国土空间规划体系中城镇开发边界外乡村地区的详细规划，是整合原村庄规划、村庄建设规划、村土地利用规划、土地整治规划等形成的"多规合一"的法定规划。

本书详细规划指城镇地区的控制性详细规划和修建性详细规划，以及乡村地区的村庄规划。

（二）详细规划作用

国土空间规划体系中详细规划不同于以往的详细规划，应当具有新职能。在新的国土空间规划体系下，规划的法规体系、行政体系和运作体系都在剧烈地变革。详细规划的职能、内涵和管理机制都有必要进行适当的完善和改进，使之能够承担起建设全域、全要素的国土空间用途管制制度、实现城乡一张图精细化规划管理、提高空间环境品质、服务政府现代化规划治理等职能。

详细规划既要落实总体规划的管控内容，尤其是约束性和强制性的管控要求，包括生态红线、城镇开发边界等，又要体现政府事权（曹小曙 等，2021），详细规划编制需要尽可能地深化。控制性详细规划是国土规划主管部门作出规划行政许可、实施规划管理的依据。国有土地使用权的划拨、出让应当符合控制性详细规划。修建性详细规划的主要作用是对所在地块的建设提出具体的安排和设计。村庄规划是乡村地区开展国土空间开发保护活动、实施国土空间用途管制、核发乡村建设项目规划许可、进行各项建设等的依据。

二、详细规划存在的问题

参考赵广英和李晨（2019）在《城市规划学刊》发表的论文《国土空间规划体系下的详细规划技术改革思路》，分析详细规划存在的问题。

（一）缺乏对非建设空间的有效管理

随着环境保护、林业、海洋等领域的开发控制或许可制度的建立，管控要素也从城镇建设延伸至农田、林地、草原、水域、滩涂、海域等，这些制度与详细规划用途管制不同，全部针对一级土地开发控制权设置。然而，非建设空间并未纳入城乡规划许可，耕地、林地、草地、水域等空间许可制度也未对其进行具体化管控。

详细规划的研究重点集中在城镇建设空间的规划设计、管理制度、公众参与、法定化等；对于乡村地区的研究也集中在乡村建设空间的设计、管控、社会治理等方面；而对于非建设空间的详细规划管理则相对薄弱。在实施全域、全要素国土空间用途管控制度的背景下，生态空间、农业空间的规划管理将是国土空间规划体系建构中，加强规划积极治理的关键。

（二）制度化管理经验不足

从1987年开始，在国有土地使用权的出让制度中，规划条件一直以约束土地开发建设活动为特征，这是土地开发控制的外部性要求，也是控制性详细规划作为技术管理工具的要求。《城乡规划法》颁布后，控制性详细规划法定化，并且成为国有土地使用权转让的法定必要前置条件，逐渐成为地方政府进行规划许可的行政依据。

尽管各地不断探索控制性详细规划从管理工具到制度设计的创新和尝试，然而，从规划实践看，控制性详细规划依然比较关注技术方法，并未形成法定图则的制度管理逻辑，技术管理工具的特点未变。与新时期国土空间规划的控制、引导、监测、评估和预警等现代化规划治理的需要存在矛盾。

（三）规划管理权责边界模糊

当前，“一级政府，一级事权”的规划管理已深入人心，自然资源部门的组建基本解决了横向部门之间的规划管理重叠问题，但纵向的各级规划事权的界定仍然不很明确。同时，地方在规划管理中面临着市场主体不确定、城镇发展不均衡等诸多具体的问题，需要对规划进行适当的调整。这是由规划本身的技术属性决定的，不能通过“自上而下”的刚性管控得到解决。

此外，国家和省级政府在区域协调、空间要素统筹等方面仍具有巨大的规划管理责任，是确保发展权公平、扼守生态环境底线的管理主体，应在指标约束、结构控制和重要斑块的坐标方面进行严格的管控。新的国土空间规划体系下详细规划的全覆盖，必须研究各级政府的规划权责边界，确定规划管控要素，建立基于事权的规划管控体系。

（四）缺乏对空间品质的有效管理

生态文明建设背景下的城乡发展，已经从过去追求增长的规划建设，走向结构优化与空间增长并存，居民对空间环境品质的需求已经成为今后国土空间规划与建设的主要矛盾。而控制性详细规划则以图表控制为特点，主要关注的内容包括开发量、公共安全等基本需求，缺乏对环境品质的有效管理。诸如用地性质、开发强度、建筑密度、绿地率、公共服务设施等规定性指标，建筑高度、退线、间距等空间管理手段等，也更为关注空间的承载力、日照、消防、防灾安全等基础需求，往往不能有效地塑造空间品质和特色。

此外，在承载着最广大农民工作和生活的农业、林业空间，尚未进行必要的规划管控。因此，详细规划仍然缺乏提升城乡空间环境品质的具体技术路径。

三、详细规划的改革思路

详细规划的改革思路参考赵广英和李晨（2019）在《城市规划学刊》发表的论文《国土空间

规划体系下的详细规划技术改革思路》。国土空间规划体系下,详细规划需要适时改革。在国土空间规划体系建构过程中,详细规划改革思路的研究,对于建立完善的空间规划法规体系、行政和运作体系,融合各类空间性规划的管控要点,整合与各类土地用途管制制度的经验,形成"一张图"全域、全要素的国土空间用途管理平台和管制制度具有积极的参考价值。

(一)建立全域覆盖、开发和保护并重的规划技术体系

城镇空间,详细规划应从规划全覆盖到精细化管理转变。2008 年以来,多数城市已经实现了控制性详细规划在中心城区的全覆盖,初步解决了国有出让的管理依据问题。面对越来越多的规划调整、城市更新等问题,也需要对原有控制性详细规划进行优化,实施更为精细化的管理,确保规划管理的有效性,提高城市空间管理品质。

乡村空间,村庄规划应从规划管理到规划治理转变。多年的乡村经济发展经验表明,规划的管理、控制不能成为实现乡村振兴的根本动力,更不是乡村社会治理的主体,社会经济发展的阶段性和城镇化发展的阶段性是乡村走向萎缩的根源。乡村需要的是技术引导,是在底线约束下乡村社会的规划自治,这与"自上而下"的管控不同。因此,乡村的规划问题应落实到乡村社会的组织、人口回乡机制建设、资源要素的盘活等方面,需要转变原来的"规划管控"逻辑,实施"规划治理"。

非建设空间,应当从消极保护到积极治理转变。以往,规划对农业、生态空间等以非建设空间为主的区域,往往采取"消极"的规划保护模式。通过划定森林公园、自然保护区、风景名胜区、水源保护区、公益林区、基本农田等控制线,强化刚性的管理,一定程度上确保了生态资源底线的保护。同时,也严重地限制了该区域的发展。除少量工业型、商贸型、旅游型乡村外,绝大多数乡村仍属于农业型的,乡村经济的发展主要依赖于农作物的产出、都市农业或近郊现代服务业的经营收入。农业、生态空间等非建设空间是乡村经济的重要载体,是实现乡村振兴的重要途径。

因此,在全域、全要素国土空间用途管控的前提下,详细规划的全域覆盖,不应局限于原来的建设空间,而应逐步强化对非建设空间的规划治理。

(二)从技术平台向制度平台转变

从数据整合平台到规划管理和治理平台转变,随着网络技术、信息技术和智能化的发展,多数地方已具备平台化管理的条件,通过技术管理平台实现项目许可、规划审批已具备可操作性。国土空间规划体系下的"一张图",已经不是简单的数据整合的数据库问题,而是如何建立规划底图,搭建符合现代化规划治理平台的问题。应通过总体规划、详细规划两个层级的一张图信息化平台建设,建立基于规划事权的信息管理体系。

"总规""详规"一张图的规划技术框架。自 2004 年"三规合一"试点以来,无论是地方探索还是国家推动阶段,土地利用总体规划、城乡总体规划、主体功能区规划等多种规划类型,复杂、烦冗的技术标准体系和管控内容之间如何整合,达成共识比较困难,需要继续在规划实践中探索。再者,详细规划与总体规划层面的一张图在制图精度、技术深度等方面都有所区别,二者仍需要相互反馈,逐步趋向统一的过程。

(三)建立多级联动的规划管理体系

界定规划管理事权,建立多级联动的规划管理体系。在规划领域,需要进一步梳理"简政放权"和加强管控的"对立统一"关系。"简政放权"语境下的规划制度改革,应先做好管控要素甄别和选择,解决管什么、谁来管的问题。

理顺政府和市场在发展逻辑中的关系，由市场主导的内容，应充分发挥市场的调节作用，减少在规划管控体系中的干预。只对具有外部效应的管控要素进行管理，保障社会公平和公共利益。

理顺政府与社会的关系。将原来政府包揽的社会事务性质的规划事项，下放权力到基层或自治群体，减轻政府审批的负担，提高行政效率，激发基层组织参与规划的积极性。

理顺中央和地方各级政府的关系，厘清权责边界，调动地方主动性，释放地方活力，同时加强规划实施的监督和考核。

从纵向来看，国家、省、市、县、乡镇 5 级的政府规划管理体系已广为接受，村作为自治组织，村庄规划是法定规划体系的重要组成部分。在"简政放权"的过程中，对各级政府事权边界进行适当界定是必要的。

探索国家和省、市、县代理的权责体制，分别从指标、结构和坐标三个层次，结合现有的规划的管理体制。明确省级政府负责指标统筹，省域整体性布局；市(地)、县级政府具体划定各类控制线的结构、管理规则和原则布局，明确自然资源资产离任审计、考核等权责边界；乡、镇级政府具体确定地类(小类)边界和坐标。确立符合当前的规划管理习惯、权责一致、属地管理特点的规划治理体制，发挥地方政府的规划积极性。

自 2018 年开始，我国各级政府开展的行政机构改革，从管理体制上有效缓解了空间规划横向交叉管理的问题。自然资源部门与生态环境部门、住房和城乡建设、农业农村部门等部门之间，仍有部分的权责需要逐步的界定，规划内容交叉的问题还将存在。在详细规划阶段，需要整合各类空间性规划中的引导和控制要素，梳理出国土空间规划领域的导控指标、事项，具体明确各要素的管控实施主体。

第二节　城镇地区详细规划

本节城镇地区详细规划指的是城镇开发边界内的、由市县自然资源主管部门组织编制的详细规划，详细规划分为控制性详细规划和修建性详细规划。由于自然资源部尚未发布在新的国土空间规划体系下详细规划编制指南等规范，本节内容主要参考 2011 年住房和城乡建设部发布的《城市、镇控制性详细规划编制审批办法》和 2018 年发布的《城市规划编制办法实施细则》，结合国土空间规划体系新公布的相关指南、规范等适当修改。

一、控制性详细规划

(一)基础资料收集

上位规划对本规划地段的规划要求，相邻地段已批准的规划资料；土地利用现状、国土空间用地分类至三级类；人口分布现状；建筑物现状，包括房屋用途、产权、建筑面积、层数、建筑质量、保留建筑等；公共设施规模、分布；工程设施及管网现状；土地经济分析资料，包括地价等级、土地级差效益、有偿使用状况、开发方式等；所在城市及地区历史文化传统、建筑特色等资料。

(二)控制性详细规划的编制方法

1. 分层级明确管控要求

在城镇开发边界范围内结合行政区划、城镇功能等划分用地面积合理、相对稳定的控规单元。控规的编制主要根据城市、县、镇的国土空间总体规划要求,确定单元主导功能、总建筑面积及住宅建筑面积、公共服务配套设施、道路交通等市政基础设施和空间环境等控制要求。各地可结合实际,在控规单元内进一步细分单元、划分地块,编制地块开发细则(地块图则),进一步落实和细化规划指标和管控要求。在满足生活圈设施服务半径要求的基础上,地块的建筑面积、容积率、绿地面积、公共服务配套设施等规划指标可在控规单元内进行综合平衡。

2. 分类型明确编制重点

各地组织编制控规要区分增量地区、存量地区、历史保护地区等不同类型,并提出各类型的编制重点。发展意图暂不清晰的地块,可在控规中作留白处理。控规未覆盖的“三旧”(旧城镇、旧厂房、旧村庄)改造区域,纳入规划信息平台,作为规划许可的依据。

(三)控制性详细规划的编制内容

参照《城市、镇控制性详细规划编制审批办法(2011)》和广东省自然资源厅(2021)发布的《关于加强和改进控制性详细规划管理若干指导意见(暂行)》,控制性详细规划的基本内容包括功能控制、基本指标、“三公”设施、四线要求。具体内容如下:

(1)土地使用性质及其兼容性等用地功能控制要求;

(2)容积率、建筑高度、建筑密度、绿地率等用地指标;

(3)基础设施、公共服务设施、公共安全设施的用地规模、范围及具体控制要求,地下管线控制要求;

(4)基础设施用地的控制界线(黄线)、各类绿地范围的控制线(绿线)、历史文化街区和历史建筑的保护范围界线(紫线)、地表水体保护和控制的地域界线(蓝线)“四线”及控制要求。

控制性详细规划确定的各地块的主要用途、建筑密度、建筑高度、容积率、绿地率、基础设施和公共服务设施配套规定应当作为强制性内容。

(四)控制性详细规划成果要求

控制性详细规划成果包括法定文件、管理文件和技术文件,其中法定文件和管理文件可整合、统一为法定文件,是规定控制性详细规划强制性内容的文件和实施规划管理的操作依据。

技术文件是法定文件的编制基础,为控制性详细规划实施管理提供技术支撑。

技术文件包括规划文本,规划文本内容主要包括:总则(制定规划的依据和原则,主管部门和管理权限);土地使用和建筑规划管理通则;地块划分以及各地块的使用性质、规划控制原则、规划设计要点;各地块控制指标一览表。

其中,土地使用和建筑规划管理通则的内容如下:(1)各种使用性质用地和适建要求;(2)建筑间距的规定;(3)建筑物后退道路红线距离的规定;(4)相邻地段的建筑规定;(5)容积率奖励和补偿规定;(6)市政公用设施、交通设施的配置和管理要求;(7)有关名词解释;(8)其他有关通用的规定。

而各地块控制指标分为规定性和指导性两类。前者是必须遵照执行,后者是参照执行。

1. 规定性指标

(1)用地性质;(2)建筑密度(建筑基底总面积/地块面积);(3)建筑控制高度;(4)容积率(建筑总面积/地块面积);(5)绿地率(绿地总面积/地块面积);(6)交通出入口方位;(7)停车泊位及其他需要配置的公共设施。

2. 指导性指标

(1)人口容量(人/公顷);(2)建筑形式、体量、风格要求;(3)建筑色彩要求;(4)其他环境要求。

控制性详细规划图纸内容要求如下。

(1)位置图。图纸比例不限。

(2)用地现状图。图纸比例为 1∶1000～1∶2000,分类画出各类用地范围(分至小类),标绘建筑物现状、人口分布现状、市政公共设施现状,必要时可分别绘制。

(3)土地使用规划图。图纸比例同现状图,画出规划各类使用性质用地的范围。

(4)地块划分编号图。图纸比例为 1∶5000,标明地块划分界线及编号(与文本中控制指标相对应)。

(5)各地块控制性详细规划图。图纸比例为 1∶1000～1∶2000,标绘以下内容:

1)规划各地块的界线,标注主要指标;

2)规划保留建筑;

3)公共设施位置;

4)道路(包括主干道、次干道、支路)走向、线型、断面,主要控制点坐标、标高;

5)停车场和其他交通设施用地界线,必要时 4)和 5)两项可单独绘制;

6)各项工程管线规划图。画出各类工程管网的平面位置、管径、控制点坐标和标高。

(五)控制性详细规划的修改与调整

地级以上城市可依法依规界定控制性详细规划局部调整和技术修正的具体情形。控制性详细规划局部调整、技术修正应当以保障公共利益和人民群众高品质生活为前提,并且不得违反国土空间规划底线和生态环境、自然与历史文化遗产保护、城市安全等强制性要求,不得突破控规单元主导功能、住宅总建筑面积等控制指标。列入控制性详细规划局部调整情形的,原则上应限定在:经营性用地调整为公益性用地,公益性用地之间性质调整(对社会民生影响较大的邻避型、厌恶型设施除外,下同),工业、物流仓储用地之间性质调整,同一控规单元内公益性用地位置调整或置换,以及适当调整公益性用地使用强度,适当提高工业、物流仓储用地使用强度等情形。列入控制性详细规划技术修正情形的,原则上应限定在:因地形图、土地权属、建设现状等信息错漏需要更正,以及因道路交通、市政、水利等工程实施需对蓝线(总量不减少)、绿线(总量不减少)等规划控制线或地块边界进行微调等情形。

二、修建性详细规划

城市重点项目或重点地区的建设规划、居住区规划、城市公共活动中心的建筑群规划、旧城改造规划等均可看作是修建性详细规划。

(一)基础资料收集

修建性详细规划需要收集的基础资料,除控制性详细规划的基础资料之外,还应增加:控制性详细规划对本规划地段的要求;工程地质、水文地质等资料;各类建设工程造价等资料。

(二)修建性详细规划的编制内容

参照 2018 年颁布的《城市规划编制办法实施细则》,修建性详细规划的主要内容如下:

(1)建设条件分析及综合技术经济论证;

(2)建筑、道路和绿地等的空间布局和景观规划设计，布置总平面图；

(3)对住宅、医院、学校和托幼等建筑进行日照分析；

(4)根据交通影响分析，提出交通组织方案和设计；

(5)市政工程管线规划设计和管线综合；

(6)竖向规划设计；

(7)估算工程量、拆迁量和总造价，分析投资效益。

(三)修建性详细规划的成果

1. 规划说明书

(1)现状条件分析。(2)规划原则与总体构思。(3)用地布局。(4)空间组织和景观特色要求。(5)道路和绿地系统规划。(6)各项专业工程规划及管网综合。(7)竖向规划。(8)主要技术经济指标，一般应包括以下各项；总用地面积；总建筑面积；住宅建筑总面积，平均层数；容积率、建筑密度；住宅建筑容积率、建筑密度；绿地率。(9)工程量及投资估算。

2. 图纸

(1)规划地段位置图。标明规划地段在城市的位置以及周围地区的关系。

(2)规划地段现状图。图纸比例为 1∶500～1∶2000，标明自然地形地貌，道路、绿化、工程管线及各类用地和建筑的范围、性质、层数、质量等。

(3)规划总平面图。图纸比例为 1∶500～1∶2000，图上应标明规划建筑、绿地、道路、广场、停车场、河湖水面的位置和范围。

(4)道路交通规划图。图纸比例为 1∶500～1∶2000，图上应标明道路的红线位置、横断面，道路交叉点坐标、标高、停车场用地界线。

(5)竖向规划图。图纸比例为 1∶500～1∶2000，图上标明道路交叉点、变坡点控制高程，室外地坪规划标高。

(6)单项或综合工程管网规划图。图纸比例为 1∶500～1∶2000，图上应标明各类市政公用设施管线的平面位置、管径、主要控制点标高，以及有关设施和构筑物位置。

(7)表达规划设计意图的模型或鸟瞰图。

第三节　乡村地区村庄规划

2019 年 5 月自然资源部办公厅《关于加强村庄规划促进乡村振兴的通知》(自然资办发〔2019〕35 号)对村庄规划工作做了总体部署。为深入贯彻十九届五中全会精神，扎实推进乡村振兴战略实施，自然资源部办公厅在前一通知基础上，2020 年 12 月发布了《关于进一步做好村庄规划工作的意见》(自然资办发〔2020〕57 号)(自然资源部办公厅，2020b)。新的国土空间规划体系正在建立，尚无全国统一的村庄规划编制指南，而是由省级人民政府根据当地实际制定。本节内容主要参考江苏省自然资源厅 2020 年 8 月颁布的《江苏省村庄规划编制指南(试行)》。

一、村庄规划的演化与规划定位

我国的村庄规划可以追溯到 1979 年由建委和农委引导的农房建设工作。改革开放以来，随着不同发展阶段城乡关系和城乡之间资源配置取向的调整，以及国家“三农”政策的演变，村庄规划体系经历了雏形期、成长期和成熟期三个阶段。我国城乡关系由分割、统筹到融合发展的过程中，不同部门、不同地区针对乡村发展的实际需求，开展了不同形式、类型多样的村域尺度的规划实践，包括村庄建设规划、镇村布局规划、美丽乡村规划、村庄整治规划、村土地利用规划等（袁源 等，2020）。由于各个规划内容、深度、发挥作用等不同，这种“多规分立”的局面造成规划不一致、规划冲突的现象时有发生。

新时代国土空间规划体系中的村庄规划编制强调“多规合一”和“实用性”，既是推进国家空间规划体系改革的需要，也是构建社会治理新格局的需求。“多规合一”实现全域全要素空间统筹，共享振兴成果，发挥不同职能部门的合力。“实用性”强调了“谁来用、怎么用”的问题，站在实践角度，考虑作为管理者的规划主管部门，考虑作为制定者的乡镇和村委，考虑作为使用者的村民以及作为参与者的社会各方力量。

二、村庄规划主要任务

张京祥等（2020）将村庄规划的主要任务概括为“四部曲”，即明现状、谋发展；保底线、优布局；塑特色、提品质；筹资金、落行动。换句话说，村庄规划的任务概括为四个方面：明晰村庄现状、谋划村庄发展，也就是说要摸清家底、分析村庄现状与存在问题，找到规划目标任务。保障底线、优化布局，即要落实自上而下的管控要求，根据村庄发展需要优化村域空间布局，同时制定相应的空间用途管制规则等。塑造特色、提升品质，就是要开展乡村人居环境优化设计，根据村庄实际需要，确定规划内容深度，提升村庄人居品质。筹集资金、落实行动，就是要明确近期的实施项目和资金筹措机制，制定详细的行动计划。

三、村庄规划编制原则

（一）多规合一，助力乡村振兴

深入落实乡村振兴战略实施和推进城乡融合发展等相关要求，通盘考虑土地利用、产业发展、居民点布局、人居环境整治、生态保护和历史文化传承等，因地制宜、因村制宜编制“多规合一”的实用性村庄规划，统筹安排乡村地区各类空间和设施布局，做到“先规划后建设”，逐步实现全域管控。

（二）保护优先，节约集约利用

坚持“生态优先、绿色发展”，优先保护自然生态空间，落实耕地和永久基本农田、生态保护红线保护要求，明确底线管控要求。树立“存量规划”理念，加强国土空间综合整治，优化乡村建设用地布局，盘活农村零星分散的存量建设用地资源，逐步提高土地使用效率，着力增加耕地资源。

（三）按需编制，能用管用好用

根据国土空间综合整治、村庄建设等需要，聚焦重点，编制能用、管用、好用的实用性村庄规划。坚持有序推进，防止一哄而上、片面追求村庄规划快速全覆盖，防止过度追求规划内容全面但缺乏实用性。可按照急用先编的原则，分步编制、分步报批，先编制近期急需的规划内容，后期逐步完善，在村域内最终形成“一本规划、一张蓝图”。

（四）塑造特色，彰显乡村风貌

充分认识乡村地区在国土空间格局中的重要作用，深入挖掘并保护乡村自然山水环境和历史文化资源，传承和彰显乡村特有的农业景观、乡土文化、建筑风貌。村庄规划建设要顺应新时代农民群众生产、生活习惯和乡风文明建设的变化趋势，协调好与自然山水环境及原有村庄形态的关系,体现文化特色、时代特征和地域特点。

(五)开门编制,尊重农民意愿

综合应用各有关部门已有工作基础,强化村民主体和村党组织、村委会主导,充分尊重农民意愿,群策群力共同做好村庄规划编制工作。鼓励引导各类规划人才队伍驻村、驻镇进行服务,激励乡贤、能人参与规划编制,支持投资乡村建设的企业积极参与村庄规划工作。

四、村庄规划工作要求

(一)统筹城乡发展,有序推进城乡融合

在县、乡镇级国土空间规划中,统筹城镇和乡村发展,合理优化村庄布局。结合考虑县、乡镇级国土空间规划工作节奏,根据不同类型村庄发展需要,有序推进村庄规划编制。集聚提升类等建设需求量大的村庄优先编制,城郊融合类的村庄可纳入城镇控制性详细规划统筹编制,搬迁撤并类的村庄原则上不单独编制。避免脱离实际,不分类型,不分取舍,对全部村庄都编制规划。

(二)全域全要素编制村庄规划

以"第三次国土调查"的行政村界线为规划范围,对村域内全部国土空间要素作出规划安排。按照《国土空间调查、规划、用途管制用地用海分类指南(试行)》(自然资办发〔2020〕51号)和所在省制定的国土空间用地用海分类标准,细化现状调查和评估,统一底图底数,并根据差异化管理需要,合理确定村庄规划内容和深度。

(三)尊重自然地理格局,彰显乡村特色优势

在落实县、乡镇级国土空间总体规划确定的生态保护红线、永久基本农田基础上,不挖山、不填湖、不毁林,因地制宜划定历史文化保护线、地质灾害和洪涝灾害风险控制线等管控边界。以"第三次国土调查"为基础划好村庄建设边界,明确建筑高度等空间形态管控要求,保护历史文化和乡村风貌。

(四)精准落实最严格的耕地保护制度

村庄规划必须将上位规划确定的耕地保有量、永久基本农田指标细化,并且精准落实到图斑地块,确保图、数、实地相一致。

(五)统筹县域城镇和村庄规划建设,优化功能布局

工业布局要围绕县域经济发展,原则上安排在县、乡镇的产业园区;对利用本地资源、不侵占永久基本农田、不破坏自然环境和历史风貌的乡村旅游、农村电商、农产品分拣、冷链、初加工等农村产业业态可根据实际条件就近布局;严格落实"一户一宅",引导农村宅基地集中布局;强化县城综合服务能力,把乡镇建成服务农民的区域中心,统筹布局村基础设施、公益事业设施和公共设施,促进设施共建共享,提高资源利用节约集约水平。

(六)充分尊重村民意愿

村庄规划编制和实施要充分听取村民意见,反映村民诉求;规划批准后,组织编制机关应通过"上墙、上网"等多种方式及时公布并长期公开,方便村民了解和查询规划及管控要求。拟搬迁撤并的村庄,要合理把握规划实施节奏,充分尊重农民的意愿,不得强迫农民"进城"或者"上楼"。

（七）加强村庄规划实施监督和评估

村庄规划批准后，应及时纳入国土空间规划“一张图”实施监督信息系统，作为用地审批和核发乡村建设规划许可证的依据。不单独编制村庄规划的，可依据县、乡镇级国土空间规划的相关要求，进行用地审批和核发乡村建设规划许可证。村庄规划原则上以五年为周期开展实施评估，评估后确需调整的，按法定程序进行调整。上位规划调整的，村庄规划可按法定程序同步更新。在不突破约束性指标和管控底线的前提下，鼓励各地探索村庄规划动态维护机制。

五、村庄规划工作程序

（一）政府组织

村庄规划由乡镇人民政府（含其他乡镇级行政管理单元，下同）组织编制。乡镇人民政府应引导村党组织和村民委员会认真研究审议村庄规划，并动员组织村民积极参与。市县自然资源主管部门做好技术指导和相关指标分解下达，加强与农业农村、乡村振兴、发展改革、住房城乡建设、财政、文化教育等有关部门的工作协调，共同参与做好规划编制工作。具体编制工作应委托具有相应规划编制资质的单位承担。

（二）开门编制

规划编制技术人员驻村对村庄现状开展详细调查，在深入了解村民意愿的基础上，开展规划方案编制。要综合应用相关部门已有工作基础，充分吸收村民代表、本地乡贤能人及有关方面的意见和建议，做好全过程规划工作记录，保障规划成果质量。

（三）论证公示

规划成果由县级自然资源主管部门组织技术论证。在报送审批前，规划应在村内公示 10 日，并提交村民委员会审议和村民会议或村民代表会议讨论通过。

（四）规划审批

规划成果由乡镇人民政府报上一级人民政府审批。报送审批时应附村民委员会审议意见，村民会议或村民代表会议讨论通过的决议。历史文化名村、传统村落保护（发展）规划应在所在行政村的村庄规划中予以落实，并按有关规定程序报批。

（五）成果公开与报备

规划批准之日起 20 个工作日内，要形成规划公开成果，通过村内布告栏、乡镇人民政府和市县自然资源主管部门官方网站等多种形式“上墙、上网”公开。规划批准之日起 30 个工作日内，由县级及以上自然资源主管部门将规划报备材料汇交至省自然资源厅，叠加到国土空间规划“一张图”系统管理。

（六）规划实施与修改

规划成果经批准后，村民委员会要将规划主要内容纳入村规民约，方便村民掌握、接受和执行。各类国土空间开发利用活动要严格执行村庄规划，接受全体村民监督，任何单位和个人不得随意修改、违规变更。因村庄发展条件变化需修改村庄规划的，组织编制单位可向原村庄规划审批机关提出修改申请，经同意后参照上述程序要求开展规划修改。修改后的规划成果要及时报备，更新叠加到国土空间规划“一张图”系统管理。鼓励各地探索建立村庄规划动态更新机制。法律法规及规章等另有规定的，从其规定（参见图 7-1）。

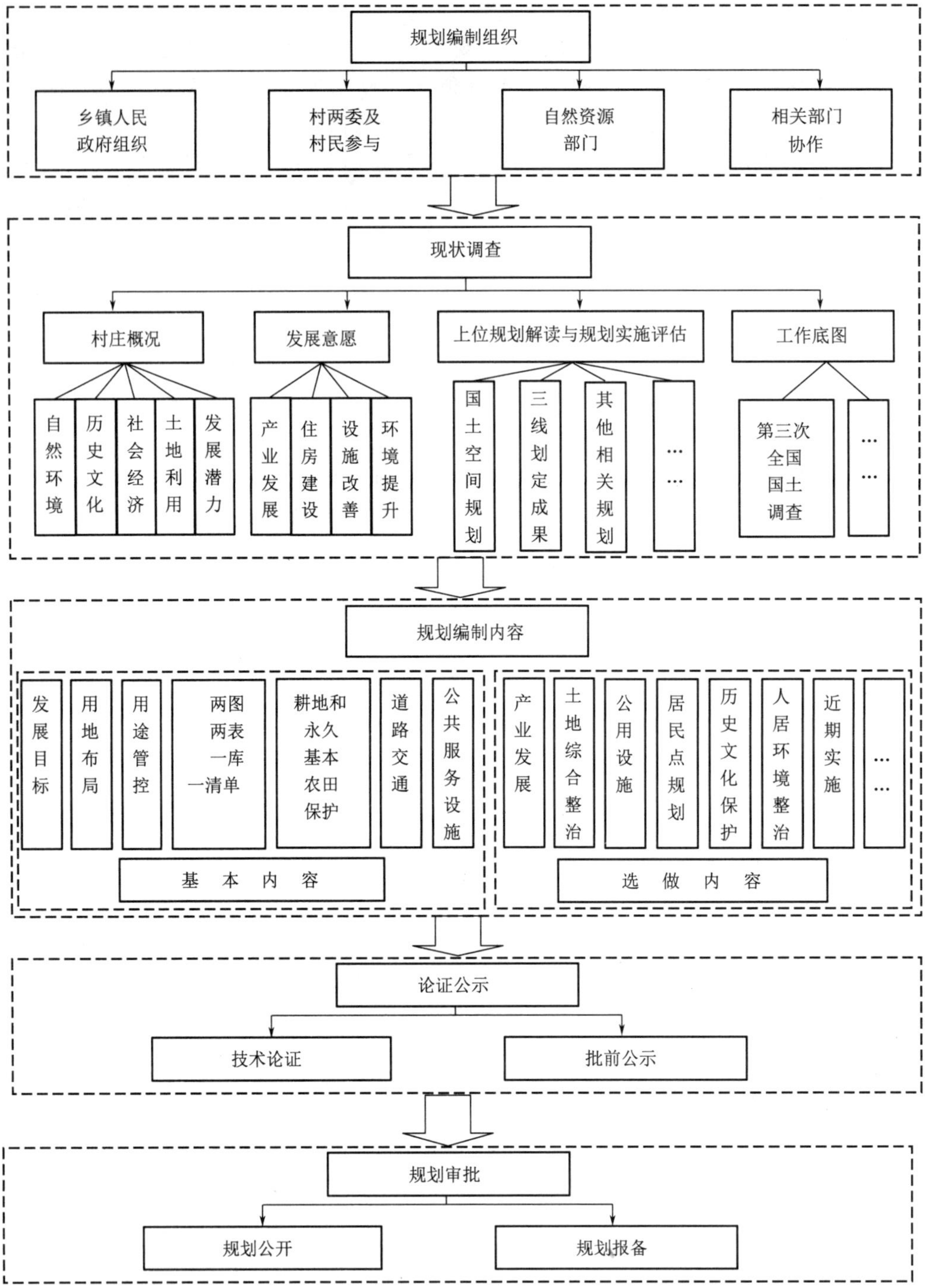

图 7-1　村庄规划编制流程(江苏省自然资源厅,2020)

六、村庄规划现状调查

(一)村庄基本情况

自然环境。自然环境调查包括地形地貌、地质、水文、气象、自然资源、生态环境等。

历史文化。包括历史沿革、历史遗存、传统风貌和文化特色等。历史文化名村和传统村落应按照有关要求开展详细调查。

社会经济。调查村庄经济社会基本情况,包括人口(户籍人口和常住人口)、户数、人口流动、可支配收入、集体收入、主导产业、社会治理状况等。

土地利用。调查土地利用现状及其存在的主要问题,包括耕地和永久基本农田、农村住宅用地、公共服务设施用地、市政公用设施用地、集体经营性建设用地及各类农林用地、生态用地等。

发展潜力。结合村庄区位、社会经济、土地利用、生态环境、历史文化等资源条件,分析并评价其在产业发展、国土空间综合整治等方面的综合潜力。

(二)发展意愿

通过入户走访、座谈、问卷等调查方式,深入了解乡镇人民政府、村两委和村民在产业发展、住房建设、设施改善、环境提升等方面的发展诉求或意愿。

(三)上位规划解读与规划实施评估

解读相关国民经济和社会发展规划、国土空间规划等上级规划和相关部门专项规划,明确生态保护红线、永久基本农田、城镇开发边界等约束性指标和强制性内容的落实要求,以及相关部门的规划建设需求。对现行村庄相关规划的实施情况进行分析评估,总结成效与不足,明确村庄规划需要解决的重点问题。

(四)工作底图

以第三次全国国土调查为基础,年度土地利用现状变更调查、农村建设用地调查数据为补充,统一采用 2000 国家大地坐标系和 1985 国家高程基准数据标准,形成比例尺不小于 1∶5000 的土地利用现状数据和工作底图。上级国土空间规划另有规定的,从其规定。有条件的地区宜采用 1∶2000 或更大比例尺的工作底图。

七、村庄规划编制内容

村庄规划编制主要内容,根据村庄特点和实际需求,因地制宜确定规划编制内容和深度。

(一)村庄总体布局规划

1. 发展目标

严格落实上级规划要求,遵循城镇化和乡村发展客观规律,按照村庄分类,合理预测村庄人口规模,制定村庄发展、国土空间开发保护等目标,落实生态保护红线、耕地保有量、永久基本农田保护面积、村庄建设用地规模等约束性指标及相关预期性指标。

人口规模预测,村庄人口统计包括户籍人口和常住人口,其中常住人口及其构成是各项公共服务配套的主要依据。人口预测应科学合理,符合人口迁移和产业发展等客观趋势。

建设用地规模,按照上级国土空间规划分解的约束性指标要求,合理确定村庄规划建设用地规模。优先盘活存量,合理确定流量,并符合县域流量指标总量控制要求。

其他指标,生态保护红线、耕地保有量、永久基本农田保护面积等约束性指标,要严格落实上级规划确定的指标分解要求。可根据村庄实际管理需要和上级规划要求,统筹制定人均村庄建设用地规模、建设用地机动指标、集体经营性建设用地规模等其他指标。新增宅基地户均用地标准应符合相关法律法规规定。各地还可结合农村土地制度改革试点、集体经营性建设用地入市、宅基地管理、国土空间综合整治、农民群众住房条件改善、农村人居环境整治等工作,按需增加相应指标和规划内容。

2. 用地布局规划

落实上位规划要求,在不改变上位规划约束性指标和强制性内容的前提下,根据村庄发展目标,按照“把每一寸土地都规划得清清楚楚”的要求,优化调整村域用地布局,明确各类土地规划用途(国土空间用途分类)。落实生态保护红线、永久基本农田、历史文化保护等各类控制线,根据需要适当细化居住用地、集体经营性用地(商业、工业和仓储等)、公共服务设施和公用设施用地、道路交通用地等建设用地,以及农林用地、自然保护与保留用地等的规划布局。加强建设用地的弹性和兼容性管理,合理确定用途分类的深度。

村庄规划编制中,应结合国土空间综合整治、城乡建设用地增减挂钩和工矿废弃地复垦利用等项目安排,将需逐步搬迁撤并的村庄建设用地,划入(村庄)建设控制区,在村域用地布局中明确,合理确定范围、规模和规划用途。上位规划已划定(村庄)建设控制区的,村庄规划可在符合上位规划确定的约束性指标前提下,对(村庄)建设控制区进行优化调整。

上位规划确定的交通、基础设施及其他线性工程,军事及安全保密、殡葬、综合防灾减灾、战略储备等特殊建设项目,郊野公园、风景游览设施的配套服务设施,直接为乡村振兴战略服务的建设项目,以及其他必要的服务设施和民生保障项目等,应在村庄规划中进一步落实具体的规模和边界。暂时不能落地的,可采取“点位预控”的方法,提出意向性的位置或控制范围,并纳入项目清单管理,符合条件的也可按照“留白管控”或“机动指标管控”方式进行处理。

3. 国土空间用途管控

落实上位国土空间规划和用途管制要求,按照“农业空间规模高效、生态空间山清水秀、建设空间宜居适度”的总体原则,以用地布局规划内容为基础,依据相关法律法规及规定,确定农业空间、生态空间和建设空间相应的国土空间用途管控要求,引导各类土地合理保护和开发利用。用途管控要求可根据相关法律法规制定,也可由各地自然资源主管部门统筹制定并公布,作为辖区内所有村庄规划共同遵守的用途管制通则。

(1)农业空间管控

农业空间原则上包括耕地、园地、林地、牧草地、其他农用地(含设施农用地、农村道路、田坎、坑塘水面、沟渠)等农林用地。农业空间主要包括永久基本农田、一般农业空间。

永久基本农田指上级国土空间规划已划定的永久基本农田保护地块(图斑),严格执行永久基本农田相关管理规定。

一般农业空间是指永久基本农田以外的耕地、园地、林地、牧草地、其他农用地(包括设施农用地、农村道路、田坎、坑塘水面、沟渠等)。有需要的,一般农业空间还可细分为一般农地和林业用地。

一般农业空间内的各类土地使用,应符合现行农用地、林业用地等对应土地用途管制的相关规定,严格控制各类开发活动占用、破坏。

(2)生态空间管控

生态空间原则上包括湿地、陆地水域、其他自然保留地等自然保护与保留用地,以及其他需要加强生态功能管控的区域。有需要的,生态空间可细分为生态保护红线和一般生态功能区。生态保护红线范围内严格执行生态保护红线的相关管理规定。一般生态功能区是指生态保护红线范围外,具有生态保育功能的区域。一般生态功能区内各类土地使用,应符合对应土地用途管制相关规定。

(3)建设空间管控

建设空间指一定时期内因乡村发展需要,可以进行开发建设的区域,主要包括农村居住、公共服务和公用设施、工业仓储、道路交通等建设用地类型。涉及城镇开发边界的，村庄规划要严格落实边界划定成果，不得随意修改。

建设空间管控总体要求：

按照自然村庄分类，以及上位规划确定的相关管控要求，提出相应的建设用地管控要求。严格控制村庄建设用地规模，避免出现“人减地增”等情况。

集聚提升类村庄、特色保护类村庄和城郊融合类村庄属于规划发展村庄，是乡村地区经济社会发展和人口集聚的主要空间载体，可在不突破村庄（行政村）建设用地规模的前提下，允许优化自然村建设用地布局、新建翻建农房以支撑村庄发展需求。

集聚提升类村庄可结合农民建房和提升公共服务等需求，规划新建住宅、集体经营性建设用地、公共服务和公用设施等用地，但应注意集聚规模适度；特色保护类村庄可按照风貌保护和特色塑造等需求，妥善安排各类配套设施、景观绿化等用地；城郊融合类村庄可结合城乡关系、自身产业发展和农民建房需求，合理确定自然村建设用地布局优化方案。

搬迁撤并类村庄作为实施国土空间综合整治、城乡建设用地增减挂钩和工矿废弃地复垦利用等工作的区域，原则上应划入（村庄）建设控制区进行管理，未来应逐步有序拆迁复垦。近期暂时不能拆迁复垦的，应严格控制自然村现状用地规模与范围，并保障其日常所需的水、电、环境卫生等基本生活服务需求。

其他一般村庄原则上不允许新增自然村建设用地规模，待分类明确后再按照上述对应村庄分类进行规划管控。

用地管控：

村庄建设用地应明确居住用地、集体经营性建设用地（商业、工业、仓储等）、主要公共服务和公用设施等用地布局和必要的指标管控要求，作为用地审批和规划许可的依据。

居住用地，重点明确居住用地规模和布局，合理保障农民建房需求，因地制宜制定新增宅基地户均用地标准、建筑高度、建筑层数等相关控制指标和建筑风貌、农房布局等规划引导要求，严格执行“一户一宅”。新建农房要优先利用规划发展村庄内的空闲地、闲置宅基地等现状建设用地。

集体经营性建设用地，统筹安排商业、工业和仓储等集体经营性建设用地规划布局，优先做好存量集体经营性建设用地规划安排，严格控制新增集体经营性建设用地规模。有需要的，可增加规划管控图则，明确集体经营性建设用地性质、位置、边界、容积率和建筑高度等开发控制指标，为集体经营性建设用地入市做好规划保障。允许在保证耕地保有量不减少、建设用地规模不增加的前提下，按照节约集约的原则，采取布局调整等方式合理利用存量集体经营性建设用地。集体经营性建设用地规划内容应符合产业政策和环保、安全等要求，优先用于农村一二三产业融合发展项目，不得用于商品住宅类开发建设。

公共服务和公用设施用地，公共服务和公用设施要根据实际管理需要明确具体位置，鼓励各类设施共建共享、复合利用。有条件的可细化提出用地边界、建设规模、建筑高度、安全防护等相关规划管控要求。

弹性管控：

为适度提高村庄规划管理的灵活性，在符合约束性指标的前提下，村庄规划可采取“留白”管控、“点位”预控、机动指标管控等弹性管控方式，引导各类土地高效利用和设施合理布局。

“留白”管控。对规划期内确定使用，但暂时无法明确具体规划用途的建设用地，可采取“留白”方式处理，暂不确定具体规划用地性质（图上表达为“留白用地”），为未来的布局优化、项目落地预留空间。后续使用“留白”用地,应符合国家和省相关规定要求。

“点位”预控。对暂时无法明确具体地块及规模边界的项目,可在用地规划图中采用“点位”预制的方法,表达项目的类别和意向性位置,并纳入项目清单管理,后续可根据项目建设需要再确定具体边界、规模和相应的规划管控要求。

机动指标管控。在不突破规划建设用地规模、不占用永久基本农田和生态保护红线的前提下,村庄规划中可预留一定比例的建设用地机动指标(不超过5%),用于农村公共公益设施和零星分散的一二三产融合发展项目使用。机动指标实行台账方式管理,可不落地上图(不在规划图中表达为具体地块),但应在规划指标表中体现,未来可在不占用永久基本农田和生态保护红线,并符合相关用途管制要求的前提下,在村域内灵活使用(原则上向规划发展村庄倾斜)。建设项目规划审批时落地机动指标、明确规划用地性质,项目批准后更新数据库并纳入国土空间规划“一张图”系统。

4. 耕地和永久基本农田保护

落实永久基本农田划定成果,落实耕地保护任务和补充任务,守好耕地红线,明确永久基本农田地块(图斑)范围、保护要求和管控措施。统筹安排各类农业发展空间,推动智慧农业、生态农业、高效农业发展。可根据需要完善设施农用地和农田水利配套设施规划布局,保障设施农业和农业产业园合理发展空间,促进农业转型升级。

5. 国土空间综合整治和生态修复

落实生态保护红线和自然保护地划定成果,优化村庄水系、林网、绿道等生态空间布局,加强植树绿化,并按照“慎砍树、禁挖山、不填湖”的原则,尽可能多地保留乡村原有地貌、自然形态等,系统保护好乡村自然风光和田园景观。

落实上位规划确定的国土空间综合整治和生态修复目标与项目安排,结合耕地和永久基本农田保护、生态保护修复、农村人居环境整治、乡村景观建设等工作,进一步明确各类项目的具体任务、实施范围和实施时序。

有需要的,可在编制村庄规划时同步编制国土空间(全域)综合整治方案,统筹考虑农用地整治、建设用地整治、生态保护修复等规划内容和项目安排,将整治任务、指标和布局要求落实到具体地块。经国土空间综合整治产生的土地资源,优先作为耕地使用,鼓励按照永久基本农田标准进行建设,经验收后纳入永久基本农田储备区进行管理。鼓励按照高标准农田建设的要求,对田、水、路、林、村空间形态进行控制,对零散耕地和拟复垦地块进行土地整治,对田块的大小和方向提出设定,对农田水利、田间骨干工程和主要配套设施的平面布置作出规划,形成规模连片、田块适度、排灌有序、设施完整的耕地和永久基本农田系统,适应规模经营和现代农业生产需要。用地布局涉及永久基本农田调整的,按照相关法律法规及政策执行。

整治验收后腾退的建设用地指标,在保障所在乡镇农民安置、农村基础设施建设、公益事业等用地的前提下,重点用于农村一二三产业融合发展项目。节余的建设用地指标按照城乡建设用地增减挂钩政策,可在省域范围内流转。

6. 产业空间引导

落实“粮食生产功能区和重要农产品生产保护区”划定成果,统筹安排农、林、牧、副、渔等农业发展空间,促进村庄产业发展与用地布局相衔接。落实农村产业发展相关政策要求,梳理村庄现状产业发展优势和特色,加强产业发展策划研究,明确主导产业发展方向,因地制宜发展优势特色产业。合理保障农村新产业新业态发展用地,根据需要明确各类产业用地规划用途、开发强度等要求,鼓励农业生产和村庄建设等土地的复合利用。城郊融合类村庄和特色保护类村庄，要加强乡村旅游和特色产业发展研究。

优化村庄工业用地布局，引导乡村地区工业企业逐步向城镇产业空间集聚。除少量必需的农产品生产加工及脱贫攻坚项目外，一般不在乡村地区安排新增工业用地。盘活利用好村庄存量商业、工业和仓储等集体经营性建设用地，合理确定土地规划用途。

（二）村庄配套设施规划

1. 公共服务设施规划

落实上位规划和相关公共服务设施配置要求，按照“基本公共服务均等化供给、设施分类差别化布局”的原则，统筹考虑行政村管辖范围、自然村庄分类、人口规模、设施服务能力和村民实际需求等因素，合理确定必要的公共服务设施规划建设内容和要求。

新增公共服务设施优先配置在规划发展村庄，以引导留村农民向规划发展村庄集聚和适度集中居住。搬迁撤并类村庄和其他一般村庄要维持其日常所需的基本生活服务需求，保证基本公共服务能够覆盖。

鼓励各类设施共建共享，提高使用效率，降低建设成本，避免重复建设和浪费。靠近城镇的村庄，可根据与城区、镇区距离的远近，优化调整公共服务设施配置内容和标准。

2. 道路交通规划

道路网布局。落实上级规划确定的各类道路交通设施安排，做好用地预留和布局衔接。根据需要因地制宜制定与过境公路的连接道路，以及村道规划方案，细化路网布局，明确村域内各类道路等级、走向和用地安排。

道路等级。根据村庄的不同规模和集聚程度，选择相应的道路等级与建设标准。规模较大的村庄可按照干路、支路和宅前路进行分级设置，规模较小、用地紧张的村庄可因地制宜确定道路等级与建设标准。属于农村公路的，应当符合并落实农村公路规划相关要求和建设标准。

道路红线与断面。有需要的，可细化明确各类道路红线宽度和断面形式，提出道路沿线廊道控制、建筑物退距、绿化景观等管控要求。

停车场地。综合考虑农村实际需要，结合村庄出入口、公共广场、住宅组团等，因地制宜规划布局停车场地。停车场地布局可根据地形地貌、村民需求、村庄形态特征等，采用相对集中或分散布局相结合的方式，合理利用存量建设用地，体现绿色生态、节约集约的原则。

有特殊功能（如乡村旅游）的村庄，要考虑停车安全和减少对村民的干扰，可在村口、公共活动中心等附近集中布局一定规模的停车场，也可因地制宜设置用地复合的季节性停车场。

3. 公用设施规划

落实上位规划和相关公用设施建设要求，根据需要明确必要的村庄供水、排水、供电、通信、燃气、环卫等市政公用设施规划建设要求，加强相关用地的规划保障落实，并合理确定规划内容和深度。

4. 防灾减灾规划

落实上位规划和防灾减灾工作要求，根据需要明确必要的村庄消防、防洪排涝、地质灾害防治、抗震、森林防火等防灾减灾设施规划建设要求，加强相关用地的规划保障落实，并合理确定规划内容和深度。

有需要的村庄，要根据地质灾害防御、防洪泄洪、森林防火等上位规划确定的防灾减灾工作要求，明确灾害影响范围和安全防护范围，提出综合防灾减灾的规划目标和应对各类灾害危害的对策措施。

(三)居民点规划

1. 农村居民点规划设计

近期有建设需求的自然村庄(主要指集聚提升类村庄、特色保护类村庄和城郊融合类村庄等规划发展村庄),可参照相关标准的要求,在符合村域用地布局规划和用途管控要求的基础上,编制农村居民点规划设计方案,并结合村庄规划管理和核发规划许可等实际需要,合理确定规划编制内容深度和表达形式。

(1)总平面布局

农村居民点总平面布局要遵循顺应地形、显山露水、突出地方特色、适度集中布局的原则,统筹考虑宅基地、菜地、绿化用地等的布置,满足农民生产生活需要,符合农村生活习惯,人口集聚规模合理,避免把城市居住小区的布局方式简单复制到农村。宅基地优化调整和建筑院落布局应结合地形采用多样化的组合方式,避免形成行列式、兵营式的僵化布局。鼓励在原有村庄(居民点)形态基础上进行规划建设,延续村落和街巷的传统空间格局,保护乡土文化和乡村风貌。

顺应新时代农民群众生产、生活习惯和乡风文明建设的变化趋势,加强新建农村居民点的规划设计和特色塑造,建设与自然山水和谐共生,具有鲜明文化特色、时代特征和地域特点的新型农村社区。要合理确定村庄建设规模,新建和改建建筑空间布局要与自然环境及传统村庄格局相协调,注重挖掘、传承、彰显地域建筑文化特色,避免"千村一面"。

(2)建筑风貌引导

农房住宅设计应充分考虑本地建筑特色、农村生产和生活习惯,遵循"绿色、经济、适用、美观"的原则,满足相关建筑设计规范和抗震设防等要求,具有地域特点、乡土特色、时代特征。严格按照"一户一宅"的要求,参照所在省的土地管理条例,因地制宜确定新增宅基地户均用地标准和相关建设控制指标,从严控制农房建筑体量,建筑层数一般不超过3层。统一规划建设的村民住宅点(区),应制订详细规划设计方案。

公共建筑宜集中布置在位置适中、内外联系方便的地段,对外服务的商业、餐饮和市场等设施宜设置在村庄出入口附近或对外交通便利的地段。公共建筑设计应符合相关规范标准要求,注重功能复合,适应农民群众生产生活习惯,其建筑空间组合、建筑体量、建筑风貌、色彩材质等应与周边环境相互协调、相得益彰。

(3)乡村景观设计

整体风貌。挖掘和提炼村庄自然、人文要素符号及乡土建筑特色,兼顾村民实用和现代审美的需要,确定村庄整体风貌特征。

公共空间与重要节点。充分挖掘乡村地区的传统文化和乡风民俗特色,综合考虑村民使用和产业发展需求,对滨水空间、宅旁空间、村庄入口、活动广场等公共空间进行详细规划设计,布置路灯与指示牌等便民设施,引入自然材质、乡土铺装、传统元素或特色小品,展示和利用村庄乡土文化和传统特色,形成标志性景观,彰显村庄魅力。

绿化景观。尊重原有地形地貌、自然格局和乡风民俗,对农田、水系、道路、林地、特色植被等自然景观和生态要素进行规划设计,突显原生态自然风貌和乡土景观特色,营造有利于形成村庄特色的景观环境。

绿化景观材料应自然、简朴、经济,以本地品种、乡土材料为主,使用具有地方特色、自然生态的景观营造手法,与乡村景观风貌和环境氛围相协调。

(4)设施配套安排

明确农村居民点必要的交通、供水、排水、电力、通信、燃气、环卫等市政公用设施和防灾减灾设施规划建设内容和项目安排。

2. 历史文化保护特色风貌引导

重视地域文化和乡土文化的挖掘,落实并划定需要进行保护的各类历史文化保护线,提出历史环境整体保护措施,保护好历史遗存的真实载体。涉及文物保护单位、历史建筑等的,要列出详细清单,明确保护范围和必要的保护措施要求。加强乡村田园风貌、水系格局、建筑特色、村庄形态、绿化景观等风貌塑造和引导,保护好村庄的特色风貌,防止大拆大建,做到应保尽保,留住乡愁记忆。

特色保护类村庄还要明确特色资源保护内容、范围和要求,提出特色塑造措施。历史文化名村、传统村落所在行政村的村庄规划,应当增设专门篇章,按照相关要求编制历史文化保护规划内容。

有条件的市县,可结合市县国土空间总体规划编制等工作,明确市县域乡村特色风貌规划指引,作为农村居民点规划设计与农房建设的依据和参考。

3. 农村人居环境整治

近期有农村人居环境整治需求的村庄,可按照相关要求,结合村庄人居环境现状基础和自然村庄分类,制定村庄人居环境整治规划方案,因地制宜明确农村生活垃圾处理、厕所粪污处理、生活污水处理、农业废弃物处理、村庄道路改善、绿化景观塑造、村容村貌提升等方面的措施和要求。涉及用地布局和项目建设的,应符合村庄用地布局规划和国土空间用途管控的要求。

其中,规划发展村庄要按照“美丽宜居村庄”的相关标准要求进行整治提升,强化公共资源配置和建设,吸引周边农民适度集中居住。搬迁撤并类村庄和其他一般村庄要在维持村民基本生产生活水平的基础上,合理确定村庄环境整治的目标和措施,积极引导村民进城入镇和向规划发展村庄集中集聚。

(四)近期规划

有需要的村庄,可根据规划确定的目标任务,综合考虑人力、财力、村民需求和实施可操作性等各方面实际情况,统筹运用好促进村庄规划实施的相关政策工具,提出近期推进的农房建设、国土空间综合整治和生态修复、人居环境整治、产业发展、公共服务和公用设施建设等项目安排,形成近期(3～5年)实施计划及项目库。

八、村庄规划成果

1. 成果内容

村庄规划成果内容分为基本内容和选做内容,现实中各地村庄规模存在很大差异,发展水平参差不齐,因此各地村庄应因地制宜确定编制的内容和深度。

(1)基本内容,包括现状分析、发展目标、用地布局规划、国土空间用途管控、公共服务设施、道路交通、耕地和永久基本农田保护等规划内容。

(2)选做内容,在基本内容的基础上,结合村庄发展实际需要,参照前文第七部分“村庄规划编制内容”合理选择规划编制内容和深度。后续如因村庄发展和管理需要细化或增加的规划编制内容,应符合上位规划和村庄规划基本内容的要求,按照相关程序审批通过后,可作为村庄规划的组成部分。

2. 成果要求

规划成果原则上应包含规划文本、图件、数据库以及必要的附件。规划成果应方便基层管理使用,也要便于村民理解接受和监督实施。鼓励以前图后则、图文并茂等形式,形成简明扼要、通俗易懂的规划成果。

(1)规划文本

规划文本是村庄规划重要成果,文本内容包括规划总则、规划内容、附表等。附表包括规划指标表、村庄分类一览表、土地用途结构调整表、设施配套一览表、近期实施项目库等。

(2)规划图件

规划图件应至少包括土地利用现状图和土地利用规划图。

土地利用现状图,按国土空间用途分类标准,表达村域内现状各类用地的分布情况,以及主要道路、河流、自然村名、相邻关系、公共服务设施和市政公用设施位置等要素信息。现状图地类应可适当细化表达。

土地利用规划图,按国土空间用途分类标准,表达村域各类土地主要规划用途,以及相关控制线和设施的分布情况。重点表达居住用地、集体经营性建设用地、公共服务和公用设施用地、道路交通等用地和永久基本农田、生态保护红线等控制线。规划图的地类表达深度应根据实际管理需要确定。

选做图件,可结合村庄规划管理实际需要和编制内容深度,适当增加相关选做图件(参见表 7-1),重视图纸美化表达,突出规划管控内容。涉及国土空间综合整治和生态修复、历史文化保护、耕地和永久基本农田保护等的相关专业图纸,应当符合相应的制图规范要求。

表 7-1 村庄规划选做图件(江苏省自然资源厅,2020)

<table>
<tr><th>图名</th><th>备注</th></tr>
<tr><td>空间结构规划图</td><td>—</td></tr>
<tr><td>道路交通规划图</td><td>—</td></tr>
<tr><td>耕地和永久基本农田保护规划图</td><td>—</td></tr>
<tr><td>国土空间综合整治和生态修复规划图</td><td>—</td></tr>
<tr><td>历史文化保护规划图</td><td>历史文化名村、传统村落按相关要求绘制</td></tr>
<tr><td>公共服务与公用设施规划图</td><td>—</td></tr>
<tr><td>特色风貌引导示意图</td><td>—</td></tr>
<tr><td>规划管控图则</td><td>主要说明集体经营性建设用地等的规划管控指标和要求</td></tr>
<tr><td>农村居民点平面布局图</td><td rowspan="6">编制农村居民点规划设计内容的,应按相关要求绘制,
规划深度应能够指导具体规划许可和项目建设</td></tr>
<tr><td>农村居民点效果示意图</td></tr>
<tr><td>农房设计引导(推荐)图</td></tr>
<tr><td>景观环境设计图</td></tr>
<tr><td>配套设施规划图</td></tr>
<tr><td>防灾减灾规划图</td></tr>
<tr><td>近期实施项目图</td><td>—</td></tr>
</table>

(3)规划数据库

规划数据库是规划成果数据的电子形式,包括规划图件(至少应包括土地利用现状图和土地利用规划图)的栅格数据和矢量数据、规划表格(至少应包括规划指标表和土地用途结构调整表)等。规划数据库内容应与纸质规划成果内容一致。村庄规划数据库建库标准按照国土空间规划相关数据库建库标准执行。

(4)附件

对规划文本和图件进行必要的补充说明,必须包括村委会审议意见和村民会议或村民代表会议讨论通过的决议、专家论证意见、规划公示及相关意见采纳情况说明。

3. 成果公开

村庄规划批复后,要形成规划公开成果向村民进行公布。规划公开成果应包括土地利用规划图、用途管制规则或要求,以及必要的规划示意图等内容。规划公开成果应简明易懂、方便村民理解和使用。

九、村庄规划成果报备要求

(一)报备材料

向省自然资源厅报备的材料包括以下内容(含纸质文件和电子文件,内容应保持一致)。

(1)规划成果,包括“两图、两表、一库、一清单”。其中,“两图”包括村域土地利用现状图和规划图,应为 jpg 格式,A3 大小,像素不低于 300dpi;“两表”包括规划指标表和土地用途结构调整表;“一库”指规划数据库;“一清单”指规划项目清单。

(2)规划批复文件。

(3)县级及以上自然资源主管部门报备请示文件。

其他规划成果和审批过程性文件应留存备查,无需提交。

(二)报备程序

(1)县级及以上自然资源主管部门按照上述要求,将报备材料上报省自然资源厅。

(2)省自然资源厅对报备材料进行核查后,叠加到国土空间规划“一张图”系统。

(三)其他

设区的城市自然资源主管部门要加强对所辖县(市、区)村庄规划工作的业务指导,做好村庄规划与上级国土空间规划的符合性审查。各地要将依法批准和省级报备通过的村庄规划,纳入本地国土空间规划“一张图”系统,具体入库规定由各地结合省有关要求自行制定。

思考题

1. 城镇地区详细规划与农村地区村庄规划的区别有哪些?
2. 如何通过村庄规划促进乡村振兴?
3. 村庄规划的成果包括哪些?
4. 村庄规划编制时调查哪些基本情况?

第八章　专项规划

专项规划类型较多，本章主要选取自然保护地规划、生态修复规划和文化遗产保护规划阐述专项规划的编制。

第一节　概述

一、专项规划的定位要求

本部分内容主要参考王昆等(2020)在《中国土地》发表的文章《规划体系改革中专项规划的编制思路》，该文对专项规划的定位要求进行了论证。

(一)专项规划是国土空间规划体系的重要支撑

相关专项规划是指在特定区域(流域)、特定领域，为体现特定功能，对空间开发保护利用作出的专门安排，是涉及空间利用的专项规划。国土空间总体规划是相关专项规划的基础，相关专项规划要相互协同，并与详细规划做好衔接。

海岸带、自然保护地等专项规划，由所在区域或上一级自然资源主管部门牵头组织编制，报同级政府审批；涉及空间利用的某一领域专项规划，如交通、能源、水利、农业、信息、市政等基础设施，公共服务设施，军事设施，以及生态环境保护、文物保护、林业草原等专项规划，由相关主管部门组织编制。相关专项规划一般在国家、省和市县层级编制，不同层级、不同地区的专项规划可结合实际选择编制的类型和精度。

(二)专项规划是落实“多规协同”的重要途径

将主体功能区规划、土地利用规划、城乡规划等融合为统一的国土空间规划，在空间类规划上实现了多规合一。专项规划由相关部门主导编制，体现的是部门权威。在国土空间总体规划之下，明晰专项规划体系类别，明确与总体规划的衔接关系，按照总体规划的统一要求编制专项规划，对于促进“多规协同”、真正实现“多规合一”具有重要意义。同时，专项规划的专业性差异和部门化特征，迫切需要明确统一的实施办法和技术标准，在保持专项规划与总体规划一致性的基础上，进一步融合各类专项规划，衔接好详细规划，纳入国土空间规划“一张图”，真正降低规划协调成本，形成规划合力。

(三)专项规划是优化资源要素配置的重要工具

在市场经济中，政府虽然不是资源配置的主体，但是可通过某一类专项规划引导资源向国家战略指明的方向配置。例如：基础设施短缺时，通过编制基础设施专项规划，引导资源向基础设施领域配置；对于需要提供公共产品的公益性领域，同样也需要政府主导编制专项规划加以配置。此外，专项规划应发挥专业性优势，重点研究所涉特定领域的发展趋势和分布规律，提早预留空间，制定完善政策，为市场指明方向。

二、科学把握专项规划与其他规划的关系

本部内容参考栾景亮和陈猛(2020)在《北京规划建设》上发表的文章《国土空间专项规划编制审查实践的若干思考——以北京市七项公共服务设施专项规划相关工作为例》。该文主要对公共服务设施专项规划与其他规划的关系等问题进行了论述。

(一)两类专项规划的关系

在政府政策制定和行政管理的实践中,专项规划较为常见的有两种:一种是自然资源主管部门负责牵头、相关行业主管部门参与的专项规划,该类专项规划属于国土空间规划体系;另一种是发展改革部门牵头开展的国民经济和社会发展规划体系中的专项规划。名称相同、主题相似、内容相近、编制过程中的相互借鉴,但需要明晰两者的区别与联系。两者都是政府进行中长期引导管理的政策工具,是政府及相关部门主动提前应对发展变化乃至发展的不确定性所进行的全面研判、主动谋划和积极应对。专业领域的特点和工作切入点的不同,再叠加现代行政管理复杂性和操作实施的现实需要,才逐渐演化形成不同部门分工负责、具备不同特点和要求的两类专项规划编制体系。

从两类专项规划的实际看,差别主要体现在编制背景、规划期限、内容重点等方面。国民经济和社会发展规划体系中的专项规划一般随着国民经济和社会发展规划编制而同步编制,不同专业领域由不同专业行业主管部门牵头编制,规划期限为五年,一般涉及未来五年的发展目标、工作任务、重要项目安排、工作举措和政策需求,涉及社会经济发展的全部要素。

国土空间规划体系中专项规划可以随着总体规划编制而同步编制,也可在总体规划之后编制,落实总体规划,或者根据专业主管部门的特定需要而适时组织编制,规划期限一般与对应层级的总体规划相一致,为 15～20 年,立足可预见的政策条件、现行标准和其他潜在影响因素,做出前瞻性的系统空间安排,重点在用地和空间特色,并依照远期目标统筹做好近期的用地和空间资源管控。同时,作为中长期规划,不能简单将国土空间专项规划提出的所有目标指标当作一个时间节点目标、实施建设目标,而应更多地看成一个方向性目标、引导性目标,是从空间规划视角应对城乡社会和人口发展变化不确定性、协调近远期发展的政策工具。

总体而言,两类专项规划既围绕特定领域的特定目标,又互有侧重、互为补充、相互支撑、互为牵引,做到了较好的衔接。

(二)专项规划与详细规划的衔接

专项规划的技术性、编制时间灵活性和实践性,使得专项规划编制成为应对各类现实工作需求、增强国土空间规划弹性和适应性的重要政策手段。可以根据工作需求,确定编制深度,以达到或者接近详细规划深度为宜,从而有利于专项规划的实施。

现实实践中对专项规划编制深度和精度有不同的认识,一些行业主管部门从优先保障相关公共设施用地、促进规划尽快落地的角度,希望将专项规划涉及的相关内容直接编制到详细规划的深度和精度,不仅做到落位、落图,还要做到落实地块、划定用地四至范围,甚至确定各类规划控制指标。

当然,在可能的条件下应该将专项规划做得详尽,可以做到详细规划深度的,应做到详细规划深度;由于落地所在区域整体开发建设框架尚不稳定的,仅能做到用地建筑总量测算管控的,应明确用地和建筑管控总量,对落位、落图提出原则规定和要求,满足各专项主管部门现实工作需要,也是行业发展管控需要,一定程度上也是专项规划内在需要。同样,通过落图、落

位、落四至的空间规划成果表达方式,有利于国土空间保护开发建设各方理解专项规划内容和作用,有利于理解专项规划提出的规划(落图)目标与实施建设目标的区别联系,进一步提升规划的可实施性、可操作性。

三、关注外部政策变化对专项规划编制的重要影响

专项规划作为国土空间规划体系的组成部分,在编制过程中,需要聚焦国土空间特点和专业,但是不能"画地为牢"、自我束缚,局限在国土空间规划内部寻求解决之道和创新突破(栾景亮 等,2020)。很多外部政策条件和标准的变化就会出现新问题,给专项规划编制提出新要求。例如在会同体育部门研究编制体育设施专项规划中,传统的公共体育场地和设施对当前的全民健身体育设施建设是一个重要支持,然而,如何在群众身边、15 分钟的可达范围内补充嵌入近距离、便捷使用的健身场地和设施,单独依靠大中型公共体育场地场馆是难以解决的。通过开展需求调研,总结多年全民健身场地设施建设的实践经验,提出了一些新措施。例如,将健身设施兼容植入公园绿地、社区广场等做法,将"融体于绿"上升为推进体育设施规划建设的一项引导原则,鼓励在绿化建设的过程中引入满足当前社会需求的健身场地设施。同时,统筹研究公共体育用地和社会体育场地设施两个标准的衔接。除了关注体育用地规划之外,还会同体育、教育、文化、园林等部门研究各类体育场地规划及体育设施运营的灵活度,增加公共资源的综合使用效益。

第二节　自然保护地规划

本部分内容基于中共中央办公厅、国务院办公厅(2017)发布的《建立国家公园体制总体方案》,并参考余莉等(2020)在《林业建设》上发表的论文《我国自然保护地规划体系架构研究》和金云峰等(2020)在《园林》上发表的论文《国家公园为主体自然保护地体系规划编制研究——基于国土空间规划体系传导》。

一、我国自然保护地的演变与类型

(一)演变

党的十八大以来,国家提出有关建立自然保护地和国家公园体制改革任务。2013 年《中共中央关于全面深化改革若干重大问题的决定》提出建立国家公园体制。2015 年国家发改委等部门联合印发《建立国家公园体制试点方案》。党的十九大报告明确提出"建立以国家公园为主体的自然保护地体系"。

2019 年中共中央办公厅、国务院办公厅《关于建立以国家公园为主体的自然保护地体系的指导意见》(中共中央办公厅 等,2019)标志我国自然保护地进入了全面深化改革的新阶段,表明将以整体性、协调性方式推进自然保护地建设。明确了自然保护地的功能定位与内涵:自然保护地是由各级政府依法划定或确认,对重要的自然生态系统、自然遗迹、自然景观及其所承载的自然资源、生态功能和文化价值实施长期保护的陆域或海域;自然保护地按照自然属性、生态价值和管理目标分为三类:国家公园、自然保护区、自然公园。

自然保护地体系建设以整体性、协调性的方式推进,增强国家公园、自然保护区、自然公园等之间的相互联系,使得自然保护地体系成为生态服务中发挥重要作用的有机整体。

（二）自然保护地概念

自然保护地是由各级政府依法划定或确认，对重要的自然生态系统、自然遗迹、自然景观及其所承载的自然资源、生态功能和文化价值实施长期保护的陆域或海域。

自然保护地是“生态建设的核心载体、中华民族宝贵财富、美丽中国的重要象征”。建立自然保护地的目的是守护自然生态，保护自然资源，保护生物多样性与地质地貌景观多样性，维护自然生态系统健康稳定，提高生态系统服务功能；服务社会，为人民提供优质生态产品，为全社会提供科研、教育、体验、游憩等公共服务；维持人与自然和谐共生并持续发展。要将生态功能重要、生态环境敏感脆弱以及其他有必要严格保护的各类自然保护地纳入生态保护红线管控范围。

（三）自然保护地类型

按照自然生态系统原真性、整体性、系统性及其内在规律，依据管理目标与效能并借鉴国际经验，将自然保护地按生态价值和保护强度，从高到低依次分为3类。

国家公园：是指以保护具有国家代表性的自然生态系统为主要目的，实现自然资源科学保护和合理利用的特定陆域或海域，是我国自然生态系统中最重要、自然景观最独特、自然遗产最精华、生物多样性最富集的部分，保护范围大，生态过程完整，具有全球价值、国家象征，国民认同度高。

自然保护区：是指保护典型的自然生态系统、珍稀濒危野生动植物种的天然集中分布区、有特殊意义的自然遗迹的区域。具有较大面积，确保主要保护对象安全，维持和恢复珍稀濒危野生动植物种群数量及赖以生存的栖息环境。

自然公园：是指保护重要的自然生态系统、自然遗迹和自然景观，具有生态、观赏、文化和科学价值，可持续利用的区域。确保森林、海洋、湿地、水域、冰川、草原、生物等珍贵自然资源，以及所承载的景观、地质地貌和文化多样性得到有效保护。包括森林公园、地质公园、海洋公园、湿地公园等各类自然公园。

对现有的自然保护区、风景名胜区、森林公园、草原公园、草原风景区、海洋公园、湿地公园、冰川公园、地质公园、沙漠公园、水产种质资源保护区、野生植物原生境保护区（点）、自然保护小区、野生动物重要栖息地等各类自然保护地开展综合评价，按照保护区域的自然属性、生态价值和管理目标进行梳理调整和归类，逐步形成以国家公园为主体、自然保护区为基础、各类自然公园为补充的自然保护地分类系统。

二、自然保护地建设存在的问题

（一）国家公园未覆盖自然保护地全部类型

《建立国家公园体制总体方案》规定，“国家公园建立后，在相关区域内一律不再保留或设立其他自然保护地类型”，然而国家公园设立并没有覆盖自然保护地全部类型，不能解决所有自然保护地设置交叉重叠的问题。当前在国家公园试点的示范与成功经验下，需进一步对其整体的自然保护地体系进行全覆盖的统筹与协同，而“自然保护地体系规划”正是通过系统性的、专门的规划编制，明确整体处理原则及规则，协调各类自然保护地的关系诉求，调整多种类型的自然保护地，解决交叉或者重叠的问题。

（二）已有的自然保护地规划与国土空间规划对接困难

原有的自然保护区、自然公园等自然保护地类型很多是在“抢救性规划建设”的思路下以

"自愿申报"的方式建立的,现实中许多应该保护的地方还没有纳入保护体系。我国针对不同形式与类型的自然保护地进行专门的规划编制,各类型的自然保护地规划自成体系,不仅缺乏上位的自然保护地体系的整体统筹,甚至与同级的国土空间总体规划无法对接,导致缺乏明确的管理目标和责任,因此对自然保护地建设应顺其自然规律和社会经济发展趋势,严格遵循国土空间规划体系的"传导"机制,才能平衡处理自然资源保护与社会经济发展的问题。因此,在国土空间规划体系下,编制系统完整的"自然保护地体系规划"对自然保护地体制机制的改革至关重要。

三、自然保护地规划体系

(一)定位

"自然保护地规划体系"是国土空间"五级三类"规划体系中,在自然生态空间方面的专项规划。国土空间规划构建了国家—省—市—县—乡镇的五级纵向传导体系,每一个层级上构建的"总体规划—专项规划—详细规划"组成的三类横向传导体系,国土空间总体规划统筹和综合平衡各相关专项领域的空间需求。

2019 年 6 月中共中央办公厅、国务院办公厅《关于建立以国家公园为主体的自然保护地体系的指导意见》(中办发〔2019〕42 号),指出"依据国土空间规划,编制自然保护地规划"。因此国土空间规划是专项规划的编制基础,也是详细规划的编制依据。专项规划则强调专业性,在特定区域和特定领域对空间开发保护利用作出的专门安排,体现特定功能;在国家、省、市、县层级编制相关专项规划,遵循、分解落实国土空间总体规划,不得违背总体规划强制性内容,其主要内容要纳入详细规划。"自然保护地规划体系"作为国土空间规划体系在自然生态空间方面的专项规划,是政府在管理自然资源方面进行科学决策、可行性研判、发展导向、公共服务的强有力政策工具。

(二)构建要求

我国自然保护体制机制建设已进入重构期,构建完整的自然保护地规划体系是自然保护地体系构建的重要组成部分,具有承上启下的作用。承上方面,自然保护地体系由国家进行顶层设计,在确立国家公园主体地位,科学划定自然保护地类型,明确自然保护地功能定位的基础上,自然保护地规划体系将自然保护地体系构建的指导思想及宏观理论落实到操作层面,对自然保护地整体和个体的发展目标、规模和范围、建设的实现路径及方式等进行系统设计与细化,形成可操作、可落地的规范。启下方面,自然保护地规划体系作为指导实施层面的规范性、标准性文件,是实现保护地保护管理目标的重要保障和有效手段,是保护地有效、稳步实施建设的科学依据,在自然保护地建设与管理中,需要严格遵循规划的相关要求,分步骤、分阶段、分重点地建设自然保护地,并实施有效管理。

我国自然保护地规划体系构建应依据国土空间规划,编制自然保护地规划,明确自然保护地发展目标、规模和划定区域,充分考虑国土空间规划的指导约束作用,搭建我国自然保护地宏观规划体系架构,明确自然保护地规划与国土空间规划的衔接方式和内容,明确各层级自然保护地规划的定位和目的。

(三)自然保护地规划层级

国土空间规划是国土空间内各类开发保护建设活动的基本依据和发展指南,自然保护地规划作为国土空间规划的专项规划,内容上需要对国土空间规划中涉及自然保护的政策和措施进行分解落实，形式上也应对标全国、省、市（县）多层级的国土空间规划的规划策略和布局安排，制定全国、省、市（县）三级自然保护地规划，如图 8-1 所示。

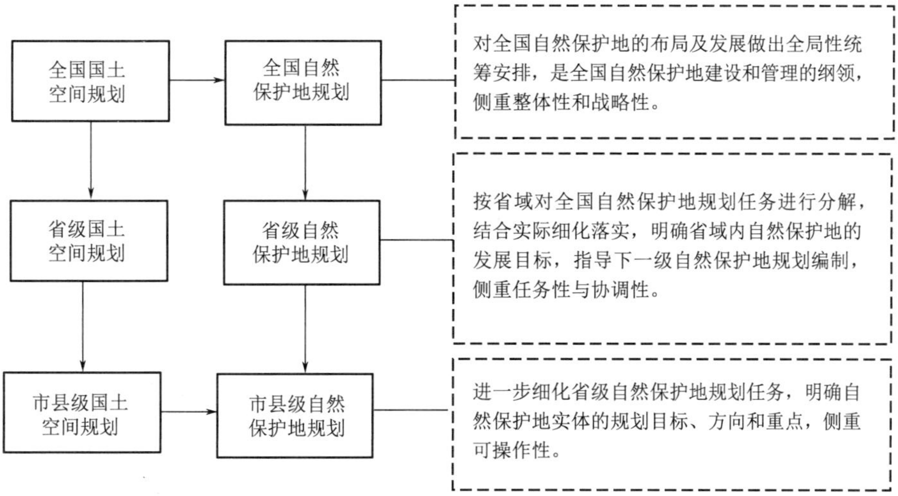

图 8-1　自然保护地规划与国土空间规划的对应关系（余莉 等，2020）

1. 全国自然保护地规划

从规划层级来看，全国自然保护地规划对应全国国土空间总体规划，侧重宏观性和战略性，是全国自然保护地建设和管理的纲领。其重要作用是维护国家生态安全，提升生态环境质量，提高生态产品供给能力，对国土空间开发格局的进一步深化。

全国自然保护地规划应该明确自然保护地的定位，遵循全国国土空间总体规划明确的自然保护地发展方向及思路，对接总体规划中的生态空间，做出全局性统筹安排。其传导内容要落实国家对自然保护地体系构建和国家公园体制建设的重大决策部署，指导全国自然保护地的发展和跨区域的协调。搭建全国自然保护地体系的空间全局，从国家全局生态战略的角度提出不同区域差别化的自然保护地发展战略。全国自然保护地体系规划涉及国家公园、国家级自然保护区的编制，并制定国家公园、自然保护区、自然公园三类自然保护地的发展目标、规划布局重点、战略任务，需要与生态保护红线衔接，强化约束性和指导性。同时，全国自然保护地体系规划也是编制、审批省级自然保护地体系规划的依据，应对省级自然保护地体系规划提出约束性和引导性的要求。

2. 省级自然保护地规划

省级自然保护地规划在“传导”体系中发挥承上启下、统筹协调的作用。在纵向“传导”上，省级自然保护地规划立足省内社会、经济、文化、生态建设等方面的需要，承接全国自然保护地规划，对其任务进行分解、落实；对下一级的省域内各市县级自然保护地规划进行指导与约束，侧重协调性。同时，在同级横向“传导”上，作为省级国土空间规划中的专项规划，应该符合并深化省级国土空间总体规划在自然资源、生态系统、遗迹景观等方面保护与利用的内容，细化省级国土空间总体规划中自然保护地体系的目标。

省级自然保护地规划的编制应明确本省自然保护地的总体发展目标、战略布局，统筹规划省域自然保护地体系的空间格局。以国家公园为主体统领其他各类自然保护地的布局与建设，明确各类自然保护地的名称、分布、范围和规模。省级自然保护地规划中的国家公园应包括在全国自然保护地规划中已经划定的国家公园以及在省级层面补充推选出的国家公园。协调处理区域中各市县、各类自然保护地发展的矛盾与问题,同时与周边省级行政区的自然保护地的发展相协调,解决区域中边界重合、权属不清的问题。此外,对市县级自然保护地规划的编制提出指导和约束性要求。

3. 市县级自然保护地规划

市县级自然保护地规划需要对市县级国土空间总体规划中自然生态空间建设的内容进一步细化,并进行具体部署,应充分考虑地方特点并侧重传导性与实施性。

在纵向"传导"层面,以全国自然保护地规划为指导,省级自然保护地规划为依据,细化、量化省级自然保护地规划中的规划任务,对市域县域内的各类自然保护地的分布、数量、规模、发展目标及时间安排、保障措施等进行精细化、量化规划布局,对市域县域内主要如自然公园的保护与利用进行精细化规划。

在横向"传导"层面,落实市县级国土空间总体规划中对市县自然资源、生态系统、重要野生生物、重要遗迹和景观等的保护利用要求,遵照省级主管部门进行自然保护地建设要求,强调可操作性、实施性和针对性,解决的地方重点问题,能够直接传导至市县的详细规划中,保障了市域和县域中的各类自然资源管控要素的精准落地。

第三节　生态修复规划

2020 年 9 月自然资源部办公厅发布了《关于开展省级国土空间生态修复规划编制工作的通知》,2021 年 2 月,四川省自然资源厅发布了《四川省市级国土空间生态修复规划编制指南》(四川省自然资源厅,2021)本节主要以市级国土空间生态修复规划为例,阐述生态修复规划的总体思路、规划定位、编制要求、编制内容、工作程序、成果要求等。

一、总体思路与规划定位

(一)总体思路

以习近平新时代中国特色社会主义思想为指导,深入学习贯彻习近平生态文明思想,践行绿水青山就是金山银山的理念,坚持节约资源和保护环境的基本国策,坚持节约优先、保护优先、自然恢复为主的方针,遵循生态系统演替规律和内在机理,按照保证生态安全、突出生态功能、兼顾生态景观的次序,以市级国土空间规划确定的生态、农业、城镇空间为对象,统筹山水林田湖草一体化保护修复,提升生态系统质量和稳定性,筑牢生态安全屏障,提供优质生态产品,助力国土空间格局优化,服务生态文明建设和高质量发展。

(二)规划定位

国土空间生态修复规划是国土空间规划的重要专项规划。市级国土空间生态修复规划需落实省级国土空间生态修复规划的目标任务和要求,在全省国土空间生态修复规划体系中发挥承上启下作用,突出规划的实施性和可操作性,作为市级国土空间总体规划的重要专项规划,是一定时期内市域国土空间生态修复活动的具体安排,要落实市级国土空间总体规划的生态修复目标任务、要求以及相关约束性指标。

二、编制基本要求

(一)编制原则

战略引领,科学编制。贯彻党中央国务院、省委省政府决策部署,落实国家和省级重大战略，按照国家和所在省级行政区的相关政策法规、技术规程要求推进规划编制。坚持人与自然和谐共生，坚持尊重自然、顺应自然、保护自然，坚持节约优先、保护优先、自然恢复为主的方针，坚持以水而定、量水而行，按照保证生态安全、突出生态功能、兼顾生态景观的次序，基于充分调查、科学评价和深入研究分析，统筹安排规划期内生态修复工作。

问题导向，因地制宜。立足本市行政区域内的自然地理格局、生态系统状况和主体功能分区，准确识别突出生态问题，科学预判主要生态风险。因地制宜合理确定规划目标，明确需要解决的重大问题和重点任务，研究提出基于自然解决方案的生态修复途径模式和措施。

统筹协调，加强衔接。坚持山水林田湖草生命共同体理念，统筹考虑自然生态系统各要素与农田、城市人工生态系统之间的协同性，注重山上山下、岸上岸下、上游下游、河流湖泊等国土空间的整体性、系统性，体现综合治理，突出整体效益。与国家和区域重大战略、省级国土空间生态修复规划和市级国土空间总体规划加强衔接。

充分论证，公众参与。坚持“开门编规划”，建立跨部门多领域合作编制工作机制，组建由经验丰富技术单位参与的规划编制团队，邀请权威专家学者成立咨询委员会，在规划编制各阶段充分听取相关领域专家意见，咨询论证重大问题，特别是注重研究分析重要分歧意见，充分听取专家学者意见，凝聚群众智慧，回应社会期望。

(二)规划范围和期限

规划范围包括市级行政辖区内全部区域。规划期限为2021—2035年，近期至2025年，中期至2030年，远期展望至2035年。基准年为2020年。

(三)编制主体与编制程序

市级自然资源主管部门牵头，会同发展改革、生态环境、住房城乡建设、水利、农业农村、林草、财政等相关部门开展规划编制工作。

市级国土空间生态修复规划编制程序包括：基础工作(准备工作、分析评价、专题研究)、规划编制、协调论证、规划审查和报批等。

三、基础工作

(一)准备工作

1. 组织准备

建立由市级自然资源主管部门牵头，相关部门参与的规划编制工作协调机制，牵头部门负责审定工作计划、审查规划方案、落实编制经费，及时协调解决规划编制中的重大问题。由市级自然资源主管部门牵头组建规划编制工作团队，建议涵盖地理、生态、环境、气象、地质、水文、土壤、土地以及规划等专业领域，负责方案制定、调查分析、基础研究、成果编制等工作。

2. 技术准备

拟订工作方案，明确编制工作的指导思想、基本原则、目标任务、技术路线、专题设置、进度安排、成果要求、工作组织和经费保障等。确定底数底图，以“三调”成果作为规划现状底数和底图基础，以其他各类调查监测成果为补充，统一采用2000国家大地坐标系和1985国家高程基准作为空间定位基础。评估既往工作，针对本行政区范围内涉及生态修复的各类规划及相关工作(如山水林田湖草生态保护修复、国土综合整治、国土绿化、自然保护地建设、矿山恢复治理等)开展情况，进行简要评估，总结实施成效与问题等。收集基础资料，具体如下。

(1)自然地理数据资料。包括相应层级行政边界等基础测绘和地理国情监测数据，以及地形地貌、地质、水文、气候、土壤、生物等自然地理信息。

(2)生态基础数据资料。包括历史多期全市主要生态系统调查监测数据,生物多样性、荒漠化、水土流失、矿山地质环境等专项调查监测成果,相关科研成果。

(3)自然资源调查监测数据资料。包括第三次全国国土调查成果、历史多期全市土地利用现状、土地利用变更调查数据,以及耕地、森林、草原、湿地、水、矿产等自然资源调查监测成果数据。

(4)经济社会数据资料。包括人口、产业、城镇建设,以及相关部门、行业的专项数据。

(5)相关规划和成果。包括生态保护红线、永久基本农田、城镇开发边界三条控制线划定成果,有关国土空间规划成果,自然保护地划定建设情况,林草、矿产、产业、交通、水利等相关领域规划或成果,村庄规划成果,城市更新成果等。相关基础数据经过校准核验,可作为基础调查成果进行使用。

(6)生态环境调查监测数据。包括大气、地表水、地下水、土壤、农业等生态环境质量数据。

(二)分析评价

首先进行基础分析,然后问题识别,最后综合分析。

1. 基础分析

以气候、水文、自然地理、土地资源等自然资源条件为基础,充分利用市级国土空间规划资源环境承载能力和国土空间开发适宜性评价中自然地理格局、人口经济分布与水土等自然资源的空间匹配关系的分析成果,研究市域的自然地理格局,形成相关基础分析成果。

(1)立足自然地理格局,充分利用“三调”等数据资料,有条件的市(州)可开展必要的生态数据调查,如物种分布、栖息地、迁徙通道等空间范围。重点以流域、区域为单元,针对生态空间、城镇空间、农业空间以及三类空间相邻或功能冲突区域,分析自然和人工生态系统的规模、分布、结构、质量及演替规律。

(2)利用资源环境承载能力评价和国土空间开发适宜性评价中生态系统服务功能重要性和生态脆弱性评价结果,识别生态系统服务功能重要和生态脆弱国土空间的分布范围、程度,分级分类评价生态系统功能完好、受损、退化等生态本底状况,识别市域范围生态系统紧密串联的生态网络格局,明确生态本底空间分布,形成市域生态现状底图。

(3)利用市级国土空间规划水资源相关专题和“双评价”研究结果,评价重点江河湖泊及水库、饮用水水源地、河口等水量、水质和水生生物等状况,以流域为单元分析水资源在各生态系统间的分布、匹配情况,以及水资源变化对生态系统的影响,评估自然地理单元内的山水林田湖草沙各自然要素与各生态系统空间上的水系联动情况。

(4)综合考虑降水分布、净初级生产力、植被覆盖度、人工干扰度、土壤有机质、土层厚度、生物多样性维护功能重要性、水土保持功能重要性、水源涵养和防风固沙等因素,开展恢复力评价。主要针对林地、草地、湿地生态系统,建立指标体系进行评价,可考虑气候条件(降水、积温、太阳辐射、昼夜温差、蒸散发、干旱指数)、地形地貌(海拔、坡向)、土壤物理化学性质、人工干扰、植被丰富度和生产力等因素,针对区域内不同类型生态系统的特点,辅以遥感与GIS空间分析,定量进行综合评价。

2. 问题识别

针对国土空间全域及生态、农业、城镇空间,从生态系统演替规律和内在机理,结合自然地理条件和人类活动影响,分析自然地理格局演变规律和土地利用方式的合理性,诊断突出生态问题、判识重大生态风险。结合基础分析结果,分析诊断生态系统存在的突出问题和薄弱环节。有关问题可参照如下几条，各地结合实际，突出主要问题，体现区域特点。

(1)全域系统性问题分析

综合考虑本地自然地理格局与生态系统分布，利用区域水土资源匹配和水资源在各系统间的平衡分析，识别跨空间、跨流域、跨生态系统的资源要素配置不合理、生态连通性差、缺少生态隔离或过渡、物质能量信息流动人为干扰大等问题，山上山下、岸上岸下、上游下游等区域关联性影响问题，水平衡问题等，注重分析生态、农业、城镇三类空间冲突区域生态问题和生态修复需求。剖析生态廊道网络的连通性和阻断性，分析生境破碎化、生物多样性下降、外来物种入侵等问题。

(2)生态空间生态问题诊断

识别陆域森林、灌丛、草地、湿地等典型生态系统面积减少、结构受损、功能退化、脆弱化等问题的分布、程度，分析水土流失、石漠化、土地沙化等问题的分布特征、变化程度、胁迫因素、成因机制及关联性，识别生态保护红线内、河流湖泊周边的矿山生态破坏等问题的分布、程度、趋势及区域关联影响，识别生态问题分布聚集或生态问题关联性大的关键区域。分析水源涵养、饮用水水源地保护等重要生态功能区的生态问题严重程度和障碍因子。

(3)农业空间生态问题诊断

识别农用地破碎化和退化、生态过渡带和景观连通性、生境丰富度下降问题，居民点、农用地周边矿山生态破坏、土地损毁问题，以及农村自然风貌破坏、过度放牧樵采和围垦养殖、人居生态恶化和生态基础设施不足等问题，分析生态廊道建设可行性等。重点围绕农业面源污染、农田破碎化、耕地撂荒、乡村景观文化破坏等问题，兼顾农村人居生态环境评价，在农业景观尺度上，评估基本农田生态效益。

(4)城镇空间生态问题诊断

分析城镇空间开发建设对生态系统质量的胁迫，识别城镇内部及周边山体和河湖水系生态破坏问题、城市内外蓝绿网络连通性问题、城市内涝和热岛效应问题，以及城镇周边和重要交通干线周边矿山生态破坏、土地损毁问题、重大基础设施生态负面影响等。在城镇空间开展闲置建设用地、未利用地、废弃地调查，结合低效用地再开发调查，评估当前用地现状所造成的生态效应。着力分析开发整理、城市建设等人工建设中产生的生态绿地、物种栖息地碎片化或阻断问题，分析道路交通网络对动物迁徙、觅食、分散等运动通道的破坏，科学诊断物种的栖息地和生物多样性等萎缩程度和连通性，评估城镇范围生态系统功能完整性和稳定性，评估绿色基础设施网络自然生态特性。

(5)三类空间相邻或冲突区域生态问题分析

分析人类开发利用活动对生态空间的侵占和胁迫及由此导致的生境破碎化、生态连通性差、边缘地带缺少缓冲等问题，生物多样性下降问题，山上山下、岸上岸下、上游下游等区域关联性影响问题，水平衡问题，违背量水而行和宜林(灌、草、湿、荒)则林(灌、草、湿、荒)原则等生态修复科学性问题，外来物种入侵等，分析生态、农业、城镇三类空间冲突区域生态问题和生态修复需求。

(6)风险研判

依据市级国土空间总体规划研判国土空间开发利用保护的发展趋势，对未来城镇扩张、基础设施建设等的生态影响进行动态分析预判，提出应对思路。分析全球气候变化对陆地水循环的复杂影响和水安全问题，气候变化对生物栖息地环境以及生物多样性的改变。分析人口变化及资源约束趋紧可能导致的长期生态隐患，包括资源需求刚性增长、资源利用方式转变等重大问题,生态功能重要和生态脆弱地区人地关系复杂及治理难度加大等面临的长期挑战。

3. 综合分析

基于生态保护重要性评价、生态退化识别和恢复力评价以及景观格局演变,从自然和人为两方面进行综合分析。

研究判断主要生态问题的胁迫因素、原因和初步对策方向,针对不同类型生态系统特点,坚持定性和定量相结合,探索评估不同区域生态系统恢复力水平,综合本地国土空间的生态系统退化程度(完好、轻度退化、中度退化、严重退化)与恢复力水平,对综合评价结果进行分区分类空间表达,作为人工参与生态修复程度的重要依据。通过一系列数据分析和定性研究方法,科学、高效地挖掘区域的生态问题及其破坏程度,结合当地实际情况和分析结果明确开展生态保护修复的空间范围和模式策略,初步确定需要修复的主要任务。

(三)专题研究

根据实际需要,合理设置重大专题。专题研究可以包括:统筹和科学推进本地国土空间生态修复的各类重大问题,科学开展山水林田湖草一体化保护修复模式,生态系统演替规律和内在机理等;考虑区域水平衡,系统分析地表水、地下水分布及变化对生态系统的影响,明确保护修复的对策;加强生物多样性保护、生态廊道连通、生态网络建设、生态修复分区、重点工程布局等方面研究;开展系列基础分析研究,如生态系统质量评价、生态系统退化程度、重大生态问题及风险和恢复力评价,以及生态风险综合评价等;针对各类生态问题,开展土地综合整治潜力评价、城镇生态修复潜力评价等;从生态系统演替规律和内在机理、自然地理格局演变出发,结合气候变化和人类活动影响,分析和判断区域性重大生态问题和生态风险;数据库建设及科技支撑措施等;生态修复政策体系,包括市场化投入机制及有关政策研究等。

四、规划编制内容

(一)目标与指标

结合本地生态修复需求,以山水林田湖草一体化保护修复为主线促进安全、优质、美丽国土构建,分别提出到 2025 年、2030 年、2035 年分阶段国土空间生态修复目标。综合考虑生态系统的完整性和连通性,结合社会经济发展趋势,依据相关标准,衔接相关规划,在区域生态功能定位、生态现状和生态问题判识基础上,坚持衔接上下规划、协同相关规划、精准定位、落实传导的原则,重点从国土空间格局优化、生态保护红线、重要生态系统受损修复、生态系统质量改善、生态系统服务功能提升、规划任务完成考核等方面,合理设定生态修复指标体系,科学提出约束性和预期性指标。应加强市级相关专项规划之间的衔接,分解落实市级国土空间总体规划中生态修复目标任务。在省-市-县生态修复规划三级纵向传导体系下,以省级生态修复总体布局为导向,以市域国土空间生态修复分区和重点区域为指引,统筹县级国土空间生态保护修复需求。突出对县级国土空间生态修复规划指标体系和主要任务确定的指导和引领作用。

(二)修复分区

按照国家及省级国土空间生态修复规划确定的分区和生态安全格局,结合区域生态安全屏障、区域重大战略的生态支撑区和重要生态治理区(未纳入以上两类区域的生态功能重要、生态脆弱、生态问题突出的区域),以气温、降水、水文、地形地貌、流域分区、生态系统类型等自然地理格局为基础,以重点流域和区域为基础单元,突出自然地理和生态系统的完整性和连通性,结合市级国土空间总体规划分区,划定市级国土空间生态修复分区,明确各分区生态修复的主要方向和总体布局。落实省级国土空间生态修复规划一级分区，原则上不突破一级分区；参考二级分区，总体而言，生态修复分区要做到全覆盖、不交叉、不重叠，原则上不打破乡镇界限。

（三）重点区域

应充分结合国家及省级国土空间生态修复规划确定的重点区域，根据评价结果和当地实际情况，调整细化市域范围修复重点区域。以生态修复分区和国土空间规划“三区三线”为基础，依据综合评价中问题突出的区域，结合国家、区域生态安全格局和重大战略，并统筹各相关部门生态修复任务区域，确定生态修复分区下的重点区域。重点区域按照三类空间分类划定，在边界模糊、所属空间不明确的区域，以问题为导向，按照主要生态问题分布和重大战略发展导向划定修复重点区域。

生态空间重点区域需覆盖影响国家生态安全战略格局和市域生态安全的重要区域。主要包括全国、省级与市级国土空间规划确定的重点生态功能区、省级国土空间生态修复规划确定的重点区域、自然保护地、生态保护红线，对市域生态安全有重大影响的关键地区（重要山脉、河流、湖泊、河口，跨市域共用水域空间等）。城镇和农业空间重点区域可结合国家重大战略部署地区、区域发展战略支撑地区、集中连片特困地区、跨地市生态问题区等进行明确。各区域间和区域内部，根据修复需求的轻重缓急程度，在时序上统筹安排生态修复任务。

（四）主要任务

按照划定的修复重点区域，根据轻重缓急程度，在时序上统筹安排生态修复任务，分区分类确定国土空间生态修复重点区域、任务、策略等。按照综合评价的四类情形，依据退化程度和恢复力因地制宜，科学确定保育保护、自然恢复、辅助修复、生态重塑、综合整治等策略措施。根据区域尺度，五类策略可采取一种为主或多种镶嵌方式。

基于自然地理格局，以保护和丰富生物多样性为目标，根据跨空间、跨流域、跨区域、跨行政边界等的系统性生态问题评价与识别结果，加强生态廊道和生态网络建设。围绕区域生态安全格局，消除或避免人为胁迫，提高生态系统自我修复能力，提升生态系统质量和稳定性，促进生态系统良性循环。对重点区域中农田、牧草地修复，侧重生态功能恢复。依据问题识别和综合评价结果识别重要城镇生态修复任务的主要方向，重点关注城市群、都市圈、省域重点地市，以及省级矿业发展集聚区、重大基础设施等，针对性开展生态修复，提升城市生态品质。

1. 重要生态廊道和生态网络构建

从景观整体性出发，构建生态廊道，确定生态关键节点，在构建生态安全格局框架下，识别市域生态廊道保护修复的关键区域，提出相应的保护修复方式与策略。基于自然地理格局，以保护和丰富生物多样性为目标，有效衔接省级国土空间生态修复规划确定的生态廊道，根据市域范围跨流域、跨区域、跨行政边界等的系统性生态问题诊断与生态安全格局空间结构分析结果，形成生态网络结构分析治理蓝图。

落实和细化省级国土空间生态修复规划中的生态廊道和核心生境，加强市域范围内流域水生态系统保护与修复，因地制宜地加强城镇生态缓冲带建设，连通市区内外生态网络。除落实上位规划生态网络建设任务外，需根据市级生态网络识别和诊断结果，以水系山体、重要动植物栖息和迁徙路线、重要交通水利等基础设施等为脉络，保护和维持现有良好的生态廊道，在问题突出区域连通生态廊道，改善流域水系之间、陆地重要生态系统之间的整体性、连通性。在城镇、农业与生态空间相邻或冲突区域，发挥生态廊道的过渡或隔离作用，根据实际需要建设边缘地带过渡带或生态隔离带。构建生物多样性保护网络，保护和恢复动植物栖息地及其迁徙廊道,有效避免和治理外来物种入侵。形成市域生态网络—干线交通路网—绿色基础设施为格局的多层次、全覆盖的生态网络体系,部署各级生态网络建设任务。通过生态廊道和生态网络的有机串联和合理布局,促进三类空间的统筹协同和融合共生。

2. 生态功能空间

围绕国家、省级和区域生态安全格局,提高生态系统自我修复能力,提升生态系统质量和稳定性,促进生态系统良性循环。充分考虑气候变化、水资源条件,围绕水源涵养、水土保持、生物多样性维护、防风固沙、洪水调蓄等生态系统服务功能,针对水土流失、石漠化、土地沙化及沙源流失和自然岸线受损、矿山生态破坏、生物多样性降低甚至丧失等生态退化、破坏问题,消除或避免人为胁迫,按生态系统恢复力程度,科学确定生态修复目标,科学采取保育保护、自然恢复、辅助修复、生态重塑等措施,优先保护良好生态系统和重要物种栖息地,构建和完善生态廊道,加强重要河流湖泊湿地保护修复,推行森林草原休养生息,推进荒漠化、石漠化、水土流失综合治理,开展国土绿化行动,实施重点生态功能区退耕(牧)还林(草),提升生态质量和稳定性,提高生态功能,保障生态安全。

3. 农业功能空间

保护乡村自然景观,实施退化农用地生态修复,构建周边生态廊道和生态缓冲带,改善农田及周边生境,恢复田间生物群落和生态链,提高农田生态系统生物多样性;加快历史遗留矿山修复和综合治理,推进绿色矿山建设;促进土地整治绿色转型,深入开展农村全域土地综合整治,整体推进农用地、建设用地整理和乡村生态保护修复,实施耕地休耕轮作,提高耕地质量和生态效益,提升农村土地使用效率和节约、集约化水平,促进乡村国土空间格局优化,助力生态宜居乡村建设。

4. 城镇功能空间

识别各城市生态修复的主要方向,提出方向性和政策性指导,对城市群、都市圈、重点地市,以及能源资源基地、国家规划矿区、省级、市级矿产资源重点开采区等,提出针对性生态修复任务。统筹城内城外,保护和修复各类自然生态系统,连通原有河湖水系,完善蓝线与绿线交织、亲近自然的生态网络,促进生态用地可持续复合利用;减少城市内涝、热岛效应,提高城市韧性,提升城市生态品质;科学开展城市山体整治修复,加快各类型矿山生态修复,综合治理沉陷区,助推绿色矿山建设;修复提升城市特色风貌和人文景观。

5. 三类空间相邻或冲突区域

在城镇、农业与生态空间相邻或冲突区域、对"三调"发现的耕地、园地、林地、草地、湿地等用地中不符合自然地理格局和水资源受限的利用方式,按照"宜耕则耕、宜林则林、宜草则草、宜湿则湿"的原则逐步进行调整和修复,并因地制宜建设边缘地带生态缓冲带。

(五)重点工程

在国土空间生态修复总体布局、生态修复分区的基础上,以重点区域为指引,根据生态问题的紧迫性、严重性和生态系统的退化程度和恢复能力,在生态修复重点区域科学布置重点工程,合理安排时序。推进国土空间生态修复体系与能力现代化,有效衔接省级生态资源大数据平台和国土空间生态修复信息化平台,对项目工程、建成效果和区域状况开展全过程动态监测和生态风险评价,加强适应性管理。

在重点工程中设置重点项目,包括项目概况、主要目标任务、建设措施、组织模式、投资需求、资金来源等。项目实施区域可以跨三类空间或以某类空间为主,尽量明确实施范围,为将来"上图入库"奠定基础。

按照项目轻重缓急和成熟程度，进行工期时序合理安排。

(六)资金测算与综合效益

资金测算包括测算依据、投资测算、资金筹措、资金平衡等内容。依据规划内容确定的总目标，结合生态修复分区和重点区域确定指标标准、工程建设类型和内容、保护修复模式和措施、时序安排等进行资金测算。可参照相关部门的工作定额、测算依据及相关标准。

综合效益包括生态效益、社会效益和经济效益，综合考虑规划期内生态修复活动的实施范围、预期目标、工程内容、技术要求、投资计划和实施路径，科学合理分析规划实施的生态效益、社会效益和经济效益。

(七)实施保障

(1)组织领导。建立生态修复规划的领导和协调机制，成立生态保护与修复工作委员会，负责统筹协调生态保护修复工作，成立规划编制起草专班，负责规划技术编制工作等。

(2)政策制度。相关政策衔接、法制建设、市场化机制创新等。

(3)技术支撑。加强技术标准规范配套、相关专题研究，依托国土空间基础信息平台和国土空间规划“一张图”实施监督信息系统，强化生态修复信息技术支撑。

(4)评估监管。工程项目监测评估和适应性管理，开展规划的实施、监督、评估、考核等。

(5)资金保障。加大资金整合力度，开展多元资金筹措渠道，建立健全资金管理制度保障体系，加快建立生态产品价值实现机制，实现全社会生态共治共建共享。

(6)公众参与。加强公众参与规划编制和实施全过程，通过新闻媒体广泛征求和听取公众意见，适时宣传规划工作的重要部署、重大进展和重要成果，争取社会公众的广泛参与和支持，协调各方利益，增加规划编制工作的透明度。

五、协调论证

国土空间生态修复规划成果需要与相关国土空间规划政策进行衔接，采取多种方式广泛征求公众意见，组织有关部门、专家对规划成果进行论证，综合各方面意见后修改规划方案、完善规划成果。

规划成果协调论证情况要在规划编制说明中形成专章，包括政府部门相关意见、专家论证意见、公众意见采纳情况等。对存在重大分歧和颠覆性意见的处理建议，需经充分论证后形成决策方案。

六、规划成果与审查报批

(一)规划成果

国土空间生态修复规划的成果，包括规划文本、规划图件、编制说明、专题研究报告、数据库及其他材料。

规划文本包括前言、现状与形势、问题与评价、总体要求、总体布局、主要任务、重点工程、资金测算、综合效益分析、保障措施等。各市可结合实际调整文本内容。

(二)审查报批

规划成果论证完善后，根据国土空间规划相关管理办法按程序报批。批准的成果应纳入国土空间规划“一张图”实施监督信息系统管理，作为国土空间生态修复工作的规划依据。

规划经批准后,应按要求向社会公告。涉及向社会公开的图件,应符合国家地图管理有关规定并依法履行地图审核程序。

第四节 文化遗产保护规划

杨涛(2020)在《城市规划学刊》发表《国土空间规划视角下的国家文化遗产空间体系构建思考》一文,本节内容主要参考该篇论文。

文化遗产是培育文化自信和文化认同的重要物质基础,构建文化遗产空间规划体系是建设中华文明标识体系、实现国家文化安全的重要保障。当前,我国文化遗产按照分类分级的方式进行保护,全国、省域尺度上文化遗产空间规划体系的工作正处于探索阶段。随着文化遗产保护利用理论研究的不断深入,以及遗产保护实践工作的不断推进,国土空间规划视角下文化遗产空间规划体系正在推进。

结合国土空间规划与遗产保护方面的实践,在整体梳理历史文化价值体系的基础上,分层次系统性构建文化遗产空间规划体系。国家层面侧重战略性,省域层面侧重协调性,市县层面侧重实施性,并本着"保护、传承、利用"原则,将文化遗产"三类"空间,即底线保护空间、区域整体保护协同管控空间与支撑保障空间,统一纳入国土空间规划"一张图"系统监督实施。

一、文化遗产资源与文化遗产空间

(一)文化遗产资源

文化遗产资源包括物质文化遗产和非物质文化遗产。具有历史价值、艺术价值与科学价值的文物和具有突出普遍价值的活态遗产统称物质文化遗产。其中,文物包含可移动文物和不可移动文物,古墓葬、古遗址、古建筑、石刻、壁画、近代现代重要史迹及代表性建筑等构成不可移动文物,历史上各时期的重要实物、艺术品、手稿、文献、图书资料等构成可移动文物。至今仍保持使用功能的历史文化名城名镇名村、传统村落等构成了活态遗产。以非物质形态存在的、与群众生活密切关联且世代传承的传统文化表现形式统称非物质文化遗产,不仅包括各种表演艺术、口头传承、民俗活动、礼仪节庆、民间传统知识与实践、传统手工艺技能等,而且包括与上述传统文化表现形式紧密相关的文化空间(图 8-2)。

(二)文化遗产空间现状

从目前文化遗产资源对国土空间的需求来看,文化遗产空间应包含以下三类空间。

作为底线保护的文化遗产本体空间,至少应包括各类世界遗产的保护界线、各类不可移动文物的保护界线、名城名镇名村的保护界线、传统村落的保护界线、城市紫线、非物质文化遗产保护相关的文化空间等。

作为协同管理、与其他类型空间可能存在交织的,至少包括区域尺度需要整体保护、展示的文化生态保护区、历史文化聚落、文化线路、文化景观以及具有历史文化价值、兼顾文化遗产环境的生态空间等必要保护空间。

作为促进保护与利用统筹发展的,至少包括需要整体展示、系统利用的跨区域文化遗产保护所需要的保障空间,例如文化线路沿线除文物保护界线以外的交通连接、旅游展示、休闲游憩设施、解说系统等支撑空间(表 8-1)。

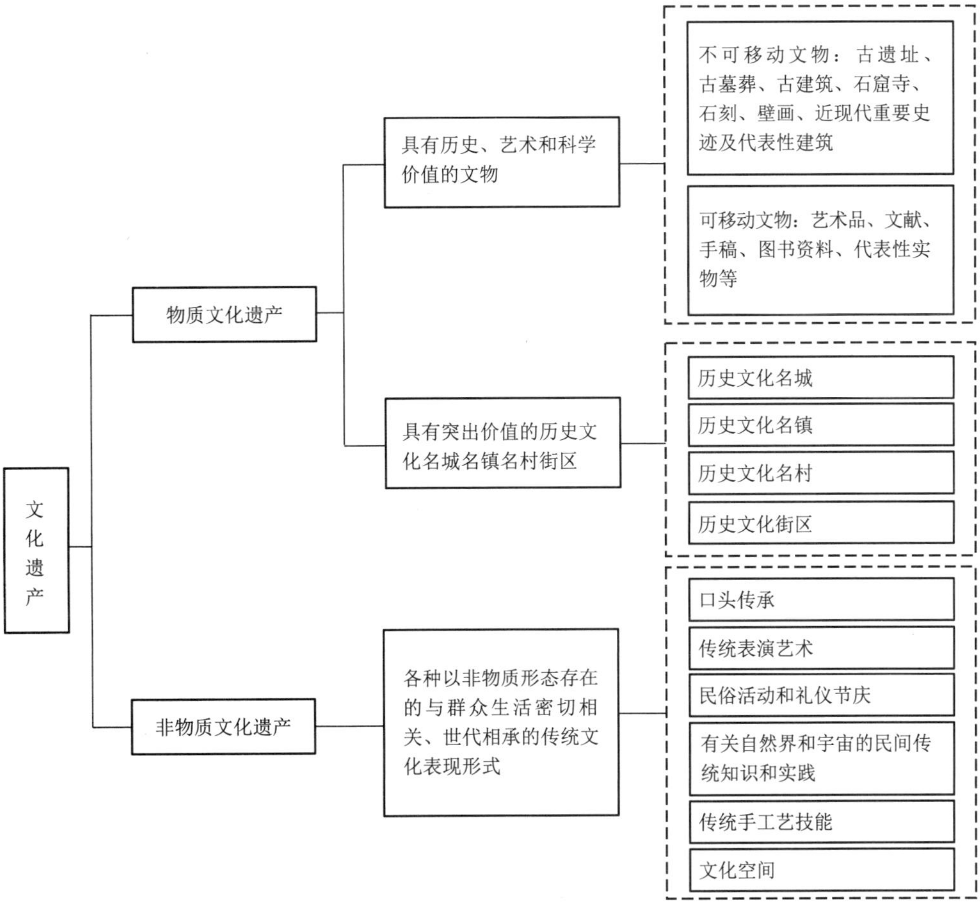

图 8-2　国家文化遗产空间体系（杨涛，2020；吴志强 等，2010）

表 8-1　文化遗产空间建议分类（杨涛，2020）

底线保护空间	协同管控空间	支撑保障空间
世界遗产	文化生态保护区	交通空间
各类不可移动文物	城乡历史文化聚落	旅游展示空间
名城名镇名村	文化线路	休闲游憩设施空间
传统村落	文化景观	解说系统空间
城市紫线	具有历史文化价值、兼顾文化遗产环境的生态空间	
非物质文化遗产保护相关文化空间		

二、文化遗产空间分布特征与问题

（一）文化遗产空间与生态空间、农业空间、城镇空间交织

文化遗产空间不仅仅在于其“本体”的保护，而且强调与环境的整体性保护。环境不仅包含与遗产共生、视觉可见的自然景观，还包括与人类活动相关联的生产生活方式、传统文化等。历史性城镇景观是文化与自然价值在历史进程中分层积淀而形成的城镇区域，包含了更广泛的城市背景及其地理环境。因此，目前文化遗产空间在“三区三线”划定中，存在较多与生态空

间、农业空间、城镇空间的交织。

(二)区域文化遗产空间的整体认知与空间保障尚待加强

区域尺度的文化遗产空间是国家、省层面需要重点研究并通过国土空间规划予以保障的难点。以京杭大运河为例,被纳入世遗名录的遗产点主要是古代水利工程遗存。然而,包括运河故道遗址、大量因运河漕运而生的历史城乡居民点体系、为运河补水的历史水系、因文化贸易交流形成的次区域文化线路及运河水网形成的独特农业景观等也应纳入文化遗产。因此,在确立大运河此类区域文化遗产空间的时候,既要保护好现有遗产本体空间,也应加强此类具有明显地域文化特征的区域遗产的整体认知与空间划定研究。在国家、省域国土空间规划中予以重点保障落实。

(三)跨区域遗产空间体系的协同管理有待加强

基于某个地域文化或者整体历史文化价值的区域遗产往往分布范围广阔,例如大运河途经北京、天津、河北、山东、河南、安徽、江苏、浙江六省二市;古徽州"一府六县"构成的区域是徽文化核心地域,是我国一处典型性的"城乡历史文化聚落",现如今分属三市(黄山市、上饶市、宣城市),跨多个行政单元造成跨区域协同管理存在难度。

此外,除遗产本体空间之外,以实现区域遗产历史文化价值整体认知、整体保护、整体展示利用为目标的"面"域支撑空间同样重要。以大运河文化带保护利用为例,大运河不仅是文化带,也是生态带与旅游带。因此,在运河遗产沿线既要确保遗产要素的保护,也要重视遗产要素之间关联性的展示、整体价值认知、生态空间的保护、文化旅游空间支撑等,需要与沿线地方政府和相关管理部门之间进行协同,涉及地方和部门多,协调难度大。

三、文化遗产空间体系构建目标与意义

文化传承事关国家和民族的未来,事关中华民族伟大复兴。党的十九大报告指出:"文化是一个国家、一个民族的灵魂"。文化遗产保护是文化传承的重要保障。2015 年 12 月习近平总书记在中央城市工作会议上指出"要保护弘扬中华优秀传统文化,延续城市历史文脉,保护好前人留下的文化遗产。"

2018 年 10 月中共中央办公厅、国务院办公厅印发《关于加强文物保护利用改革的若干意见》,就加强新时代文物保护利用改革提出十六项主要任务,其中第一项就是"构建中华文明标识体系",并在"建立健全不可移动文物保护机制"方面,提出"国土空间规划编制和实施应充分考虑不可移动文物保护管理需要。"

在当前国土空间治理体系改革与新时代文化遗产保护利用改革的背景下,构建文化遗产空间体系是建设中华文明标识体系、实现国家文化安全的重要支撑工作,也是全国层面国土空间规划侧重战略性的重要体现。

四、文化遗产空间体系构建思考

(一)国家层面文化遗产总体格局构建

1. 文化遗产

国家层面应从构建中华文明标识体系、保障国家文化安全的方向,探索文化遗产总体格局,侧重战略性与指引性。应与全国国土空间规划格局相结合,国家层面文化遗产总体格局应在中华文化整体梳理的基础上,实现"保护、传承、利用"的三合一,融合文化、生态、旅游的多功

能，支撑国家层面的文化遗产空间体系建设。从文化遗产的研究与实践来看，具有跨区域历史文化价值“整体性”与跨区域遗产空间“结构性”的遗产类型主要包括：文化线路、遗产廊道、文化带等“线”性文化遗产，以及文化生态保护区、文化区、文化景观区等“面”状文化遗产。

文化线路侧重于保护，整体保护带型区域内与线路有关联性的遗产资源。文化线路是拥有特殊文化资源的线性区域内物质和非物质文化遗产集合。文化线路代表人们的迁徙和流动，代表一定时间内地区内部、国家内部或地区、国家之间人们的交往。例如，丝绸之路是著名的文化线路，遗存类型包含了古道、关隘、烽燧、长城、驿站戍堡、军事城堡等基础设施遗址遗迹，也包含了都城、一般城镇、村落，多种宗教文化，与交通交流活动相关联的各种遗址遗迹。

遗产廊道侧重于利用，兼顾遗产保护与观景、游憩、经济社会发展等综合功能。遗产廊道一般指的是“特殊文化资源整合而成的线型景观，包含了旅游的发展、显著的经济中心、老建筑的保护利用以及环境改善”。遗产廊道的保护注重整体性，遗产廊道内的文化资源与自然资源应得到整体保护，并加强游憩和经济的融合发展。

文化带兼顾保护与利用，强调地理空间概念，也称为历史文化沉积带、文化传播带、文化遗存带等。近些年逐渐发展为具有中国特色的集保护、利用、发展于一体的跨区域带状遗产保护利用方式与规划理念。例如，2019 年 2 月中共中央办公厅、国务院办公厅印发《大运河文化保护传承利用规划纲要》，基本明晰了文化带的内涵构成：即核心区是遗产资源集合的整体保护区，第二个层次是生态、旅游、交通等协同管控、保障支撑的拓展区，第三个层次是文化辐射、经济带动的辐射区。

文化生态保护区侧重于非遗保护，整体保护非物质文化遗产及其文化生态系统环境。2006 年，《国家“十一五”时期文化发展规划纲要》首次提出国家级文化生态保护区：“以保护非遗为核心，对历史文化积淀丰厚、存续状态良好，具有重要价值和特色的文化形态进行整体性保护，并经文化部批准设立的特定区域”。文化生态保护区主要保护非遗本体、非遗传承人、非遗物质载体，还保护文化生态系统环境，即保护区内传统民俗活动、宗教信仰等各种文化形态，及“非遗”所依存的自然生态环境与社会人文环境。

文化区侧重于地域文化认知与界定。文化区是指某种文化特征或具有文化特征的人的群体在空间上的分布。文化区大体可以分为三类：形式文化区、功能文化区、乡土文化区（赵荣等，2006）。文化区内趋于一致性的区域文化特征包含语言、艺术形式、宗教信仰、生活习俗、道德观念及心理、性格、行为等方面，并不是针对文化遗产保护提出的特定概念。

文化景观区侧重于文化遗产体系与生态环境系统整体保护，是具有相同地域文化特征范围内文化与自然的集合，是一种大尺度、跨区域的文化景观。1992 年文化景观正式被世界遗产委员会列入世界遗产名录，《保护世界文化和自然遗产公约》对文化景观的定义为自然与人类的共同创造，是一定地域范围内自然景观与历史文化的共生与融合。文化景观区是大尺度、区域性文化景观的概念。

2. 全国文化遗产保护格局

“文化带”与“文化景观区”更适合当前具有中国特色的全国文化遗产保护格局探索。“文化带”与“文化景观区”既保护了文化遗产本体及相关联的自然景观，也从发展的视角、从与社会经济融合的视角重视了支撑体系建设，能够起到全国文化遗产保护格局“四梁八柱”的作用。

首先，挖掘国家尺度的文化带与文化景观区。国家文化带的识别可以依托大尺度文化线路，系统挖掘对中华文化的传承与传播发挥重要纽带作用、对中国古代城镇体系发育发展产生重要影响、沿线文化遗存分布密集、有利沿线生态资源保护与旅游协同发展、具有较强区域性与战略性的文化带,如大运河、明长城、丝绸之路、茶马古道、明清海防体系等。国家文化景观区的识别可以依托文化景观与文化聚落,系统挖掘涵盖中华文化主要类别、体现中华文化发展脉络、具有较强地域文化特征、文化遗存分布集中、有利区域内生态资源保护与旅游协同发展、具有较强区域性与战略性的大尺度区域文化景观,如古徽州历史文化聚落等。

其次,研究文化带与文化景观区的空间构成。从区域性文化遗产保护利用的三类空间视角进行梳理,包括作为底线保护的文化遗产本体空间、区域整体保护协同管控空间与促进整体展示系统利用的支撑空间。

最后,研究划定文化带与文化景观区边界。重点关注两个层次,包括旨在实现区域整体保护的核心保护范围与旨在环境协调、保障支撑的协同管控范围。

(二)省域层面构建文化遗产空间体系

省域层面应重点解决系统性与协调性的问题。一方面,在国家文化遗产总体格局的战略指引下,省域层面需要系统构建文化遗产网络,确立省域文化遗产空间体系,至少包括四方面重要内容:第一,推进省域中华文化研究,整体梳理历史文化遗存的历史文化关联性与系统性,找到省域"层积"的历史文化脉络,搭建省域历史文化价值体系;第二,基于历史文化价值体系,挖掘省级"区域性遗产",如广东省境内的南岳古驿道、浙江省境内的唐诗之路等,在继承国家级文化带与文化景观区的同时,构建省级文化带与文化景观区。第三,整理省内各级历史文化村镇体系,包括历史文化名城、名镇、名村、传统村落等。第四,清点各类不可移动文物及其他相关物质遗存。

另一方面,为解决跨行政单元文化遗产整体保护与整体展示利用的问题以及支撑体系建设问题,省域文化遗产空间体系需要强化跨区域"三类"遗产关联空间的协调,即底线保护空间、区域整体保护协同管控空间与支撑保障空间。加强规划传导,通过划定历史文化传承主体功能县市,加强省域文化遗产空间体系规划指标、界线、支撑体系等管控措施的向下落地。通过对文化线路及沿线相关遗产分布特征的分析,研究确定与该文化带保护关系最为密切的核心县市。

(三)市县层面落实逐级传导要求、坚守遗产空间底线

市县层面,在梳理城市遗产网络及其保护体系的基础上,构建市县文化遗产空间体系,重点落实指标、界线、支撑体系建设等传导要求,整理、划定各类文化遗产保护利用红线,国土空间规划编制及审批过程中充分考虑、提前预留文化遗产空间,坚守保护底线。在保护的同时,加强展示、利用等配套设施建设,完善保障体系。历史文化传承主体功能县市先行先试,探索政策配套、任务分解的路径。

(四)探索建立文化遗产空间"一张图"系统

建议加强信息技术在文化遗产保护管理中的应用,探索文化遗产空间的"多规合一"。一方面,系统梳理文化遗产空间,从国土空间角度对现有文化遗产空间进行统一管理,形成文化遗产空间"一张图";另一方面,整体分析文化遗产空间与生态空间、农业空间、城镇空间的关系,将需要整体保护、协同管理的要求纳入"一张图"系统。与此同时,开展文化遗产空间监测预警,强化沿线建设开发行为动态监管。

将历史文化遗产空间信息纳入国土空间基础信息平台(自然资源部和国家文物局,2021)。各地文物主管部门要会同自然资源主管部门,在第三次全国国土调查和第三次全国文物普查的基础上,进一步做好文物资源专题调查和专项调查,按照国土空间基础信息平台数据标准,

结合建立历史文化遗产资源数据库，及时将文物资源的空间信息纳入同级平台，建立数据共享与动态维护机制。

五、文化遗产空间保护规划案例——北京崇雍大街整治提升工程

以下内容参考了鞠德东(2020)主持的北京崇雍大街整治提升工程项目，分析文化遗产空间保护，同时参考钱川等(2019)在《建筑技术》上发表的论文《北京崇雍大街的文化传承与风貌更新实践》。

北京崇雍大街，实际上不是一条街的名称，而是由多条街道共同组成的，它位于中轴线东侧，南北二环之间，街道自南北贯穿东城区，南接天坛，北抵地坛，包括雍和宫大街、东四北大街、东四南大街、东单北大街、崇文门内大街等多条街道(图 8-3)。

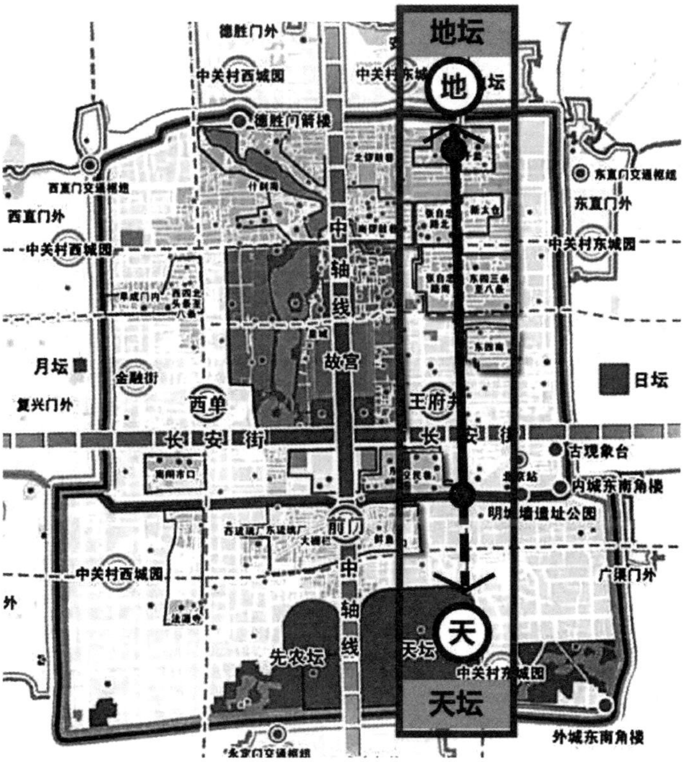

图 8-3　北京崇雍大街示意图(鞠德东，2020)

(一)北京崇雍大街特点

区位重要性：这条街道是除了中轴线之外，沿线历史文化资源最集中的一条街道，历史文化价值极高，是首都历史文化的“金名片”。北段有雍和宫、国子监等一系列的历史文化精华区，中段有段祺瑞执政府，南端有天坛等重要历史文化遗产。这也是一条最能体现老北京生活的区域之一，大家熟知的东四街区、方家胡同、五道营胡同等富有浓郁老北京味道、保存比较好的街区都在这条街的两侧。

功能复杂性：崇雍大街两侧的建筑功能也非常复合，从南到北，既有东方广场、协和医院这样的大型商业、办公、医疗建筑，也有大量的商业和文化、旅游设施，很多功能附着在这条街的两侧。

风貌多样性：街道两侧的建筑风貌比较杂乱，缺乏特色。沿街既有保存较好的传统建筑，

也有设计较好的现代建筑。另外,也有相当数量的违章搭建、简陋的仿古建筑和大量缺乏特色和品质的一般建筑。

问题突出性:崇雍大街也是一条问题非常突出的街道,地铁 5 号线从南到北贯穿崇雍大街,交通的问题、业态的问题、风貌的问题等交织在一起,错综复杂。

(二)历史文化价值

1. 贯通北京老城南北的文化次轴

崇雍大街的文物史迹的数量、等级、富集度和两侧传统风貌的完整度在北京老城众多大街中非常突出,与中轴线相比,崇雍大街是物华天宝、人杰地灵的南北向的文化次轴(图 8-4)。这片区域密集分布有 7 片历史文化街区、5 片历史文化精华区、24 处全国重点文物保护单位、60 余处市/区级文物保护单位。

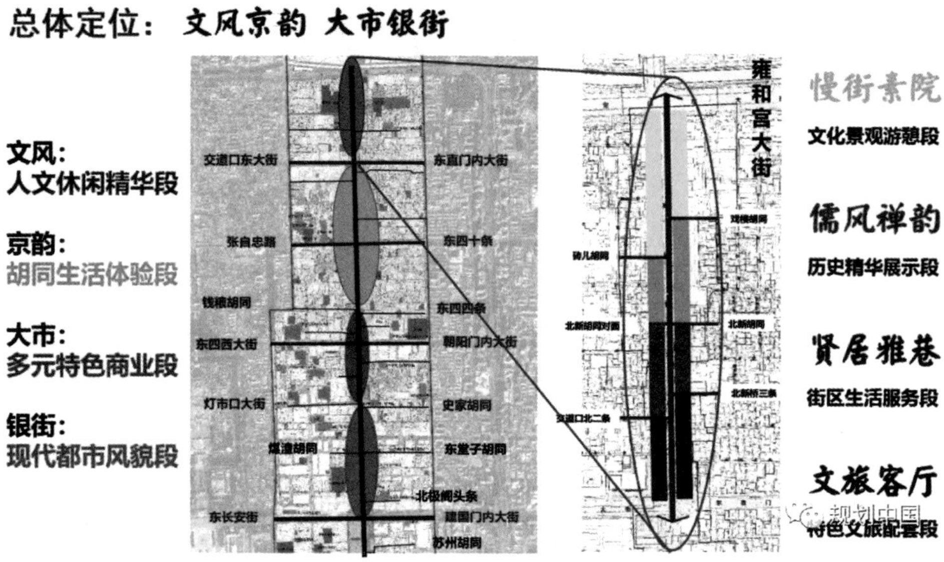

图 8-4 北京崇雍大街体定位(鞠德东,2020)

2. 崇文尊孔重教的精神圣地

崇雍大街北段的国子监始建于元大德十年,是元、明、清三代国家设立的最高学府和教育厅行政管理机构,又称"国学"。宗教方面,雍和宫是清朝中后期全国规格最高的一座佛教寺院,为清朝政府掌管全国藏传佛教事务的中心。隆福寺在明代是京城唯一的喇嘛、和尚共用的寺院。

3. 文化交融碰撞的先锋阵地

崇雍大街在波澜壮阔的历史进程中影响深远,历史上多个先锋文化思潮也在此闪耀。京师同文馆是清末第一所官办外语专门学校,也成为洋务运动中清朝政府了解西方国家的窗口。著名的"五四爱国运动"的游行路线始于大街南段。

(三)规划工作

1. 以利益相关者为核心,激发全社会对遗产保护的参与度

过去,很多人经常会提"原住民"的说法,但是有时也会因理解不同走入误区,经常会碰到质疑。比如很多人问,到底什么是原住民,是住了十年二十年,还是五十年,这些问题很难说清。因此，用“社区居民”或者“利益相关者”的概念更合适，其中“社区居民”更强调在地性的人群的主体性，“利益相关者”的说法更为宽泛，包含了直接相关和间接相关、核心相关和外围相关的人群的范围。

对利益相关者的考量要求规划者要打开思维、扩大视野，要广泛地征求所有利益相关群体的意见。另一方面，对于历史文化遗产保护工作而言，不应该仅限于专业的人视野内的理解，更重要的是让全社会都认识到遗产保护的重要性和价值。

在规划过程中，通过多种形式征询社区居民、市民、游客等社会公众的意见，也通过不同渠道征集专家、部门的专业意见。在工作的不同阶段开展了包括“议事厅、工作坊、展示厅、小程序、责任师”在内的公众参与工作和方式。

2. 抓住文化保护传承主线，凸显价值、保护遗产、传承文化

在实际工作中，历史文化价值的研究至关重要，这也是形成保护共识的前提。因为经常出现这样的情况，对于某遗产来说，大家都说要保护，但最后发现大家说的需要保护的内容根本不是一回事。在这里，我们对崇雍大街的历史价值和特色进行了深入的研究，对各类载体提出了详细要求，对街道的不同区段的文化特点加以总结，提出了文化展示的主题，通过建筑、景观等多种方式加以展示。

在文化身份方面，崇雍大街是仅次于中轴线的一条街道空间，但在改造之前的整体风貌几乎让人没法感受到它是如此重要的一条街道。本次规划，通过各类遗产的保护展示，建筑风貌的整饬，各种历史文化要素的展示，希望让街道能够凸显其特色和身份。在沿街区域利用一些空间节点，做了环境整体提升和文化展示，实施后当地居民比较满意，获得较好的效果。

3. 强调整体系统综合思维，由表及里、专业协同、渐进更新

过去的崇雍大街，其实也进行过多次的立面整治工作，但是多是采用“一层皮”的方式，治标不治本，导致风貌问题反复出现，难以根治。

2017年开始的整治提升工作，提出采用整体性的工作思路和方法。不只单纯整治建筑立面，而是要从街面走向院落，但是实施起来面临相当大的难度。与区政府反复沟通，决定采用层层推进的方式，先开展沿街一进院落或者至少一栋建筑的方式，再逐步向街区内部深入，最终实现沿街及街区内以院落为单元的整体保护更新(图8-5)。对院落的整治方式，形成了院落分类整治的决策系统，提出了分类措施。

研究方法上，强调区域性的分析研究。强调要从整个片区、甚至整个古城的层面去梳理、分析崇雍大街，才能提出科学合理的解决方案。比如，在研究街道功能业态时，通过大数据研究，发现雍和宫边上原来有很多卖香、进香需要的商品，但是实际上受众群、购买群大多不是当地的游客或者居民，而是因为寺院的存在出现的业态，并且发展出一些批发的功能，这些功能和街道的功能并不匹配。通过分析之后，建议把附近的功能和业态进行了调整，恢复成“慢街素院”。

工作组织方面，搭建一个多专业协同、多部门联动的工作平台。通过城市设计统筹建筑、景观、交通等专业团队，通过设计单位、城管委、规划分局、街道办等多部门联动，形成合力。中国城市规划设计研究院领导牵头高位统筹院内不同部门，院外涉及不同的管理部门和实施部门，尽量统一到一个技术平台讨论，实施过程非常复杂，一定要在平台上讨论，否则很多工作没有办法真正落地实施。

在雍和宫大街，还有一个比较大的难题就是“多杆林立”的问题。只是雍和宫大街，在1千米的路段，各类杆体就有约270个杆，包括交通信号灯杆、监控杆、照明灯杆，功能重复、相互冲

图 8-5　北京崇雍大街整治对比图(从上至下:1960 年、1990 年、2006 年、2020 年)(鞠德东,2020)

突,缺少整体整合。我们提出了“多杆合一”的设想,获得了区里的高度认同。通过整合,近 270 根杆体减到了 67 根(图 8-6)。在这里,负责多杆合一的团队,做了大量的探索和创新的工作,也做了大量的技术协调工作。因为,有的杆体,一个杆最多涉及 10 来个部门,一个部门不同意,方案也没法实施,可见多专业的协同、多部门的协调有多么必要。

整治前　　整治后

图 8-6　北京雍和宫大街多杆整治对比图(鞠德东,2020)

工作过程中,景观团队通过对整条街景观的研究和沿街景观节点的分析,提出了非常系统的综合解决方案:提出从南到北对街道空间进行了再划分,形成“三条带”的处理方式,合理有序组织了街道空间的功能；临街建筑是休憩过渡带，满足逛街及休闲活动；沿着道路外侧的是设施带，用于停放自行车、放置电箱、垃圾桶等设施；两者之间是通行带，用于行人步行。系统的解决方案，较好地解决了街道空间的功能组织，改造后形成了较好的效果。

4. 注重规划落地实施保障，机制支撑、项目落地、政策保障

长效工作机制的建设。一次性的街道空间整治工作实施还是可控的，但是如何保证街道的多样性和丰富性，促进街道空间良性生长和持续发展，还需要有更加有效的长效管控机制和政策的保障。在项目研究过程中，统规统建和统规自建相结合的方式被提出，近期统规统建，远期统规自建，充分发挥商户等主体的积极性，在街道建筑空间导则指引下自我设计，实现街道建筑多元化的建筑风格和手法。

思考题

1. 简述历史文化街区的概念与功能。
2. 辨析文化线路、文化带、文化区。
3. 辨析自然保护地、国家公园、自然保护区、自然公园。

第九章 国土空间规划实施管理

第一节 国土空间规划成果管理

本节参考自然资源部2021年公布的《市级国土空间总体规划成果数据汇交要求(征求意见稿)》,以市级国土空间总体规划成果数据汇交为例,阐述国土空间规划成果管理。市级国土空间总体规划成果数据汇交,能够实现规划成果的上交、审查、查询、公示、备案等方面的数字化管理,有利于规划成果的统一规范,实现标准化管理。

一、数据汇交总体要求

市级国土空间总体规划成果数据汇交材料包括:报送公文1份(纸质,加盖省级主管部门公章)、电子成果数据1套。电子成果数据包括规划文本、规划说明、栅格图件、专题研究报告、规划表格及其他材料,矢量数据和数据说明文档。

电子成果数据应当依据《市级国土空间总体规划编制指南(试行)》,并且符合数据汇交要求。其中,矢量数据应当符合《市级国土空间总体规划数据库规范(试行)》,简称《数据库规范》。

坐标系统采用"2000国家大地坐标系(CGCS2000)",高程系统采用"1985国家高程基准",投影采用"高斯-克吕格投影",地图分带采用国家标准分带。

二、数据内容、格式和命名要求

(一)规划文本

国土空间规划文本采用pdf文件格式,按照规则命名,命名规则:"行政区代码+行政区名称+文件名称.pdf"。行政区代码采用6位。例如,"230600+大庆市+国土空间总体规划文本""230600+大庆市+资源环境承载能力和国土空间开发适宜性评价报告"。需要汇交的规划文件清单见表9-1。

表9-1 规划文本汇交清单(自然资源部,2021b)

序号	文件名称
1	资源环境承载能力和国土空间开发适宜性评价报告
2	规划文本
3	规划说明
4	专题研究报告
5	人大意见
6	各相关部门意见
7	专家论证意见
8	公众参与情况

（二）栅格图件

规划图件采用 jpg 文件格式，分辨率要求 300dpi 以上，可不带坐标信息。文件名称按照"行政区代码＋行政区名称＋序号＋图件名称 . jpg"的规则命名。其中，行政区划代码为 6 位，序号为 2 位数字，不足 2 位前面补 0。必备的栅格图件汇交清单见表 9-2。

表 9-2　栅格图件汇交清单(自然资源部，2021b)

序号	图件名称	序号	图件名称
1	市域主体功能分区图	17	市域自然灾害风险分布图
2	市域国土空间总体规划图	18	生态保护重要性评价结果图
3	市域国土空间控制性规划图	19	农业生产适宜性评价结果图
4	市域生态系统保护规划图	20	城镇建设适宜性评价结果图
5	市域农业空间规划图	21	中心城区国土空间规划分区图
6	市域城镇体系规划图	22	中心城区土地利用规划图
7	市域历史文化保护规划图	23	中心城区开发强度分区规划图
8	市域城乡生活圈和公共服务设施规划图	24	中心城区控制性规划图
9	市域综合交通规划图	25	中心城区绿地系统和开敞空间规划图
10	市域基础设施规划图	26	中心城区公共服务设施规划图
11	市域国土空间规划分区图	27	中心城区基础设施规划图
12	市域生态修复和综合整治规划图	28	中心城区历史文化保护和城市更新规划图
13	市域矿产资源规划图	29	中心城区道路交通规划图
14	市域国土空间用地用海现状图	30	中心城区综合防灾减灾规划图
15	市域自然保护地分布图	31	中心城区地下空间规划图
16	市域历史文化遗存分布图	32	中心城区用地用海现状图

（三）规划表格

规划表格采用 mdb 文件格式，名称按"行政区代码＋行政区名称＋国土空间规划表格名称 . mdb"的规则命名。序号 1～8 为双评价表格，9～21 为规划表格（表 9-3）。规划表格属性结构要求见《数据库规范》。

（四）矢量数据

矢量数据采用 gdb 文件格式，文件名称按照"行政区代码＋行政区名称＋国土空间规划矢量数据 . gdb"的规则命名。生态保护红线、永久基本农田、城镇开发边界三类数据，依据国家相关专项工作文件进行数据汇交，但是考虑国土空间规划成果完整性和数据质量检查，矢量数据中需要包括生态保护红线、永久基本农田和城镇开发边界的数据。

矢量数据文件中，全域包含的图层及命名见表 9-4。图层分类，序号 1～2 为境界与行政区，3～7 分析评价，8～11 基期年现状，12～73 为目标年规划。

矢量数据文件中，中心城区包含的图层及命名见表 9-5。序号 1 为基期年现状，序号 2～27 为目标年规划。

表 9-3 市级国土空间总体规划表格清单(自然资源部,2021b)

序号	表格别名	表格名称	序号	表格别名	表格名称
1	生态保护重要性评价结果汇总表	STBHZYXPJ	12	耕地/永久基本农田规划指标分解表	GDYNZB
2	农业生产适宜性评价结果汇总表	NYSCSYXPJ	13	林地保有量指标分解表	LDBYLZB
3	城镇建设不适宜区结果汇总表	CZJSBSYQ	14	建设用地指标分解表	JSYDZB
4	城镇建设适宜区结果汇总表	CZJSSYQ	15	其他底线管控指标分解表	QTDXGKZB
5	土地资源约束下可承载耕地规模评价结果汇总表	TDYSKCZG-DGM	16	自然保护地一览表	ZRBHD
6	水资源约束下可承载耕地规模评价结果汇总表	SYSKCZG-DGM	17	历史文化资源一览表	LSWHZY
7	土地资源约束下城镇建设承载规模评价结果汇总表	TDYSCZC-ZGM	18	无居民海岛一览表	WJMHD
8	水资源约束下城镇建设承载规模评价结果汇总表	SYSCZCZGM	19	重点建设项目安排表	ZDXMAPB
9	规划指标表	GHZBB	20	上级下达指标表	SJXDZBB
10	规划指标分解表	ZBFJB	21	中心城区城镇建设用地结构规划表	ZXCQYDJG
11	市域国土空间功能结构调整表	GTKJJGTZB			

表 9-4 市级国土空间总体规划矢量数据(全域)(自然资源部,2021b)

序号	图层别名/几何特征	图层名称	序号	图层别名/几何特征	图层名称
1	市级行政区/面	XZQDS	18	湿地/面	SD
2	县级行政区/面	XZQXS	19	基本草原/面	JBCY
3	生态保护重要性评价结果/面	STBHZYXPJJG	20	河湖岸线/线	HHAX
4	农业生产适宜性评价结果/面	NYSCSYXPJJG	21	海岸线/线	HAX
5	城镇建设适宜性评价结果/面	CZJSSYXPJJG	22	历史文化保护线/面	LSWHBHX
6	生态系统服务功能重要性分布/面	STXTF-WGNZYXFB	23	矿产资源控制线/面	KCZYKZX
7	生态脆弱性分布/面	STCRXFB	24	洪涝风险控制线/面	HLFXKZX
8	现状用地用海/面	XZYDYH	25	生态保护空间格局/面	STBHKJGJM
9	现状自然保护地分布/面	XZZRBHDFB	26	生态廊道/面	STLD
10	现状历史文化遗存分布/点	XZLSWHYCFB	27	自然保护地/面	ZRBHD
11	现状自然灾害风险分布/点	XZZRZHFXFB	28	农业生产空间布局/面	NYSCKJBJM
12	主体功能分区/面	ZTGNFQ	29	永久基本农田储备区/面	YJJBNTCBQ
13	生态保护红线/面	STBHHX	30	耕地质量等级分区/面	GDZLDJFQ
14	永久基本农田/面	YJJBNTTB	31	城镇体系/点	CZTXD
15	城镇开发边界/面	CZKFBJ	32	产业空间布局/面	CYKJBJM
16	天然林/面	TRL	33	规划分区/面	GHFQ
17	生态公益林/面	STGYL	34	海域保护利用/面	HYBHLY

续表

序号	图层别名/几何特征	图层名称	序号	图层别名/几何特征	图层名称
35	海岛保护利用/面	HDBHLY	55	重大能源基础设施(线)/线	ZDNYJCSSX
36	世界遗产/面	SJYC	56	重大能源基础设施(面)/面	ZDNYJCSSM
37	国家文化公园/面	GJWHGY	57	重大水利基础设施(点)/点	ZDSLJCSSD
38	文化生态保护区/面	WHSTBHQ	58	重大水利基础设施(线)/线	ZDSLJCSSX
39	历史文化名城/面	LSWHMC	59	重大水利基础设施(面)/面	ZDSLJCSSM
40	历史文化名镇/面	LSWHMZ	60	重大信息通信设施(点)/点	ZDXXTXSSD
41	历史文化名村/面	LSWHMCUN	61	重大信息通信设施(线)/线	ZDXXTXSSX
42	历史城区/面	LSCQ	62	重大信息通信设施(面)/面	ZDXXTXSSM
43	历史文化街区/面	LSWHJQ	63	其他重大基础设施(点)/点	QTZDJCSSD
44	历史建筑/面	LSJZ	64	其他重大基础设施(线)/线	QTZDJCSSX
45	文物保护单位/面	WWBHDW	65	其他重大基础设施(面)/面	QTZDJCSSM
46	传统村落/面	CTCL	66	生态修复和国土综合整治重大工程(点)/点	见最后一行
47	防灾减灾设施(点)/点	FZJZSSD	67	生态修复和国土综合整治重大工程(线)/线	
48	防灾减灾设施(线)/线	FZJZSSX	68	生态修复和国土综合整治重大工程(面)/面	
49	防灾减灾设施(面)/面	FZJZSSM	69	分区规划单元/面	FQGHDY
50	灾害风险区/面	ZHFXQ	70	详规单元/面	XGDY
51	重大交通基础设施(点)/点	ZDJTJCSSD	71	近期重大项目(点)/点	JQZDXMD
52	重大交通基础设施(线)/线	ZDJTJCSSX	72	近期重大项目(线)/线	JQZDXMX
53	重大交通基础设施(面)/面	ZDJTJCSSM	73	近期重大项目(面)/面	JQZDXMM
54	重大能源基础设施(点)/点	ZDNYJCSSD	66—68：STXFHGTZHZZZDGCD(X/M)		

表 9-5　市级国土空间总体规划矢量数据(中心城区)(自然资源部,2021b)

序号	图层别名	几何特征	图层名称
1	中心城区现状用地用海	面	ZXCQXZYDYH
2	中心城区范围	面	ZXCQFW
3	中心城区规划分区	面	ZXCQGHFQ
4	中心城区规划用地用海	面	ZXCQGHYDYH
5	中心城区绿地与开敞空间	面	ZXCQLDYKCKJ
6	中心城区地下空间开发重点区域	面	ZXCQDXKJKFZDQY
7	中心城区保障住房	面	ZXCQBZZF
8	中心城区城市蓝线	面	ZXCQCSLX
9	中心城区城市绿线	面	ZXCQCSLVX
10	中心城区城市紫线	面	ZXCQCSZX
11	中心城区城市黄线	面	ZXCQCSHX

续表

序号	图层别名	几何特征	图层名称
12	中心城区开发强度分区	面	ZXCQKFQDFQ
13	中心城区视线通廊	面	ZXCQSXTL
14	中心城区公共服务设施(点)	点	ZXCQGGFWSSD
15	中心城区公共服务设施(面)	面	ZXCQGGFWSSM
16	中心城区市政公用设施(点)	点	ZXCQSZGYSSD
17	中心城区市政公用设施(线)	线	ZXCQSZGYSSX
18	中心城区市政公用设施(面)	面	ZXCQSZGYSSM
19	中心城区交通设施(点)	点	ZXCQJTSSD
20	中心城区交通设施(面)	面	ZXCQJTSSM
21	中心城区道路中心线	线	ZXCQDLZXX
22	中心城区道路红线	线	ZXCQDLHX
23	中心城区防灾减灾设施(点)	点	ZXCQFZJZSSD
24	中心城区防灾减灾设施(线)	线	ZXCQFZJZSSX
25	中心城区防灾减灾设施(面)	面	ZXCQFZJZSSM
26	中心城区城市更新重点区域	面	ZXCQCSGXZDQY
27	中心城区城市更新单元	面	ZXCQCSGXDY

(五)数据说明文档

数据说明文档是市级国土空间总体规划数据建设中涉及的相关文档,例如,市级国土空间总体规划数据库建设报告、数据质量检查报告、数据质量检查结果记录等相关说明文档,采用pdf文件格式,内容清晰美观。文件名称按照"行政区代码+行政区名称+数据说明文档.pdf"的规则命名。

(六)成果报送清单

国土空间规划成果汇交时需要提供成果报送清单,成果报送清单需要说明本成果包含的数据内容,列明各个矢量图层名称、文档名称、表格名称和栅格图名称等。采用pdf文件格式,文件名称按照"行政区代码+行政区名称+成果报送清单.pdf"的规则命名。

三、成果数据组织形式

(一)组织单元

市级国土空间总体规划电子成果数据,以本级行政辖区为组织单元。市级国土空间总体规划电子成果数据的汇交,采用逐级汇交上报形式。市级主管部门将市级国土空间总体规划电子成果汇交到省(自治区),省级主管部门需要对所上交的电子成果进行预检,经预检合格后以市为汇交单元汇交到自然资源部。

(二)文件组织结构

报送的市级国土空间总体规划电子成果数据以文件夹的形式组织,相应数据存储到相应的文件夹下,例如,文本材料存在"规划文本"文件夹下,图件材料存在"栅格图件"文件夹下。

1. 市级汇交文件组织结构

市级主管部门报送的国土空间总体规划电子成果的目录结构见图 9-1。

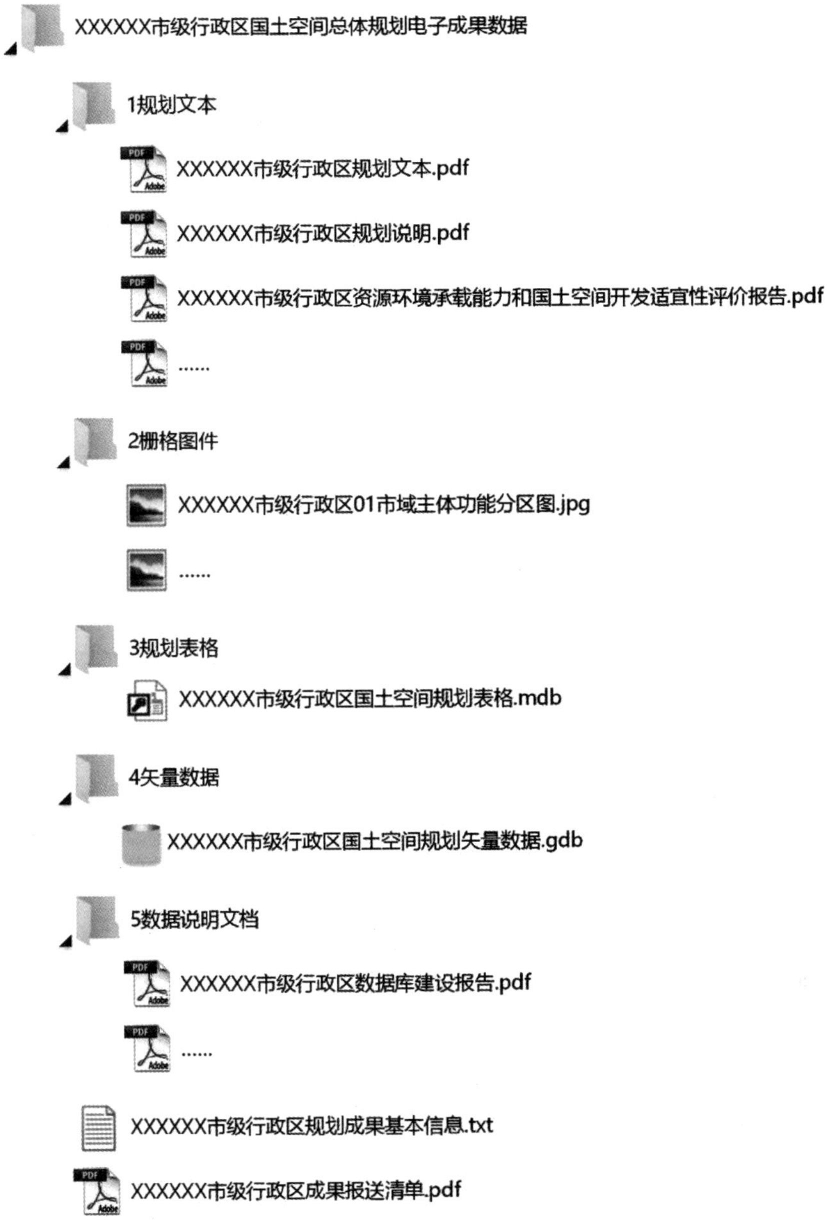

图 9-1　市级国土空间总体规划电子成果目录结构(市报省(自治区))(自然资源部,2021b)

目录名称中的“××××××市级行政区”指的是“6 位市级行政区代码＋市级行政区名称”。其中,“××××××市级行政区国土空间总体规划电子成果数据”目录下,文件存放要求如下。

“1 规划文本”:存放市级国土空间总体规划成果中的规划文本、规划说明、资源环境承载能力和国土空间开发适宜性评价报告、专题研究报告、人大意见、各相关部门意见、专家论证意见、公众参与情况等其他材料。

“2 栅格图件”:存放市级国土空间总体规划成果中的栅格格式的规划图件。

“3 规划表格”:存放市级国土空间总体规划成果中的表格数据。

“4 矢量数据”:存放市级国土空间总体规划数据库成果。

“5 数据说明文档”:存放市级国土空间总体规划数据建设中涉及的相关文档。

根目录下存放规划成果基本信息和成果报送清单两个文档。

2. 省级汇交文件组织结构

省级主管部门报送的市级国土空间总体规划电子成果的目录结构见图 9-2。

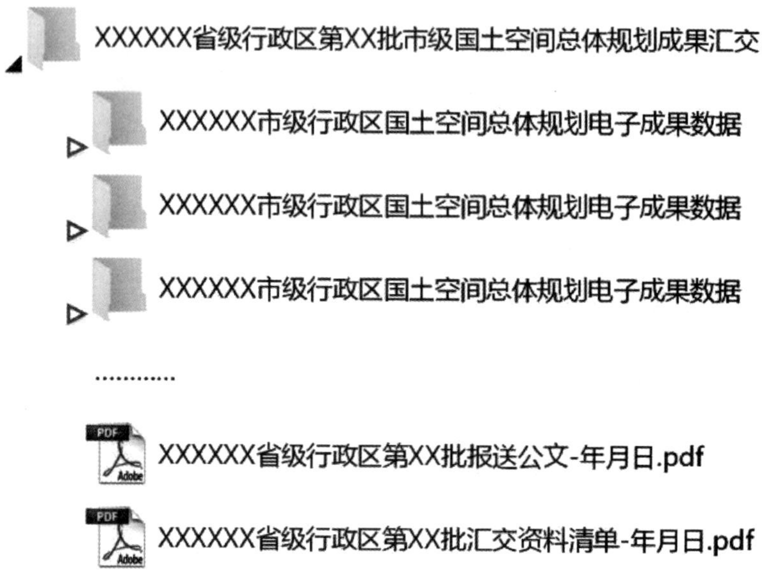

图 9-2　市级国土空间总体规划电子成果目录结构(省报部)(自然资源部,2021b)

目录名称中的“××××××省级行政区”指的是“6 位省级行政区代码+省级行政区名称”,“第××批”用 2 位数字码表示分批汇交的批次。

(三)规划成果基本信息

规划成果基本信息,描述市级国土空间总体规划编制的基本信息。采用 txt 文件格式,文件名称按照“行政区代码+行政区名称+规划成果基本信息 . txt”的规则命名。

规划成果基本信息文件内容及格式要求见图 9-3。

按照下面的要求填写。

(1)项目名称:规划项目的具体名称,例如,哈尔滨市国土空间总体规划(2020—2035)。(2)行政区代码:规划项目所在地的行政区代码,县及县以上行政区划代码采用《中华人民共和国行政区划代码》国家标准(GB/T 2260)中的 6 位数字码。(3)行政区名称:规划项目所在地的行政区名称,采用《中华人民共和国行政区划代码》国家标准(GB/T 2260)中的名称。(4)规划类型:规划项目的类型,分为总体规划、专项规划。(5)规划层级:规划项目的层级,如市级。(6)成果版本:规划项目成果的版本,分为报批稿、批复稿。(7)编制情况:规划项目的编制情况,分为新编、调整、修改。(8)基期年、规划起始年、近期目标年、规划目标年、远景目标年,填写对应年份的 4 位数字,例如 2020。(9)规划范围:规划项目规划范围的文字描述。(10)规划面积:规划项目规划范围的面积,单位为平方千米,只填写数字,例如 980。(11)规划人口:规划期末的人口规模,单位为万人,只填写数字,例如 600。(12)委托单位:规划项目委托单位的

```
[project]
项目名称=XXXXXX
行政区代码=XXXXXX
行政区名称=XXXXXX
规划类型=XXXXXX
规划层级=XXXXXX
成果版本=XXXXXX
编制情况=XXXXXX
基期年=XXXXXX
规划起始年=XXXXXX
近期目标年=XXXXXX
规划目标年=XXXXXX
远景目标年=XXXXXX
规划范围=XXXXXX
规划面积=XXXXXX
规划人口=XXXXXX
委托单位=XXXXXX
编制单位=XXXXXX
编制时间=XXXXXX
上报单位=XXXXXX
上报时间=XXXXXX
联系人=XXXXXX
联系电话=XXXXXX
批准文号=XXXXXX
批准时间=XXXXXX
```

图 9-3　规划成果基本信息文件内容及格式(自然资源部,2021b)

名称。(13)编制单位:规划项目编制单位的名称,多个单位用中文全角分号"；"分隔。(14)编制时间:规划项目编制完成的时间,要求为"年(4 位)+月(2 位)+日(2 位)",例如 20210428。(15)上报单位:负责成果上报的单位名称。(16)上报时间:成果上报的时间,"年(4 位)+月(2 位)+日(2 位)",例如 20210608。(17)联系人、联系电话:负责成果上报的联系人及其联系电话。(18)批准文号:规划项目批准的文号。(19)批准时间:规划项目批准的时间,"年(4 位)+月(2 位)+日(2 位)",如 20210108。

四、数据质量要求

自然资源部对各地提交的市级国土空间总体规划成果数据将进行质量检查,检查内容包括数据完整性、空间数学基础与数据格式正确性、标准符合性、空间拓扑、图数一致性、指标一致性等方面,未通过检查的需要据实修改完善后重新报送。

自然资源部将根据"市级国土空间总体规划电子成果数据汇交"的内容,开发国土空间规划数据质检软件,提高检查效率,各地应使用自然资源部下发的软件对拟体检的市级国土空间总体规划电子成果进行自检,并保留质检软件自动生成的检查结果记录。

(一)质量检查内容和方法

市级国土空间总体规划电子成果数据质量的检查内容、检查代码、检查对象和检查方式,见表 9-6。检查代码采用 4 位数字进行编码,其中第 1 位数字码表示检查分类,第 2 位数字码表示检查项目,第 3、4 位数字码表示检查内容。

表 9-6 市级国土空间总体规划数据质量检查内容(自然资源部,2021b)

<table>
<tr><th>检查分类</th><th>检查项目</th><th>检查内容</th><th>检查编码</th><th>检查对象</th><th>检查方式</th></tr>
<tr><td rowspan="3">数据完整性检查</td><td rowspan="2">目录及文件规范性</td><td>是否符合《汇交要求》对电子成果数据内容的要求,是否存在缺失。</td><td>1101</td><td>所有电子数据</td><td>自动</td></tr>
<tr><td>是否符合《汇交要求》对目录结构和文件命名的要求。</td><td>1102</td><td>所有电子数据</td><td>自动</td></tr>
<tr><td>数据格式正确性</td><td>是否符合《汇交要求》规定的文件格式。</td><td>1201</td><td>所有电子数据</td><td>自动</td></tr>
<tr><td rowspan="3">空间数据基本检查</td><td rowspan="2">数据基础</td><td>坐标系统是否采用“2000 国家大地坐标系”,投影方式是否采用高斯-克吕格投影,分带是否采用国家标准分带。</td><td>2101</td><td>所有图层</td><td>自动</td></tr>
<tr><td>高程系统是否采用“1985 国家高程基准”。</td><td>2102</td><td>所有图层</td><td>自动</td></tr>
<tr><td>行政区范围</td><td>除行政区划以外的图层要素是否超出行政区划范围。</td><td>2201</td><td>除行政区划以外的图层</td><td>自动</td></tr>
<tr><td rowspan="15">空间属性数据标准性检查</td><td rowspan="4">图层完整性</td><td>必选图层是否齐备,是否符合《数据库规范》的要求。</td><td>3101</td><td>必选图层</td><td>自动</td></tr>
<tr><td>图层名称是否符合《数据库规范》的要求。</td><td>3102</td><td>所有图层</td><td>自动</td></tr>
<tr><td>图层别名是否符合《数据库规范》的要求。</td><td>3103</td><td>所有图层</td><td>自动</td></tr>
<tr><td>图层类型是否符合《数据库规范》的要求。</td><td>3104</td><td>所有图层</td><td>自动</td></tr>
<tr><td rowspan="6">属性数据结构一致性</td><td>图层属性字段的数量是否符合《数据库规范》的要求。</td><td>3201</td><td>所有图层</td><td>自动</td></tr>
<tr><td>图层属性字段的字段名称是否符合《数据库规范》的要求。</td><td>3202</td><td>所有图层</td><td>自动</td></tr>
<tr><td>图层属性字段的字段别名是否符合《数据库规范》的要求。</td><td>3203</td><td>所有图层</td><td>自动</td></tr>
<tr><td>图层属性字段的字段类型是否符合《数据库规范》的要求。</td><td>3204</td><td>所有图层</td><td>自动</td></tr>
<tr><td>图层属性字段的字段长度是否符合《数据库规范》的要求。</td><td>3205</td><td>所有图层</td><td>自动</td></tr>
<tr><td>图层属性字段的字段小数位数是否符合《数据库规范》的要求。</td><td>3206</td><td>所有图层</td><td>自动</td></tr>
<tr><td rowspan="2">代码一致性</td><td>字段值是代码的字段取值是否符合《数据库规范》的要求。</td><td>3301</td><td>字段取值是代码的图层</td><td>自动</td></tr>
<tr><td>每个图层中要素代码字段的取值是否符合《数据库规范》的要求。</td><td>3302</td><td>所有图层</td><td>自动</td></tr>
<tr><td>数值范围符合性</td><td>字段取值是否符合《数据库规范》规定的值域范围。</td><td>3401</td><td>字段取值是数值的图层</td><td>自动</td></tr>
<tr><td>编号唯一性</td><td>编号字段取值是否唯一。</td><td>3501</td><td>包含编号字段的图层</td><td>自动</td></tr>
</table>

续表

检查分类	检查项目	检查内容	检查编码	检查对象	检查方式
空间属性数据标准性检查	字段必填性	必填字段是否不为空。	3601	所有图层	自动
	图层内属性一致性	检查行政区代码字段值与行政区名称字段值是否匹配。	3701	所有图层	自动
		检查国土空间规划分区代码字段值与国土空间规划分区名称字段值是否匹配。	3702	规划分区、中心城区规划分区	自动
		检查用地用海分类代码字段值与用地用海分类名称字段值是否匹配。	3703	规划用地用海、中心城区现状用地用海、中心城区规划用地用海	自动
	图层间属性一致性	所有属性结构表中行政区代码字段值与行政区划图层中行政区代码字段值是否一致。	3801	除行政区划以外的图层	自动
空间图形数据拓扑检查（拓扑容差为实地0.0001米）	点层内拓扑关系	层内要素是否重叠。	4101	所有点图层	自动
	线层内拓扑关系	层内要素是否重叠。	4201	所有线图层	自动
		层内要素是否自重叠。	4202	所有线图层	自动
		层内要素是否自相交。	4203	所有线图层	自动
	面层内拓扑关系	层内要素是否重叠。	4301	所有面图层	自动
	线面间拓扑关系（预留）		4400		自动
	面层间拓扑关系	三条控制线互不重叠。	4501	生态保护红线、永久基本农田、城镇开发边界	自动
		城市控制线互不重叠。	4502	城市蓝线、城市绿线、城市紫线、城市黄线	自动
	碎线检查	线层是否存在实地小于0.2米的碎线。	4601	所有线图层	自动
	碎面检查	面层是否存在实地小于200平方米的碎片。	4701	所有面图层	自动
表格数据检查	表格完整性	必选表格是否齐备，是否符合《数据库规范》的要求。	5101	必选表格	自动
		表格名称是否符合《数据库规范》的要求。	5102	所有表格	自动
	表格数据结构一致性	表格字段的数量是否符合《数据库规范》的要求。	5201	所有表格	自动
		表格字段的字段名称是否符合《数据库规范》的要求。	5202	所有表格	自动
		表格字段的字段别名是否符合《数据库规范》的要求。	5203	所有表格	自动
		表格字段的字段类型是否符合《数据库规范》的要求。	5204	所有表格	自动
		表格字段的字段长度是否符合《数据库规范》的要求。	5205	所有表格	自动

续表

检查分类	检查项目	检查内容	检查编码	检查对象	检查方式
表格数据检查	表格数据结构一致性	表格字段的小数位数是否符合《数据库规范》的要求。	5206	所有表格	自动
	表格数据代码一致性	字段值是代码的字段取值是否符合《数据库规范》的要求。	5301	字段取值是代码的表格	自动
		每个表格要素代码字段的取值是否符合《数据库规范》的要求。	5302	所有表格	自动
	表格数值范围符合性	字段取值是否符合《数据库规范》的值域范围。	5401	字段取值是数值的表格	自动
	表格字段编号唯一性	编号字段取值是否唯一。	5501	包含编号字段的表格	自动
	表格字段必填性	必填字段是否不为空。	5601	所有表格	自动
	表格内属性一致性	基期数值、近期数值、规划数值三者关系是否正确。	5701	上级下达指标表、规划指标表、规划约束性指标分解表	自动
		各分项面积之和与合计面积是否一致。	5702	中心城区城镇建设用地结构规划表、耕地永久基本农田规划指标分解表、林地保有量指标分解表、建设用地指标分解表、其他底线管控指标分解表	自动
	表格间属性一致性	本级规划指标表中指标项、与规划约束性指标分解表中对应指标项汇总是否一致。	5801	规划指标表、规划约束性指标分解表	自动
图数一致性检查	图数一致性	生态保护红线图层统计结果不小于规划指标表中生态保护红线控制面积指标。	6101	生态保护红线、规划指标表	自动
		永久基本农田图层统计结果不小于规划指标表中永久基本农田保护面积指标。	6102	永久基本农田、规划指标表	自动
		城镇开发边界图层统计结果不大于规划指标表中城乡建设用地规模指标。	6103	城镇开发边界、规划指标表	自动
		天然林、生态公益林图层统计结果不小于规划指标表中林地保有量指标。	6104	天然林、生态公益林、规划指标表	自动
		基本草原图层统计结果不小于规划指标表中基本草原面积指标。	6105	基本草原、规划指标表	自动
		中心城区规划用地用海图层各分类统计面积与城镇建设用地结构规划表中对应分类面积是否一致。	6106	中心城区规划用地用海、中心城区城镇建设用地结构规划表	自动
规划内容检查	上下级规划指标一致性	本级规划指标符合上级下达指标的要求	6107	上级下达指标表、规划指标表	自动

(二)质量评价

自然资源部完成市级国土空间总体规划电子成果数据质量检查后,将对发现的错误进行分级,根据检查内容和错误程度,从重到轻分为Ⅰ级错误、Ⅱ级错误、Ⅲ级错误三类(表9-7),并反馈给省级自然资源主管部门。

表9-7　市级国土空间总体规划数据质量检查错误分级表(自然资源部,2021b)

错误级别	检查内容	编号	错误级别	检查内容	编号
Ⅰ级错误	目录及文件规范性	1101	Ⅰ级错误	表格完整性	5101
		1102			5102
	数据格式正确性	1201		表格数据结构一致性	5201
	数学基础	2101			5202
		2102			5203
	行政区范围	2201			5204
	图层完整性	3101			5205
		3102			5206
		3103		表格内属性一致性	5701
		3104			5702
	属性数据结构一致性	3201		表格间属性一致性	5801
		3202		图数一致性	6101
		3203			6102
		3204			6103
		3205			6104
		3206			6105
	面层间拓扑关系	4501			6106
		4502		上下级规划指标一致性	7101
Ⅱ级错误	代码一致性	3301	Ⅱ级错误	线层内拓扑关系	4201
		3302			4202
	数值范围符合性	3401			4203
	编号唯一性	3501		面层内拓扑关系	4301
	字段必填性	3601		线面间拓扑关系	4400
	图层内属性一致性	3701		表格数据代码一致性	5301
		3702			5302
		3703		表格数值范围符合性	5401
	图层间属性一致性	3801		表格字段编号唯一性	5501
	点层内拓扑关系	4101		表格字段必填性	5601
Ⅲ级错误	碎线检查	4601	Ⅲ级错误	碎面检查	4701

第二节 国土空间用途管制

新时代生态文明建设上升到前所未有的高度,而建立统一协调的空间规划体系,建立国土空间开发保护制度,实现全域国土空间用途管制,这是生态文明体制改革的重要内容(张建平,2018)。实行"空间用途管制"在党的十九大报告首次提出,标志用途管制从平面土地拓展到立体空间,从单要素管制扩展到自然资源全要素管制,从农地保护迈向国土空间保护。当前,我国已将国土空间用途管制上升为一项国家战略,这是落实山水林田湖草生命共同体理念的重要举措,是解决空间规划管制乏力的重要手段,也是增强自然资源管理和改善生态环境质量的强力支撑。

一、国土空间用途管制的内涵与特征

"管制"是指按照一定的规则、方法或模式进行强制性的管理。管制在管理学、经济学、法学领域里应用广泛,这些学科对管制的研究也较多,实际应用也较多。从19世纪末开始,"管制"这种依法授权的强制性管理手段开始应用于土地利用规划、城市规划和管理等空间治理领域,目的是加强开发建设的监督和管理,强化自然资源保护,维护公共利益,改善生态环境质量。现在的"国土空间用途管制"是指1997年《关于进一步加强土地管理切实保护耕地的通知》中提出土地"用途管制"以来,我国空间治理领域"土地用途管制""空间管制"等一系列理论研究和实践经验的集合。

国土空间用途管制是对空间利用行为主体可能产生的一切空间利用行为进行的管制活动,是一个复杂的多维系统(岳文泽 等,2019)。主要表现为:第一,管制对象为"国土空间",包括城镇、农业、生态及其他地域空间;第二,管制内容是用途(属性),包括确定用途和规模、用途改变、强度变更等;第三,管制方式具有强制性,即严格控制建设用地占用耕地和其他自然生态空间;第四,管制本质是人类的开发利用行为,包括开发、建设、保护等国土利用行为。

目前,学术界对国土空间用途管制无统一定义,从管理学、法学、经济学、资源学、规划学等不同角度均有所侧重,但本质是对自然资源的开发管制。学术界普遍认为,国土空间用途管制是在确定空间用途及开发利用条件的基础上,通过国土空间开发利用许可、用途变更审批和开发利用监管等环节对耕地、林地、草原、河流、湖泊、湿地、海域等所有国土空间用途或功能进行监管。换言之,国土空间用途管制是对国土空间资源的"定性、定量与定位",即对用途、规模、强度以及地域国土资源可用性等行为的约束和管制。

二、国土空间用途管制演变

本部分内容主要参考田双清等(2020)发表的《从土地用途管制到国土空间用途管制:演进历程、轨迹特征与政策启示》,黄征学等(2019b)发表的《国土空间用途管制的演进历程、发展趋势与政策创新》以及黄征学等(2018)发表的《从土地用途管制到空间用途管制:问题与对策》。

随着我国社会经济发展和生态环境意识增强,土地管理发生了重要变化,土地用途管制的内容不局限于"土地",延伸到国土空间,开始从以往重点关注生产生活空间的土地用途管制逐步向实现自然资源统筹、管制领域全覆盖的国土空间用途管制转变。用途管制逐渐朝着多维度、宽领域、全覆盖方向发展。纵观我国国土空间用途管制演变,经历了萌芽—探索—发展—

完善四个主要阶段。

(一)萌芽阶段(1949—1997 年)

新中国成立初期,快速恢复和发展国民经济是重要任务,完成此任务的关键在于解决土地问题,这一时期土地管理工作大致经历了下面三个时期。

短暂的统一管理时期(1949—1955 年)。1949 年,中央内务部下设地政司,作为土地管理最高行政机关,统一管理全国地政。

多头分散管理时期(1955—1986 年)。1956 年 5 月,国务院成立农垦部,负责管理国营农地和荒地,这时期土地管理职能被分散到农业、水利和城建等多个部门。1982 年 8 月—1986 年 6 月,城乡分管体制施行,城镇土地和农村土地分属不同部门管理。城市建设环境保护部管理城镇土地;农牧渔业部设土地管理局,主管农村土地。

统一分级限额审批时期(1986—1997 年)。随着改革开放的不断深入,城乡建设用地需求迅速增加,乱占耕地、滥用土地现象突出。1986 年中发 7 号文件提出,必须严格按照用地规划、用地计划和用地标准审批土地,首次明确了土地利用规划和计划的重要作用与地位。1986 年 6 月,《土地管理法》正式拉开了土地管理体制改革大幕,以"统一分级限额审批"为特征的土地计划管理确立。随后,《建设用地计划管理暂行办法》(1987 年)、《土地管理法(修正案)》(1988 年)、《基本农田保护条例》(1994 年)、《建设用地计划管理办法》(1996 年)相继颁布,开始对一些具体指标进行严格控制。这阶段的管制思想带有明显地方利益主导特征,土地利用计划主要按土地需求确定,供地计划则主要是保障国家建设需要,而对无计划用地和超计划用地现象并没有强硬的惩罚措施。

总之,从"短暂的统一"到"多头分散管理"再到"统一分级限额审批",虽然这一阶段并未有标志性的"用途管制"出现,但用途管制思想开始萌芽,尤其是 1986 年《土地管理法》的颁布,分级限额审批制度的实施及后来的用地管理计划,都体现了管制的思想,只是这种管制带有浓厚的计划经济色彩,相关用地"指标"的约束还需要进一步加强。

(二)探索阶段(1997—2013 年)

20 世纪 90 年代后期,随着经济转型发展,土地利用变化更加复杂,尽管已建立了一套建设用地审批管理体系,但在实际工作中分级限额审批制度的实施效果不是很好,需要建立更为严格的土地管理制度。1997 年 6 月,《中共中央 国务院关于进一步加强土地管理切实保护耕地的通知》首次提出"用途管制",标志着我国土地管理工作思想观念开始转变。

1998 年 8 月,第二次修订的《土地管理法》正式确立了土地用途管制制度的法律地位,特别强调用地的指标控制,形成了农用地转用、耕地保有量、土地开发整理等一系列计划指标控制体系。2001 年 1 月,国家首次将"环境保护"作为基本国策,用途管制范围从农地逐渐扩大到林地、草原、水域、湿地等重要生态资源。2004 年 10 月,国务院《关于深化改革严格土地管理的决定》明确规定,农用地转用的年度计划实行指令性管理,从严从紧控制农用地转为建设用地的总量和速度等。2005 年 1 月国土资源部《2005 年工作要点》实行"行政首长负责制",将耕地保有量和基本农田保护面积纳入省长考核指标。2008 年 6 月,国土资源部《违反土地管理规定行为处分办法》,首次提出土地违法行政首长问责制。2008 年国土资源部《城乡建设用地增减挂钩试点管理办法》颁布,要求加强和规范增减挂钩试点工作。随后重庆、安徽、浙江等地开始探索用计划与市场相结合的方式实施用途管制,土地用途管制方式开始朝着计划与市场结合的方向发展。

从上述政策演变可以看出,随着土地用途管制制度的确立,政府越来越重视对计划指标的管控。一是管制指标不断细化,从耕地开始向林地、草地等资源扩散。二是政府采取了更有约束力的监督管理手段,管制强度得到一定程度的提升。三是通过对部分地区充分运用市场手段的试点探索,管制方式也从计划为主转向计划与市场相结合的方向。

(三)发展阶段(2013—2018 年)

随着空间保护意识的增强,单一的土地用途管制已不再适应新时代国土空间保护要求。2013 年 11 月,《中共中央关于全面深化改革若干重大问题的决定》首次提出自然资源用途管制制度,同时要求划定生产、生活、生态空间开发管制界限,国土空间用途管制地位显著提升。

2014 年 2 月,国土资源部《关于强化管控落实最严格耕地保护制度的通知》指出,要强化土地用途管制,全面落实耕地数量和质量保护战略任务。同年 9 月,国土资源部《节约集约利用土地规定》颁布 7 条规定,实行建设项目用地标准控制制度。2015 年 9 月,中共中央国务院《生态文明体制改革总体方案》提出将用途管制扩大到自然生态空间,要求实现城镇、农业、生态空间之间的协调转换。

2017 年 5 月,国土资源部《土地利用总体规划管理办法》强调,土地利用总体规划是实施土地用途管制、保护土地资源、统筹各项土地利用活动的重要依据。随后,党的十九大报告正式提出"统筹山水林田湖草系统治理"。至此,我国土地用途管制已经从耕地逐渐扩大到林地、草原、水域、湿地等重要自然生态空间,而且用途管制已将管制重点转向质量提升和空间管制。

总的来说,这一阶段随着生态环境和空间保护意识的加强,土地用途管制指标得到进一步细化、管制强度进一步强化。管制重点已经由最初的数量管控,向质量和空间管控转变;管制范围也由耕地向其他自然生态空间扩展,这为国土空间用途管制的发展完善奠定了良好的基础。

(四)完善阶段(2018 年至今)

2018 年 3 月,中央决定整合国土、住建等多个部门组建自然资源部作为国务院组成部门,统筹山水林田湖草系统治理。2018 年 12 月,中共中央、国务院出台的《关于统一规划体系更好发挥国家发展规划战略导向作用的意见》提出,"国家级空间规划……是实施国土空间用途管制和生态保护修复的重要依据"。至此,国土空间用途管制的内容、机构、依据、权责等逐渐明确,全面统筹的国土空间用途管制建设思路越来越清晰。

2019 年 5 月,中央印发《关于建立国土空间规划体系并监督实施的若干意见》,提出以国土空间规划为依据,对所有国土空间分区分类实施用途管制,城镇开发边界内实行"详细规划+规划许可"的管制方式,城镇开发边界外实行"详细规划+规划许可"和"约束指标+分区准入"的管制方式。另外,在加快以主体功能区规划为基础的国土空间规划编制浪潮中,落实国土空间用途管制制度正朝着更完善的方向发展。

总的来说,以自然资源机构改革为契机的国土空间用途管制,改变了过去多头管制模式,通过全面统筹的方式,整合各个管制主体力量,明确了国土空间用途管制的机构、依据等。党的十九大以来,统一的国土空间用途管制,已经上升到前所未有的国家战略部署层面,是一项带有全局意义的非常重要的改革任务(林坚 等,2019)。目前正朝着更加完善的方向发展,但各项职能仍处于调整阶段,统一国土空间用途管制制度完善还需时间。

三、国土空间用途管制的手段

随着社会经济发展，国土空间用途管制的手段将更加丰富。黄征学等(2019b)专门论述了国土空间用途管制的政策创新，提出不断完善行政、经济、法律、技术等手段，提高国土用途空间管制的绩效。

(一)行政手段

行政手段是中央或地方政府凭借行政权力，通过颁布行政命令、政策、措施等形式，对社会主体行为进行强力干预。用途管制包括管理和制度两部分，其中的管理主要就是利用行政手段。首先，依据国土空间规划确定的空间类型，在明确国土空间范围内开发强度和开发规模的基础上，分别制定城镇空间开发强度、农业空间开发强度、生态空间开发强度以及农用地转用规模、耕地保有量等约束性指标体系；在不同层级国土空间规划之间科学合理地分解各类指标管控体系，建立基于县级行政区的统一、高效、简洁的国土空间管控指标体系。其次，积极推进农用地转用、水域占用、林地占用、湿地占用、滩涂占用等审批制度改革，建立统一的用途转用许可制度。第三，结合国家《产业结构调整指导目录》和《市场准入负面清单草案(试点版)》实施，尽快确定不同类型空间限制、禁止的产业和项目类型清单，根据不同类型空间确定的开发规模和开发强度，提出城乡建设、生产、矿产开发、休闲旅游等活动在规模、结构、布局和生态环境保护等方面的明确要求。第四，增强自然资源督察制度对国土空间用途管制的支撑作用，结合国土空间用途管制，进一步丰富自然资源督察的内容，建立国土空间用途管制督察制度，加强上级政府对下级政府的监督检查，落实国土空间用途管制的目标责任制。第五，推动建立自然资源环境承载能力评价和监测预警机制，开展国土空间用途管制绩效评估，建立领导责任追究制度，加强对国土空间用途管制的监测、预警、考核、评估及奖惩管理。

(二)经济手段

经济手段是调动各行为主体积极参与国土空间用途管制的重要方面，也是促进公众参与国土空间用途管制的重要工具。第一，以县级行政区为基本单元，兼顾不同区域生态服务价值，结合生态保护红线和生态空间的划分，研究重点生态功能区生态补偿计算方法，提高生态保护红线和生态空间比例高的县级行政区的补偿标准。第二，建立横向生态补偿制度，构建多渠道、多部门共同参与的机制，增加生态补偿投入，采取资金补偿、合作建立产业园区等措施，加大对生态空间补偿力度。第三，健全自然资源产权制度，开展自然资源资产负债表的编制，量化自然资源资产的价值，筑牢自然资源价值量核算的基础。鼓励和支持地方构建“＋生态”产业体系，建立生态产品价值转换渠道，把生态资源、生态优势转化为生态产品和生态价值，践行“绿水青山就是金山银山”的理念。第四，充分借鉴城乡建设用地增减挂钩指标跨县、跨市、跨省交易的经验，推动可转移的土地发展权的建立，以建立土地发展权的跨区域交易机制为重点，建立跨区补偿、机会均衡、结果公平的国土空间用途管制政策与制度体系。

(三)法律手段

在全面依法治国背景下，法律手段是政府授权的重要途径，也是规范各类主体行为的重要依据。在国土空间管制制度建立的初期阶段，推进相关法律废除、修改、建立工作，让政府管制有法可依。第一，加快制定《国土空间规划法》和《国土空间用途管制法》，也可以将两法合并，制定统一的《国土空间规划与用途管制法》，明确国土空间用途管制的法律地位和性质，规范用途管制的法律依据、主体、内容、程序、保障措施。第二,结合国土空间规划体系的建立,修改完善《土地管理法》《城乡规划法》《森林保护法》《水法》《环境保护法》等法律法规中各类自然生态要素用途管制制度,建立松紧适度、协调一致的管制规则。或者整合这些法律,建立统一的《自然资源管理法》。第三,协调生态保护红线范围内世界文化自然遗产、国家级自然保护区、国家级风景名胜区、国家森林公园、国家地质公园等管控规定,完善生态保护红线、永久基本农田、城镇开发边界三条控制性的技术规范,加快制定三条线的审批、调整、分级分类管控规则。第四,适时修订《基本农田保护条例》《城乡规划法实施细则》《城市规划编制办法》等法规,研究制定《生态空间保护条例》《农业空间保护条例》等法规,为国土空间用途管制构建配套的法律法规体系。

(四)技术手段

技术手段是落实国土空间用途管制制度重要工具。紧跟万物互联互通的智能世界趋势,加强空间基础信息互联互通,利用先进技术手段管控国土空间。第一,顺应信息融合发展趋势,发挥大数据优势,增强地理信息系统的技术优势,结合国土空间规划的编制和实施,推动国土空间规划的目标、指标和坐标"三标"联动,加强规划的数据、图表、信息平台的协同管理,将目标、指标落在具体空间上,增强空间用途管制的实施性、时效性。第二,整合用地审批系统,推进地方实施备案系统、用途转用监测系统、辅助决策系统等建设,构建适时监控的国土空间用途管制系统。第三,加快建设"三条控制线"的综合监测网络体系,增强对生态保护红线、永久基本农田、城镇开发边界的监测。充分发挥地面各类监测站点和卫星遥感的监测能力,建立地上地下数据交换体系,强化卫星遥感监测与地理信息系统的衔接,及时更新三条控制线的监测数据和地理位置信息。第四,允许社会公众上传国土空间用途相关数据,建成集合规划编制、用途管制、动态监管等一体化、全周期的监管统一平台。第五,依托监管平台,利用大数据,应用物联网、云计算等信息化手段,加强国土规划数据的分析应用,及时评估预警风险,提高用途管制决策的科学化水平。

四、统一国土空间用途管制制度

建立统一的国土空间用途管制制度对国土空间规划的实施和监督很重要,林坚等(2019)从规划编制、实施许可、监督管理、支撑保障四方面对统一国土空间用途管制制度提出建议。

(一)规划编制层面

建立统一的国土空间用途管制控制线体系,确定国土空间的管控边界都是关键。虽然各类空间规划的内容基本呈现"指标控制+分区管制+名录管理"方式,但相互之间的分区管制和管制边界的类型差异大,需要统筹。

与土地用途管制相比,国土空间用途管制范围扩大,包含的资源类型更多,不再局限于以基本农田保护为核心的耕地保护,而是扩展到以生态保护红线划定为重点的各类自然生态空间保护以及以城镇开发边界为重点的建设区域引导等管理事项。现阶段,生态保护红线、永久基本农田、城镇开发边界的划定已经形成共识,未来控制线体系应该以"三线"为基础,不断深化。

目前,国家已经基本确立了五级国土空间规划体系,其中真正与用途管制落地实施直接相关的是市县级和乡镇级国土空间规划。因此,对于较小市县或者乡镇,如果具有精细管理能力,可以扩展用途管制控制线体系。具体而言,可构建"三基三水两条线"的国土空间保护控制线体系和“两界多区五张网”的国土空间开发控制线体系。“三基”指永久基本农田、基本草原、基本林地(天然林、生态公益林),“三水”指江河、湖泊、湿地(沼泽)三类水域,“两条线”指生态保护红线和自然岸线;“两界”指城镇开发边界、村庄建设边界,“一区”指开发区、高新区、保税区、产业园区、自贸区等,“五张网”指交通、能源、水利、信息、安全等设施网络,其中,安全网可包括生命安全网(如防灾减灾等)、资源安全网(如矿产资源等)、人文安全网(如文化安全网、公共服务保障网等)。

(二)实施许可层面

国土空间是综合性的立体空间,涵盖地表二维的陆地、陆上水体、海域,与三维立体的地上空间、地下空间。因此,国土空间用途管制需要拓宽空间管制范围,丰富管制手段,建立覆盖全域、全要素的国土空间用途管制制度。构建包含多种管制手段的国土空间用途管制制度:一是完善空间开发许可制度,健全各类非建设空间用途占转用政策,实现对耕地、林地、草地、河湖、湿地、海域、海岛等国土空间的全覆盖和精细化管控,并进一步完善自然生态空间的有关分区管制措施。二是加强用途管制的陆海统筹手段。由于海域国土空间的开发利用必须以陆地为依托,陆地开发建设活动也会影响海域国土空间的保护,因此,必须加强陆海统筹,统筹对陆海性质转换行为的管制,设计陆海功能用途的兼容性原则与冲突协调规则,研究陆海统筹的国土空间开发适宜性评价等。三是加强地下空间用途管制,实现地上地下空间资源的统筹利用。

(三)监督管理层面

目前,中国自然资源监督管理制度按资源类别分散在各个部门,条块分割、不成体系、缺乏综合性监督机制,执法督察成本高,监督效果较差。因此,需要确立统一明晰的国土空间用途管制监管体系:首先,加强中央对地方履行用途管制职责情况的监督检查,建立用途管制政策实施情况的考核评价制度;其次,健全各类自然资源监管督察,明确监管重点、监管力度和处罚机制;最后,在监管手段方面,充分利用卫星遥感监测、无人机等现代信息技术,加强日常动态监查,并结合不定期突击督察,提高监督管理的成效。

(四)支撑保障层面

目前国土空间用途管制的相关法律法规还不完善,相对分散,如:土地、草原、林地、海域用途管制有相应的法律法规为支撑,而湿地和水资源的用途管制的法律依据还不足。统一国土空间用途管制需要立法支撑和制度保障,因此,应尽快制定《国土空间用途管制法》《国土空间规划法》或者融为一体的法律,明确国土空间用途管制的法律效力,明确国家、省和地方政府的管制权力和责任,规范政府在用途管制中的权力运行范围,划清国土空间所有者与管理者界限,明确国土空间开发利用者的权利和义务等。

第三节　国土空间规划实施监督

本节内容以《国土空间规划“一张图”实施监督信息系统技术规范》(GB/T 39972—2021)(全国自然资源与国土空间规划标准化技术委员会,2021)为基础。国土空间规划“一张图”实施监督信息系统是建立国土空间规划体系并监督实施的重要技术手段,利用新技术、新手段,通过网络化、信息化、数字化等方式,为国土空间规划编制、审批、修改和实施监督全周期管理提供技术支持。

一、核心概念

(一)国土空间基础信息平台

国土空间基础信息平台是实现国土空间各类管控要素精准落地与实施监管的重要手段(黄炎 等,2019),也是掌握国土基础信息和促进国土空间开发保护的信息支撑平台。国土空间基础信息平台是按照“共建、共用、互联、共享”的原则,集成整合并统一管理各级各类国土空间数据信息的平台。国土空间基础信息平台是提供基础服务、数据服务、专题服务和业务应用服务的基础设施,从而为自然资源部统一行使全民所有自然资源资产所有者的职责,统一行使所有国土空间用途管制和生态保护修复职责提供基础服务,促进国土空间治理体系和治理能力现代化水平的提升。

(二)国土空间规划“一张图”

以基础地理信息和自然资源调查监测成果数据为基础,应用全国统一的测绘基准和测绘系统,集成整合国土空间规划编制和实施管理所需现状数据、各级各类国土空间规划成果数据和国土空间规划实施监督数据,形成的覆盖全域、动态更新、权威统一的国土空间规划数据资源体系。国土空间规划“一张图”是广义上的图,是集合数据、指标、图件、文本等于一体的存储于计算机系统的数据体系。

(三)国土空间规划“一张图”实施监督信息系统

国土空间规划“一张图”实施监督信息系统是一个复杂、庞大的系统(图 9-4),是基于国土

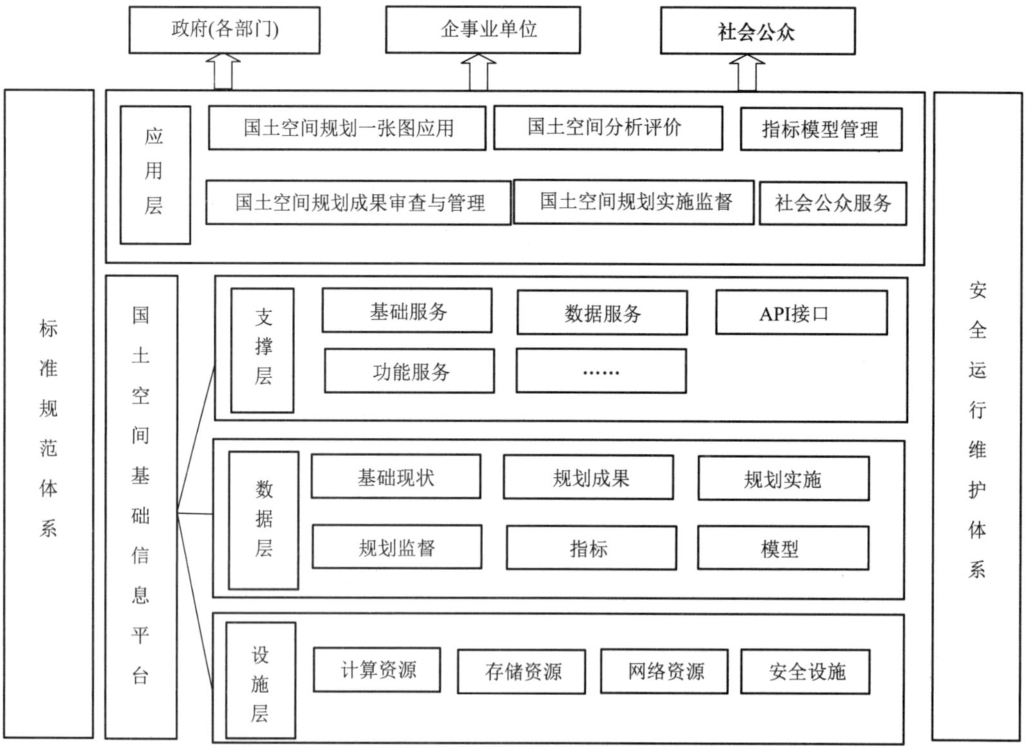

图 9-4 国土空间规划“一张图”实施监督信息系统总体框架
(全国自然资源与国土空间规划标准化技术委员会,2021)

空间基础信息平台建立的国土空间规划"一张图"，为国土空间规划编制、审批、修改和实施监督提供技术支撑的信息化系统。

二、国土空间基础信息平台

（一）建设演变

2017年，当时的国土资源部发布了《国土空间基础信息平台建设总体方案》，启动国家级国土空间基础信息平台建设；此后，一些省份开展了省级国土空间基础信息平台建设，为建立国家级的国土空间基础信息平台提供了经验。中共中央、国务院(2019)在《中共中央 国务院关于建立国土空间规划体系并监督实施的若干意见》中明确提出完善国土空间基础信息平台建设。国土空间基础信息平台是实现国土空间管控要素精准落地与实施监管的重要手段，也是高质量、高效率、高水平促进国土空间开发保护的信息支撑。

（二）作用

通过服务端口，为政府部门、企事业单位、公民等提供业务系统连接，为其提供安全便捷的资源查询功能，实现部门间信息共享和业务协同。能够提供线上申请，由原先的书面申请简化为通过平台进行线上申请，节约了时间，方便了申请者，节约了人力。

利用分布式计算，具备了大数据并行处理能力，减少了海量数据的处理时间，提升了海量数据处理效率。特别是对于类型多样、庞大复杂的自然资源数据，处理快捷，空间大数据分析具有优势。推进数据和功能的资源化，打破原有的数据、应用共享壁垒，能够集中资源，开展大数据服务。改变监管形式，由静态监管变成动态监管，实现适时的多层次多维度的监管；能够将评估、评价、监测、预警、辅助决策等功能集于一体，提高国土空间管理精细化水平。

三、实施监督系统总体框架

国土空间规划"一张图"实施监督信息系统包括四个层次和两大体系。

（一）四个层次

四个层次分别为设施层、数据层、支撑层、应用层。设施层是面向国土空间规划工作的需要，为计算资源、存储资源、网络资源和安全设施等提供基础服务的设施。数据层是由基础现状数据、规划成果数据、规划实施数据和规划监督数据四类数据构成的国土空间规划数据体系，通过数据层实现数据的汇交和管理，并且建立与国土空间规划体系相适应的指标和模型。支撑层为国土空间基础信息平台提供支撑，提供基础服务、数据服务、功能服务等，为应用层使用和调用提供服务支持。

应用层是面向国土空间规划的编制、审批、修改和实施监督全过程提供应用服务，包括国土空间规划"一张图"应用、国土空间分析评价、规划成果审查与管理、规划实施监督、指标模型管理、社会公众服务等，与政府其他部门的业务系统连接，实现部门间信息共享和业务协同，为地方政府、企业、事业单位和社会公众提供服务。

（二）两大体系

标准规范体系：按照国土空间规划标准体系，包括指南、规范、标准、导则、规程等，地方政府和自然资源主管部门可根据本地实际情况细化和扩展系统建设的相关标准，指导系统建设和运行的全过程管理。

安全运行维护体系：建立安全管理和维护机制，落实国家相关安全等级保护要求，确保系统运行过程中的物理安全、数据安全、网络安全、应用安全、访问安全。建立运行维护管理机制,对系统的硬件、软件、网络、数据、应用及服务的运行状况进行综合管理,保证实施监督系统的安全,确保系统稳定运行。

(三)与其他相关系统的关系

国土空间规划"一张图"实施监督信息系统,与国土空间基础信息平台及其他业务系统的关系如图 9-5 所示。实施监督信息系统,应与其他部门业务应用系统连接,实现信息共享和业务协同;可通过国土基础信息平台与其他自然资源业务系统相互连通,获取项目审批、确权登记和违法处置信息等数据服务,提供合规性审查等功能服务;系统应向社会公众、企业事业单位、科研院所等提供信息服务并接受社会监督。

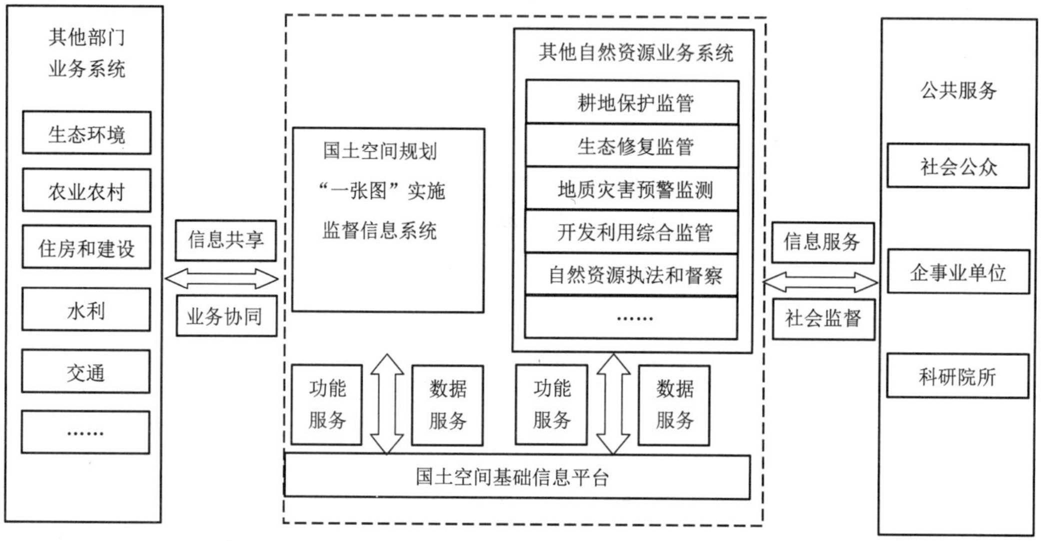

图 9-5 实施监督信息系统与基础信息平台、其他业务系统的关系
(全国自然资源与国土空间规划标准化技术委员会,2021)

(四)功能构成

国土空间规划"一张图"实施监督信息系统应包括国土空间规划"一张图"应用和指标模型管理等基础功能,支撑国土空间分析评价,支持国土空间规划成果审查与管理、国土空间规划实施监督、社会公众服务等业务应用。

(1)国土空间规划"一张图"应用。基于数据、指标和模型,国土空间规划"一张图"应用于整个过程,包括国土空间规划编制、审批、修改和实施监督,提供资源浏览、查询统计、对比分析、专题制图、成果共享等功能。

(2)国土空间分析评价。国土空间分析评价包括辅助"双评价",即辅助开展资源环境承载能力和国土空间开发适宜性评价,包括"双评估",即国土空间规划实施评估和国土空间开发保护风险评估。

(3)国土空间规划成果审查与管理。提供规划成果质量控制、成果辅助审查、成果管理和成果动态更新等功能,支撑成果审查与管理。

(4)国土空间规划实施监督。国土空间规划实施监督包括规划实施监测评估预警、资源环境承载能力监测预警、规划全过程自动强制留痕等(自然资源部办公厅,2020a)。

(5)其他功能,包括公开公示、意见征询、公众监督等功能,支撑面向社会公众的规划信息服务；系统宜采用分布式高可用架构，保证 7×24 小时运行；系统可在操作终端上用浏览器运行；应具备多人同时在线处理业务的能力，并能够支持大数据量计算。

（五）建设模式

国土空间规划“一张图”实施监督信息系统，应按照国家、省、市、县分级建设，并在横向上实现与其他信息系统的对接，纵向上实现上下贯通，为业务协同提供基础。乡镇可将上级系统作为本级国土空间规划的信息化支撑。省级以下系统的建设应由省级统筹。

四、实施监督系统的数据要求

（一）基本要求

基础地理信息数据应符合国家标准基础地理信息要素分类与代码（GB/T 33453—2016）的要求；空间参考应采用 2000 国家大地坐标系，1985 国家高程基准。

（二）数据内容

以基础地理信息和自然资源调查监测成果数据为基础，整合国土空间规划编制和实施管理所需现状数据、各级各类国土空间规划成果数据和国土空间规划实施监测数据，形成覆盖全域、动态更新、权威统一的国土空间规划数据库资源体系，并纳入自然资源数据体系框架。

1. 基础现状数据

包括基础地理信息数据、地质数据、自然资源调查监测数据、自然资源管理数据、自然和历史文化保护数据、其他现状数据等。

基础地理信息数据：境界与政区、地貌、植被与土质、水系、居民地及设施、交通、管线、地名与地址、数字正射影像图、数字高程模型、三维模型、测量控制点等数据。

地质数据：矿产地质、水文地质、工程地质、环境地质、海洋地质、地球物理、地球化学、地质钻探、遥感地质等数据。

自然资源调查监测数据：自然资源基础调查数据、自然资源专项调查数据以及自然资源调查和分析评价数据。

自然资源管理数据：自然资源部门审批、监管及衍生的各类行政管理数据。

自然和历史文化保护数据：国家公园、自然保护区、自然公园等各类自然保护地布局、规模和名录数据；世界遗产、国家文化公园、各级文物保护单位、历史文化名城名镇名村、传统村落、历史建筑、非物质文化遗产、未核定公布为文物保护单位的不可移动文物、地下文物埋藏区、水下文物保护区等在内的历史文化保护范围和名录数据。

其他现状数据：生态环境、经济产业、人口社会、基础设施、城乡发展、灾害风险等数据以及互联网、物联网等多源数据。

2. 规划成果数据

包括总体规划数据、详细规划数据和专项规划数据。

总体规划数据：工作底数、自然资源环境承载能力和国土空间开发适宜性评价、国土空间规划实施评估和国土空间开发保护风险评估、目标战略、空间格局、重点管控性内容等要素，以及规划文本、说明、附表、图件、专题研究报告等数据。

详细规划数据：城镇开发边界内详细规划，城镇开发边界外一个或几个行政村为单元编制的村庄规划数据。

专项规划数据：海岸带、自然保护地等特定区域（流域）国土空间规划数据；交通、能源、农业、水利、信息、市政等基础设施,公共服务设施,军事设施,以及生态环境保护、文物保护、林业草原等涉及空间利用的某一领域专项规划成果数据。

3. 规划实施数据

包括国土空间保护、开发、利用和修复的相关数据。具体包括实施国土空间用途管制数据(例如,建设项目用地预审与选址意见书、建设用地规划许可证、建设工程规划许可证、乡村建设规划许可证等);生态状况和重大生态修复工程信息数据;其他规划实施相关数据。

4. 规划监测数据

包括对国土空间开发保护现状和规划实施状况进行动态监测、定期评估和及时预警等数据,具体包括规划实施监测评估预警数据;资源环境承载能力监测预警数据;规划全过程自动强制留痕数据;其他规划监督相关数据。

(三)数据管理要求

应按照建立国土空间规划体系并监督实施的业务要求,对数据成果进行分级分类建库和管理,数据的分发、共享和应用应符合国家安全保密规定,具体如下:

应采用多源大数据,辅助国土空间规划的编制、审批、修改和实施监督;建立数据更新机制,保持数据的时效性,数据库应随年度自然资源调查监测等工作及时更新;整合形成本辖区国土空间规划数据,可采用线上方式逐级汇交至自然资源部;所有入库数据符合相应的数据标准并按照质量检查细则对数据进行质量检查,确保数据成果规范、数据空间关系正确、逻辑关系清晰。

五、实施监督系统的功能要求

(一)国土空间规划"一张图"应用

国土空间规划"一张图"应用主要包括五个方面:资源浏览、对比分析、查询统计、专题制图、成果共享。

1. 资源浏览

实现对国土空间规划"一张图"的资源浏览,功能包括:提供地图缩放、测量、定位、数据加载、透明度设置等基本浏览工具;提供数据资源目录、并可根据不同的应用需求进行定制和扩充;提供多源数据的集成浏览与查询,支持文本、表格、图件的关联查看;提供数据名称、数据来源、更新时间等数据基本信息的查询浏览,支持不同数据版本的回溯对比。

2. 对比分析

通过叠加对比、分屏对比等方式,分析不同类型、不同层级的国土空间规划及关联数据在空间位置、数量关系、内在联系等方面的情况。包括如下功能:提供数据叠加对比,支持国土空间数据集成浏览;提供数据分屏对比,支持分屏数量与模式定制,以及分屏数据源的切换定制。

3. 查询统计

可对国土空间规划"一张图"数据进行查询和统计,包括:支持空间条件和属性条件查询分析统计和结果输出;支持相关规划指标、规划资料的关联查询和浏览;提供查询统计结果的图属多维度、一体化显示。

4. 专题制图

以专题应用为导向,通过数据选取、数据组织、数据展现、数据导出等实现专题制图与输出,包括提供快速制图功能,可支持在线标注、成果导出、在线打印;提供制图模版管理功能,可支持制图模板增、删、改;可模板化定制专题制作流程并记录任务日志。

5. 成果共享

通过国土空间基础信息平台，统一管理国土空间规划“一张图”的数据服务和功能服务，对其他部门提供规划成果数据共享。包括：将国土空间规划“一张图”的数据服务和功能服务纳入国土空间基础信息平台统一管理；支持相关系统集成和调用，也可提供离线数据共享模式。

（二）国土空间分析评价

以自然资源环境和国土空间开发利用现状数据为基础，利用相关算法、模型开展分析评价和评估。

1. 资源环境承载能力和国土空间开发适宜性评价

基于国土空间规划“一张图”数据，以及资源环境承载能力和国土空间开发适宜性评价结果，进行相应的空间分析。包括：查询资源环境承载能力和国土空间开发适宜性评价主要结果图件及报告；可支持基于“双评价”结果开展相关空间分析；可支持“双评价”结果与相关规划成果图件的对比分析。

2. 国土空间规划实施评估和国土空间开发保护风险评估

以国土空间规划“一张图”为基础，通过探索应用相关算法和模型，辅助识别国土空间开发保护的主要问题，支持国土空间规划实施评估及国土空间开发保护风险评估。包括：建立城镇化发展、人口分布、经济发展、科技进步、气候变化趋势等分析模型，综合研判国土空间开发保护现状与需求；支持开展情景模拟分析，识别生态保护、资源利用、自然灾害、国土安全等方面的短板及可能面临的风险；通过数量、质量、结构、格局、效率等指标分析，评估国土空间开发保护现状问题和风险挑战。

（三）国土空间规划成果审查与管理

按照各级国土空间规划管理事权，提供国土空间规划的成果审查与管理，包括规划成果质量控制、成果辅助审查、成果管理和成果动态更新等。

1. 成果质量控制

对提交的国土空间规划编制成果进行质量控制，包括：对规划成果、数据文件、成果图层等进行完整性检查；对规划成果的命名、组织、格式、内容构成、拓扑一致性、属性结构等进行规范性检查；检查后生成规划成果标准化质量检查报告。

2. 成果辅助审查

基于国土空间规划“一张图”，依据审查要点对国土空间规划编制成果进行辅助审查，包括对总体规划、详细规划、专项规划的合规性审查；对国土空间规划约束性指标和刚性管控要求审查；审查要点查看，填写审查结果，撰写审查报告。

3. 成果管理

对通过审查及完成批复的国土空间规划编制成果进行统一管理，包括根据国土空间规划编制审查进程而动态调整国土空间规划成果数据目录；对空间数据、规划文本、说明、附表、图件、专题研究报告等规划成果关联。将通过审查和批复的总体规划、详细规划、专项规划的审查过程和审查成果纳入国土空间规划“一张图”。

4. 成果动态更新

国土空间规划实施过程中产生的规划调整或者更新成果数据，应逐级汇交，实现国家、省、市、县、乡镇的国土空间规划成果的同步更新。国土空间总体规划、详细规划成果调整或更新，应以数据更新包的形式逐级汇交；相关专项规划成果调整或更新，可通过数据更新包、系统对接等多种形式，实现规划成果及时共享；鼓励采用在线汇交的方式进行成果动态更新。

（四）国土空间规划实施监督

1. 国土空间规划实施监测评估预警

建立对重要控制线和重点区域的监测评估预警指标和模型，实现国土空间规划实施的动态监测、定期评估和及时预警。

(1)动态监测

实时采集多源数据，并接入系统，对国土空间规划实施过程中的国土空间开发保护建设活动进行动态监测，特别是对各类管控边界、约束性指标进行重点监测。根据国土空间开发保护建设活动相关管理数据，开展日常监测；根据遥感监测成果、自然资源调查成果等数据，开展动态监测；鼓励接入互联网、物联网等多源大数据，开展动态监测。

(2)定期评估

按照"一年一体检、五年一评估"的要求，对市县国土空间开发保护现状和规划实施情况进行体检评估，重点对底线管控、结构效率、生活品质等基本指标的分析评估。对体检评估指标的自动统计、动态调整与辅助分析；生成与辅助编制体检评估分析图表、体检评估报告；审查提交评估成果，在线汇交成果。

(3)及时预警

重点围绕生态保护红线、永久基本农田、城镇开发边界，三条重要控制线的刚性管控要求和国土空间规划约束性指标开展及时预警，通过多种途径进行预警信息告知。对突破或临近重要控制线的情况进行预警；对突破或临近国土空间规划的约束性指标和刚性管控要求的情况进行预警；对其他自然资源过度开发和国土空间粗放利用的情况进行预警。

2. 资源环境承载能力监测预警

集成整合或接入有关部门与资源环境承载能力相关的因子和指标监测数据，提供对资源环境承载能力的综合监管、动态评估和决策支持功能。

(1)综合监管

利用自然资源调查监测数据，以及生态环境、农村等有关部门的专业调查监测数据，实现资源环境承载能力的综合监管。对资源环境承载能力预警等级进行划分，对监管指标变化趋势和空间分布态势进行展示。

(2)动态评估

针对不同区域资源环境承载能力状况，动态获取相关部门的全域或特定区域监测数据，加强对重点区域的动态评估，提高监测预警效率。动态评估包括对特定区域(如流域、自然保护区、大都市区等)、特定类型资源的动态评估；对评估指标变化趋势和空间分布态势展现；辅助生成评估报告。

(3)决策支持

分析超载因子，对各类管控措施执行情况及效果进行综合评价。对超载或临界超载地区超载因子进行分析；对各类管控措施执行情况及效果进行综合评价，生成综合评价报告；可对奖励和惩罚措施调整。

3. 国土空间规划全过程自动强制留痕

按照国土空间规划编制、审批、修改和实施监督全过程留痕的制度要求，对规划内容修改，对规划许可变更或撤销，对公开征求意见情况，对提出、论证、审查过程及参与人员意见等，自动强制记录并归档，确保规划管理行为全过程可回溯、可查询。对形成国土空间规划编制、审批、修改和实施监督全过程日志记录；对日志能回溯查询，确保日志不可修改。

（五）国土空间规划指标模型管理

实现国土空间规划编制、审批、修改和实施监督全过程中的指标和模型进行可视化管理。

1. 指标管理

提供可定制、可配置的指标管理功能。对指标项、指标体系、指标阈值、指标权重、元数据等进行管理，便于指标的调整与扩展；支持指标模拟运算，能进行关联模型算法配置；支持指标值管理，支持指标历史数据的追踪和查询。

2. 模型管理

支持各类模型的管法实现，并进行统一管理和应用。支持算法注册，对已实现并封装好的算法组件进行管理，包含算法注册、算法删除、算法元数据编辑等；支持数据管理，包括对算法所需的各类数据源注册、数据源删除、元数据编辑等；支持模型的管理，包括对对模型进行查询、运行和注销管理；支持模型的监控，包括对模型运行的情况监测、日志输出等。

（六）社会公众服务

充分利用各种公开途径，提供面向社会公众的国土空间规划服务。支持多终端、多渠道的公开公示、意见征询和公众监督，促进规划公众参与。

提供有关国土空间规划公开公示信息的浏览和检索；构建基于地图的规划公示应用；实现公示信息的定期或者实时更新。提供意见征询表格，提供公众意见整理与分析功能。公众监督包括社会公众留言、违规举报等，接受群众监督；能够填写意见回复。

第四节　国土空间规划城市体检评估

本节内容主要参考2021年6月18日自然资源部发布的《国土空间规划城市体检评估规程》。

一、体检评估涵义、评估意义与适用范围

（一）城市体检评估涵义

国土空间规划城市体检评估，指的是依据国土空间规划，按照“一年一体检、五年一评估”的方式，对城市发展体征及规划实施效果定期进行的分析和评价。城市体检评估能够促进城市高质量发展，能够保障国土空间规划得到有效实施。

年度体检，指的是对国土空间规划实施情况进行年度分析和评价。年度体检客观反映城市体征状态，聚焦当年度规划实施的关键变量和核心任务，对发现的问题提出预警。年度体检自规划批复第二年起，应当每年开展一次。

五年评估，指的是对国土空间规划实施情况的阶段性评估，系统分析城市发展趋势，对照规划目标和规划内容进行全面评估，对规划进行动态维护。五年评估原则上与国民经济和社会发展五年规划周期保持一致。开展五年评估的当年不开展年度体检。

（二）体检评估意义

根据《中共中央 国务院关于建立国土空间规划体系并监督实施的若干意见》的要求，自然资源部组织有关单位编制了《国土空间规划城市体检评估规程》，2021年6月发布。建立国土空间规划定期体检评估制度有助于及时发现国土空间治理问题，有效传导国土空间规划重要战略目标，更好地开展国土空间规划编制、实施和动态维护。

(三)体检评估适用范围

《国土空间规划城市体检评估规程》适用于直辖市、省会城市、计划单列市、地级城市和县级城市行政辖区的国土空间规划城市体检评估。地区、州、盟、县和旗等行政区可参照执行。

二、城市体检评估的工作原则与工作组织

(一)工作原则

1. 目标导向

落实国土空间规划,推动高质量发展。城市体检评估以生态文明思想为指导,充分体现创新、绿色、协调、开放、共享的发展理念,并以此构建城市体检评估指标体系;对照国土空间规划的发展目标,科学评估规划实施绩效,监测规划约束性指标和强制性内容的执行情况,预判城市发展趋势。

坚持底线思维,严守国土安全。体现生态安全、水安全、粮食安全、能源安全、公共卫生安全等底线要求,反映城市在应对气候变化、节约资源、保护生物多样性、防灾减灾等方面的工作。

坚持以人民为中心,创造高品质生活。以人的需要、感受和全面发展来安排好生产、生活、生态空间,将宜居、宜业、宜游、宜养等内容和指标作为监测和评价的重点,提升城市治理投入与居民感知之间的吻合度。

2. 问题导向

城市体检评估不仅要全面客观分析城市发展取得的成效,而且要发现规划实施中存在的国土安全、生态保护、资源利用、空间开发、民生保障、实施时序、政策配套等方面的突出矛盾和问题,从规模、结构、质量、效率、布局、时序等多角度深入分析问题背后的原因,提出针对性解决措施,促进规划的更好实施,提高城市治理水平。

3. 操作导向

城市体检评估应构建科学有效、便于操作、符合当地实际的评估指标体系。采用真实的数据及可靠的分析方法,确保城市体检评估过程的科学性和严谨性,结论客观可信。充分利用自然资源部门国土空间数据信息,保证数据的客观性、可得性和可操作性。在国土调查、地理国情普查、自然资源专项调查、遥感测绘等现状基础数据以及规划成果数据等资料的基础上,落实国家大数据战略,鼓励利用大数据等手段,提高对空间治理问题的动态精准识别能力,构建可感知、能学习、善治理、自适应的智慧规划监测评估预警体系。

4. 应用导向

城市体检评估紧密对接国土空间规划,确定工作内容,明确责任分工,加强实时监测、定期评估和动态维护的统筹衔接、互动支撑和全过程管理,建立贯穿规划编制、任务分解、体检评估、督查问责、实施反馈的规划全周期管理实施机制。以城市体检评估成果反映的问题和需求研判,作为改进规划编制、深化实施和适时调整的重要依据,为国土空间近期规划、年度实施计划及国民经济和社会发展规划提供支撑,也为综合考评责任主体职责履行情况提供参考,确保城市体检评估成果能用、管用、好用。

(二)工作组织

1. 职责分工

城市体检评估工作的主体为直辖市、省会城市、计划单列市、地级城市和县级城市人民政府,统称为城市人民政府。自然资源部是全国国土空间规划城市体检评估工作的主管部门,对

国务院审批城市的体检评估工作进行指导，省级自然资源主管部门对其他城市体检评估工作进行指导。

2. 工作组织形式

坚持党委领导、政府组织、部门协同、专家咨询、公众参与的原则，各地由相关部门组成市级层面常态化的城市体检评估工作领导小组，具体负责体检评估工作，按照“一年一体检、五年一评估”的方式，建立相应的体检评估工作机制和工作程序。

三、城市体检评估的工作流程

（一）制定体检评估工作方案

城市体检评估工作领导小组每年结合国土空间规划实施的重点难点、突出问题和新的发展要求，制定年度体检或五年评估工作方案，明确总体要求、主要任务、责任分工、进度计划、组织保障等内容，推动城市体检评估工作有序开展。

（二）构建评估框架和指标体系

结合相关法律法规、标准规范和国土空间规划“一张图”建设的要求，以及常态化体检评估工作聚焦的重点，各城市应重点从战略定位、底线管控、规模结构、空间布局、支撑体系及相关的实施保障等方面构建城市体检评估框架。体检评估框架应保持稳定性和延续性，每年可结合年度体检或五年评估工作方案的要求进行适当更新调整。

在体检评估基本指标为核心的基础上，各地可另行增设指标，主要考虑城市发展中与区域经济紧密关联、与地方实际紧密结合，体现质量、效率和结构的指标，按安全、创新、协调、绿色、开放和共享六个维度，建立指标体系。

（三）资料收集调查

以全国国土调查及其年度变更调查、国土专项调查、地理国情普查（监测）、遥感影像、规划审批、土地供应、拆违腾退等空间数据、经济社会发展统计数据、各部门专项调查统计数据为基础，充分收集城市体检评估所需的规划成果和现状数据，以及手机信令数据、POI（兴趣点）数据、交通乘车卡数据、企业信息、交通流量、灯光遥感、市民服务热线数据等城市运行大数据等资料。针对体检评估工作需要而当前尚未进行调查监测的指标，对应职能部门应逐步建立指标获取机制，形成常态化的指标调查监测。

针对城市体检评估指标数据，于规划基期年起，应收集并分析每年连续数据，反映指标的变化趋势；针对突出问题开展实地专题调研，掌握第一手资料；采取有效方式掌握社会公众在住房保障、城市基础设施、公共服务设施、公共空间、城市韧性安全等方面反映的问题和需求，并广泛征集社会公众的意见和建议。

（四）分析评价

城市体检评估采用空间分析、差异对比、趋势判断、社会调查等方法，倡导大数据、人工智能等新技术和新方法的应用，对城市发展现状及规划实施效果进行分析和评价。跟进国土空间规划“一张图”实施监督信息系统建设，逐步将城市体检评估指标数据纳入信息系统，增强分析评价的智能化水平，使城市体检评估工作和信息系统建设同步提升。

（五）编制体检评估报告

上报上级自然资源主管部门的城市体检评估成果由体检评估报告和附件组成，报告应简明扼要,重点突出,宜不超过 2 万字;附件应包括体检评估指标表、规划实施任务完成清单、规划实施分析图、社会满意度评价报告、体检评估基础数据库建设情况说明等。

(六)汇交体检评估成果

上报城市体检评估成果,以 pdf 和 word 两种格式提交。城市体检指标表需要另外提交 excel 文件格式。城市体检评估成果按照汇总提交要求,以省级为单位汇总。在国土空间基础信息平台和国土空间规划"一张图"实施监督信息系统建成前,采用光盘介质离线汇交自然资源部,建成后采用在线形式通过国土空间基础信息平台汇交自然资源部,并纳入各级国土空间规划"一张图"实施监督信息系统。

四、城市体检评估指标体系

(一)评估指标体系构成

城市体检评估指标体系包括 6 个一级指标、18 个二级指标和 107 个三级指标。一级指标包括安全、创新、协调、绿色、开放、共享;二级指标包括底线管控、粮食安全、水安全、防灾减灾与城市韧性、创新投入产出、创新环境、城乡融合、陆海统筹、地上地下统筹、生态保护、绿色生产、绿色生活、网络联通、对外交往、对外贸易、宜居、宜养、宜业。三级指标见表 9-8。

(二)评估指标性质

根据指标性质,分为 36 项基本指标和 71 项推荐指标,前者是与国土空间规划紧密关联的底线、用地、设施指标;后者反映空间治理水平,主要包括经济社会发展类和以人为本感知类。推荐指标中有 22 项"▲"所列指标为国务院审批城市体检评估的附加基本指标,即国务院审批城市基本指标为 58 项。

表 9-8 城市体检评估指标体系(自然资源部,2021a)

一级	二级	编号	指标项	指标类型
安全	底线管控	A-01	生态保护红线面积(千米^2)	基本
		A-02	生态保护红线范围内城乡建设用地面积(千米^2)	基本
		A-03	城镇开发边界范围内城乡建设用地面积(千米^2)	基本
		B-01	三线范围外建设用地面积(千米^2)	推荐
	粮食安全	A-04	永久基本农田保护面积(万亩)	基本
		A-05	耕地保有量(万亩)	基本
		B-02	高标准农田面积占比(%)	推荐
	水安全	A-06	湿地面积(千米^2)	基本
		A-07	河湖水面率(%)	基本
		A-08	用水总量(亿米^3)	基本
		A-09	水资源开发利用率(%)	基本
		A-10	重要江河湖泊水功能区水质达标率(%)	基本
		B-03	地下水供水量占总供水量比例(%)	推荐
		B-04	再生水利用率(%)	推荐▲
		B-05	地下水水质优良比例(%)	推荐
		B-06	地下水埋深(米)	推荐

续表

一级	二级	编号	指标项	指标类型
安全	防灾减灾与城市韧性	A-11	人均应急避难场所面积（米^2）	基本
		A-12	消防救援5分钟可达覆盖率（%）	基本
		B-07	年平均地面沉降量（毫米）	推荐
		B-08	经过治理的地质灾害隐患点数量（处）	推荐
		B-09	防洪堤防达标率（%）	推荐
		B-10	降雨就地消纳率（%）	推荐
		B-11	综合风险增长率（%）	推荐
		B-12	综合减灾示范社区比例（%）	推荐▲
		B-13	一类高层民用建筑面积占比（%）	推荐
创新	创新投入产出	B-14	研究与试验发展经费投入强度（%）	推荐
		B-15	万人发明专利拥有量（件）	推荐
		B-16	科研用地占比（%）	推荐
		B-17	社会劳动生产率（万元/人）	推荐▲
	创新环境	B-18	在校大学生数量（万人）	推荐
		B-19	高新技术制造业增长率（%）	推荐
协调	城乡融合	A-13	建设用地面积（千米^2）	基本
		A-14	城乡建设用地面积（千米^2）	基本
		A-15	常住人口数量（万人）	基本
		B-20	城市日均实际服务管理人口数量（万人）	推荐▲
		A-16	常住人口城镇化率（%）	基本
		B-21	户籍人口城镇化率（%）	推荐
		A-17	人均城镇建设用地面积（米^2）	基本
		A-18	人均村庄用地面积（米^2）	基本
		B-22	城区常住人口密度（万人/千米^2）	推荐▲
		A-19	存量土地供应比例	基本
		B-23	等级医院交通30分钟行政村覆盖率（%）	推荐▲
		B-24	行政村等级公路通达率（%）	推荐
		B-25	农村自来水普及率（%）	推荐
		B-26	城乡居民人均可支配收入比	推荐
	陆海统筹	B-27	海洋生产总值占GDP比重（%）	推荐
		A-20	大陆自然海岸线保有率（%）	基本
	地上地下统筹	B-28	人均地下空间面积（米^2）	推荐▲
绿色	生态保护	A-21	森林覆盖率（%）	基本
		B-29	森林蓄积量（亿米^3）	推荐
		B-30	林地保有量（公顷）	推荐
		B-31	基本草原面积（千米^2）	推荐

续表

一级	二级	编号	指标项	指标类型
绿色	生态保护	B-32	新增生态修复面积(千米^2)	推荐▲
		A-22	近岸海域水质优良(一、二类)比例(%)	基本
	绿色生产	A-23	每万元 GDP 地耗(米^2)	基本
		B-33	单位 GDP 二氧化碳排放降低比例(%)	推荐▲
		B-34	每万元 GDP 能耗(吨标煤)	推荐
		A-24	每万元 GDP 水耗(米^3)	基本
		B-35	工业用地地均增加值(亿元/千米^2)	推荐▲
		B-36	年新增城市更新改造用地面积(千米^2)	推荐▲
		B-37	综合管廊长度(千米)	推荐
		B-38	新能源和可再生能源比重(%)	推荐
	绿色生活	A-25	城镇生活垃圾回收利用率(%)	基本
		A-26	农村生活垃圾处理率(%)	基本
		B-39	原生垃圾填埋率(%)	推荐▲
		B-40	绿色交通出行比例(%)	推荐▲
		B-41	装配式建筑比重(%)	推荐
开放	网络联通	B-42	定期国际通航城市数量(个)	推荐
		B-43	定期国内通航城市数量(个)	推荐
	对外交往	B-44	国内旅游人数(万人次/年)	推荐
		B-45	入境旅游人数(万人次/年)	推荐
		B-46	外籍常住人口数量(万人)	推荐
		B-47	机场年旅客吞吐量(万人次)	推荐
		B-48	铁路年旅客运输量(万人次)	推荐▲
		B-49	城市对外日均人流联系量(万人次)	推荐
		B-50	国际会议、展览、体育赛事数量(次)	推荐
	对外贸易	B-51	港口年集装箱吞吐量(万标箱)	推荐
		B-52	机场年货邮吞吐量(万吨)	推荐
		B-53	对外贸易进出口总额(亿元)	推荐
共享	宜居	A-27	城区道路网密度(千米/千米^2)	基本
		B-54	森林步行 15 分钟覆盖率(%)	推荐
		A-28	公园绿地广场用地步行 5 分钟覆盖率(%)	基本
		A-29	社区卫生服务设施步行 15 分钟覆盖率(%)	基本
		A-30	社区小学步行 10 分钟覆盖率(%)	基本
		A-31	社区中学步行 15 分钟覆盖率(%)	基本
		A-32	社区体育设施步行 15 分钟覆盖率(%)	基本
		B-55	足球场地设施步行 15 分钟覆盖率(%)	推荐
		B-56	人均公共体育用地面积(米^2)	推荐
		B-57	社区文化活动设施步行 15 分钟覆盖率(%)	推荐▲

续表

一级	二级	编号	指标项	指标类型
共享	宜居	B-58	标准化菜市场(生鲜超市)步行10分钟覆盖率(%)	推荐▲
		A-33	每千人口医疗卫生机构床位数(张)	基本
		A-34	市区级医院2千米覆盖率(%)	基本
		B-59	城镇人均住房面积(米^2)	推荐
		B-60	年新增政策性住房占比(%)	推荐▲
		A-35	历史文化街区面积(千米^2)	基本
		B-61	人均公园绿地面积(米^2)	推荐▲
		B-62	空气质量优良天数(天)	推荐
		B-63	人均绿道长度(米)	推荐▲
		B-64	每万人拥有的咖啡馆、茶舍等的数量(个)	推荐
		B-65	每10万人拥有的博物馆、图书馆、科技馆、艺术馆等文化艺术场馆数量(处)	推荐▲
		B-66	轨道交通站点800米半径范围内人口和岗位覆盖率(%)	推荐
	宜养	A-36	每千名老年人养老床位数(张)	基本
		B-67	社区养老设施步行5分钟覆盖率(%)	推荐
		B-68	每万人拥有幼儿园班数(班)	推荐▲
	宜业	B-69	城镇年新增就业人数(万人)	推荐
		B-70	工作日平均通勤时间(分钟)	推荐
		B-71	45分钟通勤时间内居民占比(%)	推荐▲

五、城市体检评估内容与要求

(一)体检评估内容

评估内容包括六个方面:战略定位、底线管控、规模结构、空间布局、支撑系统、实施保障(各地可根据当年实际情况进行调整),采取全市数据与典型案例结合、纵向比较与横向比较结合、客观评估与主观评价结合等分析方法,对各项指标现状年与基期年、目标年或未来预期进行对比,分析规划实施进展程度。同时结合政府重点任务实施情况、相关政策执行和实施效果、自然资源保护和开发利用、外部发展环境及对规划实施影响等,开展成效、问题及原因分析。

(1)战略定位。分析实施国家和区域重大战略、落实城市发展目标、增强城市核心职能、优化调整不适宜功能等工作的成效及问题。

(2)底线管控。分析耕地和永久基本农田保护、生态保护红线和城镇开发边界管控、全域约束性生态资源保护等工作的成效及问题。

(3)规模结构。分析优化人口、就业、用地和建筑的规模、结构和布局,提升土地使用效益,推进城市更新等工作的成效及问题。

(4)空间布局。分析区域协同、城市空间优化调整、城乡统筹、产城融合、分区发展、重点和薄弱地区建设等工作的成效及问题。

(5)支撑系统。分析生态环境改善、住房保障、公共服务、综合交通、市政基础设施、城市安全与韧性、历史文化保护、城市品质等领域相关工作的成效及问题。

(6)实施保障。分析实施总体规划的下层次规划编制、执行和调整、行动计划安排、违法查处、政策机制保障、数据信息平台建设等工作的成效及问题。

(二)年度体检要求

1. 内容要求

上报上级自然资源主管部门的年度体检报告基于六个方面的内容分析,重点围绕年度规划实施中的关键变量和核心任务,总结当年城市运行和规划实施中存在的问题和难点,并从年度实施计划、规划应对措施、配套政策机制等方面有针对性地提出建议。

2. 成果构成

城市年度体检成果由体检报告和附件组成。报告主要包括总体结论,规划实施成效、存在问题及原因分析,对策建议等。体检成果要对上一年体检发现问题的整改情况进行说明。附件应包括城市体检指标表、年度重点任务完成清单、年度规划实施分析图、年度规划实施社会满意度评价报告、年度体检基础数据库建设情况说明等。

(三)五年评估要求

1. 内容要求

上报上级自然资源主管部门的五年评估报告应全面对照上级政府对国土空间总体规划的批复要求,对六个方面的规划实施情况开展阶段性的全面评估和总结,对国土空间规划各项目标和指标落实情况、强制性内容执行情况、各项政策机制的建立和对规划实施的影响等方面进行深入分析,结合规划面临的新形势和新要求,对未来发展趋势做出判断,对规划进行动态维护,并提出下一个五年规划实施措施、政策机制等方面的建议。

2. 成果构成

五年评估成果由评估报告和附件组成。报告主要包括总体结论,规划实施成效、存在问题及原因分析,对策建议等。附件应包括评估指标表、五年重点任务完成清单、五年规划实施分析图、五年规划实施社会满意度评价报告、五年评估基础数据库建设情况说明等。

(四)评估成果附件

1. 评估指标表及示例

将评价年上报值与基期年现状值、上一年度上报值、目标年规划值相比较,考察每项指标规划实施的进度完成情况,根据变化趋势以及与目标值的差距,划分为"符合目标方向,完成较好"和"进度缓慢,需要重点推进"等不同状态,为预警反馈提供判定依据。

以基期年2015年,评价年2018年,目标年2020年为例,具体体检评估指标的填报形式如表9-9所示。

表9-9 城市体检评估上报表(示例)(自然资源部,2021a)

一级	二级	编号	指标	2015基期现状值	2020年目标值	2017年上报值	2018年上报值	进度完成情况
……								
绿色	生态保护	A-05	森林覆盖率(%)	41.1	45.0	42.3	43.4	符合目标方向,完成较好
……								

续表

一级	二级	编号	指标	2015基期现状值	2020年目标值	2017年上报值	2018年上报值	进度完成情况
共享	宜养	A-26	千人养老机构床位(张)	5.5	7.0	5.8	6.0	进度较慢,需要重点推进
……								

2. 规划实施重点任务完成清单及示例

对照总体规划、近期规划的任务要求,从规划编制、重点功能区重大项目建设、专项工作推进、政策机制完善等方面,梳理各项重点工作任务的进展情况,如表9-10所示。

表9-10　规划实施重点任务清单(示例)(自然资源部,2021a)

任务序号	任务名称	牵头单位	完成时限	进度情况
1	编制××地区控制性详细规划	××区政府	2020.12	已完成
2	推进××地区环境综合整治	××区政府	长期(三年)	持续推进,已取得阶段性成果
3	制定关于××的政策机制	市××局	2020.12	已完成
……				

3. 规划实施分析图

分析图需要重点反映底线控制、资源高效利用、设施协调布局和公共服务均等化等方面重要指标的实施进展。可包含城乡建设用地变化"一张图"、各区或分区域发展"一张图"等。图面力求完整、明确、清晰、美观(表9-11)。

表9-11　图件表达参考(示例)(自然资源部,2021a)

图件序号	图名	表达内容	表达要素	
1	城乡建设用地变化"一张图"	反映城乡建设用地增减变化情况、拆违腾退情况、三线管控情况	基础地理要素	行政界线、重要空间管控区域和功能区界线、水系、道路等
			分析评价要素	城乡建设用地新增地块和减少地块、拆违腾退地块、违反三线管控要求的地块等
			图幅配置要素	图名、图廓、指北针与风向玫瑰图、比例尺、图例、数据来源、署名、制图日期等
2	各区发展"一张图"	各区年度经济社会主要指标发展变化情况	基础地理要素	行政界线、重要空间管控区域和功能区界线、水系、道路等
			分析评价要素	反映常住人口、就业岗位、城乡建设用地、总建筑规模、人均和地均GDP、公共服务设施千人指标等年度变化情况的标示,形式可用文字、箭头、柱形图等
			图幅配置要素	图名、图廓、指北针与风向玫瑰图、比例尺、图例、数据来源、署名、制图日期等
……				

4. 规划实施社会满意度评价报告

面向市民持续开展对规划实施和城市发展情况满意度的跟踪调查,内容应涉及城市安全性、生活便利性、自然环境宜人性、人文环境舒适性、出行便捷性和开放创新性等方面。评价结果一方面可以与规划实施客观指标相结合,使体检评估结论更全面;另一方面,通过对市民满意度评价结果进行年度对比,分析变化情况,为认识、分析和研究城市发展和规划实施效果提供依据。

社会满意度评价报告应包括年度社会满意度调查工作开展情况介绍、问卷设计概述、总体和分项评价结果、多年度调查结果纵向对比等。重视对评价结果反映的城市发展整体情况和空间差异性的分析。

5. 评估基础数据库建设情况说明

应广泛收集经济社会发展统计数据、城市建设数据、现状空间数据、城市运行大数据、生态环境大数据等,形成多源数据体系,建设互为支撑、互为补充、互为校核的体检评估基础数据库。数据库标准与国土空间基础信息平台统一,可作为国土空间基础信息平台的组成部分。

基础数据分析,数据来源包括:经济社会发展统计数据主要以统计部门数据为准;城市建设数据以各相关部门数据为准;现状空间数据以规划自然资源部门数据为准。各地应制定相关规定,明确各数据来源部门提供数据的义务和数据准确性的责任。

补充校核数据,各地可联合电信运营商、互联网公司等大数据提供方,利用互联网平台和开放数据环境,综合气象、空气质量检测、灯光遥感、交通流量、交通卡数据、POI(兴趣点)、手机信令数据、企业信息、点评文本等社会大数据资源,分析评价城市建设、人口和就业特征、交通与通勤特征、公共服务设施配置、空间品质等。

城市提交的说明应包括体检评估基础数据库年度建设情况说明、数据收集情况、数据支撑年度体检工作情况等。

六、城市体检评估成果报送及应用

(一)成果报送与成果公开

城市体检评估成果上报稿,应提请本级市委、市政府、市人大审议,之后按照成果汇交要求逐级报送上级自然资源主管部门。城市体检评估成果以省级为单位汇总,报送自然资源部。自然资源部将委托专家或组织技术机构对城市体检评估成果抽查。报送成果或汇交数据不符合要求的,可责令修改,在规定时间内重新提交。

城市体检评估成果上报后,应当形成公众版,将报告的非涉密内容向社会公开。基础数据逐步通过国土空间规划"一张图"实施监督信息系统的社会公众服务板块对外发布。

(二)数据对接与成果应用

城市人民政府应将城市体检评估中的主要指标数据纳入本级国土空间规划"一张图"实施监督信息系统,并通过本级国土空间基础信息平台,实现与国家级平台对接。

上级政府和自然资源主管部门应有效结合体检评估结论开展实施监督。自然资源部会同省、自治区、直辖市共同建立分级监测评估预警机制,并与国土空间规划执法督察和城市政府年度绩效考核挂钩。省、自治区和各城市根据体检评估结果,对国土空间规划实施工作进行修正,支撑国土空间规划、近期规划、年度实施计划、国民经济和社会发展规划的编制、调整和优化,为空间政策及城市治理的优化完善提供参考。城市体检评估结论应在每年的政府工作报告中体现。

思考题

1. 市级国土空间总体规划电子成果包括哪些？其中文本成果由哪些文件构成？
2. 市级国土空间总体规划电子成果中栅格数据和矢量数据的文件格式有什么要求？
3. 简述城市体检评估含义及内容。

参考文献

蔡玉梅,王国力,陆颖,等,2014. 国际空间规划体系的模式及启示[J]. 中国国土资源经济(6):67-72.

曹康,张庭伟,2019. 规划理论及1978年以来中国规划理论的进展[J]. 城市规划,43(11):61-80.

曹清华,杜海娥,2005. 我国国土规划的回顾与前瞻[J]. 国土资源(11):21-22.

曹小曙,欧阳世殊,吕传廷,2021. 基于用地分类的国土空间详细规划编制研究[J]. 经济地理,41(4):192-200.

党安荣,田颖,甄茂成,等,2020. 中国国土空间规划的理论框架与技术体系[J]. 科技导报,38(13):47-56.

董祚继,2020. 从土地利用规划到国土空间规划——科学理性规划的视角[J]. 中国土地科学,34(5):1-7.

杜澍,连欣,2019. 新时期国土空间规划的战略研究[J]. 中国国土资源经济(3):7-12.

封志明,杨艳昭,闫慧敏,等,2017. 百年来的资源环境承载力研究:从理论到实践[J]. 资源科学,39(3):379-395.

高东方,2014. 产业结构和就业结构互动演变研究——经典理论的回顾[J]. 首都经济贸易大学学报(3):114-122.

顾朝林,曹根榕,2019. 论新时代国土空间规划技术创新[J]. 北京规划建设(4):64-70.

广东省自然资源厅,2021. 关于加强和改进控制性详细规划管理若干指导意见(暂行)[EB/OL]. http://nr.gd.gov.cn/zwgknew/zcfg/flfg/gfxwj/content/post_3225463.html.

郭腾云,徐勇,马国霞,等,2009. 区域经济空间结构理论与方法的回顾[J]. 地理科学进展,28(1):111-118.

国务院,2017. 国务院印发《全国国土规划纲要(2016-2030年)》[EB/OL]. http://www.xinhuanet.com/politics/2017-02/04/c_1120410705.htm.

郝庆,封志明,邓玲,2018. 基于人文-经济地理学视角的空间规划理论体系[J]. 经济地理,38(8):5-10.

郝庆,孟旭光,周璞,2012. 我国国土规划的发展历程与编制思路创新[J]. 科学,64(3):42-45.

何百根,1992. 国土经济学概论[M]. 武汉:华中师范大学出版社.

河北省自然资源厅,2020. 关于印发《河北省乡镇国土空间总体规划编制导则(试行)》的通知:冀自然资字〔2020〕29号[EB/OL]. http://zrzy.hebei.gov.cn/heb/gk/gsgg/tz/xxzx/101586925628642.html.

胡序威,2006. 中国区域规划的演变与展望[J]. 地理学报,61(6):585-592.

黄秉维,1958. 中国综合自然区划的初步草案[J]. 地理学报,24(4):348-363.

黄炎,陈舒燕,汤赛,2019. 政府数字化转型背景下的省级国土空间基础信息平台设计与实现[J]. 国土资源信息化(5):29-34.

黄征学,黄凌翔,2019a. 国土空间规划演进的逻辑[J]. 公共管理与政策评论(6):40-49.

黄征学,蒋仁开,吴九兴,2019b. 国土空间用途管制的演进历程、发展趋势与政策创新[J]. 中国土地科学(6):1-9.

黄征学,祁帆,2018. 从土地用途管制到空间用途管制:问题与对策[J]. 中国土地(6):22-24.

江苏省自然资源厅,2020. 关于印发《江苏省村庄规划编制指南(试行)(2020年版)》的通知:苏自然资发〔2020〕127号[EB/OL]. http://zrzy.jiangsu.gov.cn/gtxxgk/nrglIndex.action? type = 2&messageID =2c90825473c5ca240173c6bc1e8e003a.

姜鹏,曹琳,倪砼,2018. 新一代人工智能推动城市规划变革的趋势展望[J]. 规划师,34(11):5-12.

金云峰,陶楠,2020. 国家公园为主体"自然保护地体系规划"编制研究——基于国土空间规划系统传导[J]. 园林(10):75-81.

鞠德东,2020. 历史街区的保护与复兴——以北京崇雍大街整治提升工程设计为例[R]. 2020中国城市规划学术季"伴随·成长".

孔宇,甄峰,李兆中,等,2019. 智能技术辅助的市(县)国土空间规划编制研究[J]. 自然资源学报,34(10):2186-2199.

李斌，毛鹏飞，2016. 走向更具包容性发展的新型城镇化理论[J]. 湖南师范大学社会科学学报(6)：26-36.

李经纬，田莉，2019. 国土空间规划的国际经验及对我国的启示[J]. 公共管理与政策评论(6)：50-62.

李永浮，蔡宇超，唐依依，等，2020. 我国县域国土空间"双评价"理论与浙江嘉善县实证研究[J]规划师(6)：13-19.

林坚，陈霄，魏筱，2011. 我国空间规划协调问题探讨——空间规划的国际经验借鉴与启示[J]. 现代城市研究(12)：15-21.

林坚，武婷，张叶笑，等，2019. 统一国土空间用途管制制度的思考[J]. 自然资源学报，34(10)：2200-2208.

刘军，吉敏，2011. 产业聚集理论研究述评[J]. 经济问题探索(8)：34-39.

刘凯，毋河海，胡洁，2007. 虚拟现实技术在地球科学中的应用现状与前景展望[J]. 河南大学学报(自然科学版)，37(4)：371-376.

陆大道，1995. 区域发展及其空间结构[M]. 北京：科学出版社.

陆大道，樊杰，刘卫东，等，2011 中国地域空间、功能及其发展[M]. 北京：中国大地出版社.

陆治原，2006. 产业集聚理论的历史发展与展望[J]. 生产力研究(9)：199-201.

栾景亮，陈猛，2020. 国土空间专项规划编制审查实践的若干思考——以北京市七项公共服务设施专项规划相关工作为例[J]. 北京规划建设(4)：86-90.

吕贻峰，2001. 国土资源学[M]. 北京：中国地质大学出版社：2.

蒙吉军，2011. 土地评价与管理：第二版[M]. 北京：科学出版社.

孟鹏，王庆日，郎海鸥，等，2019. 空间治理现代化下中国国土空间规划面临的挑战与改革导向[J]. 中国土地科学，33(11)：8-14.

潘海霞，赵民，2019. 国土空间规划体系构建历程、基本内涵及主要特点[J]. 城乡规划(5)：4-10.

潘海霞，赵民，2020. 关于国土空间规划体系建构的若干辨析及技术难点探讨[J]. 城市规划学刊(1)：17-22.

彭泽军，2008. 当代产业组织理论研究的新进展[J]. 企业经济(6)：45-47.

彭震伟，张立，董舒婷，等，2020. 乡镇级国土空间总体规划的必要性、定位与重点内容[J]. 城市规划学刊(1)：31-36.

钱川，鞠德东，孙书同，等，2019. 北京崇雍大街的文化传承与风貌更新实践[J]. 建筑技术(11)：32-37.

秦萧，甄峰，李亚奇，等，2019. 国土空间规划大数据应用方法框架探讨[J]. 自然资源学报，34(10)：2134-2149.

全国自然资源与国土空间规划标准化技术委员会，2021. 国土空间规划"一张图"实施监督信息系统技术规范：GB/T 39972—2021[S].

山东省自然资源厅，2019. 关于印发《山东省市县国土空间总体规划编制导则(试行)》《山东省村庄规划编制导则(试行)》的通知：鲁自然资字〔2019〕80 号[EB/OL]. http://dnr.shandong.gov.cn/zwgk_324/xxgkml/ywdt/tzgg_29303/201912/t20191220_2479406.html.

盛科荣，樊杰，杨昊昌，2016. 现代地域功能理论及应用研究进展与展望[J]. 经济地理，36(12)：1-7.

石忆邵，2020. 新时代我国国土空间规划的目标与任务[J]. 上海国土资源，41(2)：1-6.

四川省自然资源厅，2021. 四川省市级国土空间生态修复规划编制指南[Z]. 成都：四川省自然资源厅.

孙施文，2020a. 从城乡规划到国土空间规划[J]. 城市规划学刊(4)：11-17.

孙施文，2020b. 国土空间规划的知识基础及其结构[J]. 城市规划学刊(6)：11-18.

汤国安，赵牡丹，杨昕，等，2010. 地理信息系统[M]. 北京：科学出版社.

田双清，陈磊，姜海，2020. 从土地用途管制到国土空间用途管制：演进历程、轨迹特征与政策启示[J]. 经济体制改革(4)：12-18.

王昆，胡飞，杨昔，2020. 规划体系改革中专项规划的编制思路[J]. 中国土地(9)：24-26.

吴传钧，1991. 论地理学的研究核心——人地关系地域系统[J]. 经济地理，11(3)：1-6.

吴殿廷，张文新，王彬，2021. 国土空间规划的现实困境与突破路径[J]. 地球科学进展，36(3)：223-232.

吴洪涛，2019. 自然资源信息化总体架构下的智慧国土空间规划[J]. 城乡规划(6)：6-10.

吴志强,李德华,2010. 城市规划原理(第四版)[M]. 北京:中国建筑工业出版社.

熊国平,2019. 本期导读:走向国土空间规划的新时代[J]. 城乡规划(3):4-7.

杨涛,2020. 国土空间规划视角下的国家文化遗产空间体系构建思考[J]. 城市规划学刊(3):81-87.

《遥感概论》编写组,1986. 遥感概论[M]. 北京:高等教育出版社.

余莉,孙鸿雁,李云,等,2020. 我国自然保护地规划体系架构研究[J]. 林业建设(4):7-12.

余云州,王朝宇,陈川,2020. 新时代省级国土空间规划的特性与构建——基于广东省的实践探索[J]. 城市规划,44(11):23-29.

袁源,赵小风,赵雲泰,等,2020. 国土空间规划体系下村庄规划编制的分级谋划与纵向传导研究[J]. 城市规划学刊(6):43-48.

岳文泽,王田雨,2019. 中国国土空间用途管制的基础性问题思考[J]. 中国土地科学(8):8-15.

张建平,2018. 我国国土空间用途管制制度建设[J]. 中国土地,32(4):12-15.

张京祥,张尚武,段德罡,等,2020. 多规合一的实用性村庄规划[J]. 城市规划,44(3):74-83.

张庭伟,2012. 梳理城市规划理论——城市规划作为一级学科的理论问题[J]. 城市规划,36(4):9-17,41.

张庭伟,2017. 复杂性理论及人工智能在规划中的应用[J]. 城市规划学刊(6):9-15.

张晓玲,赵雲泰,贾克敬,2017. 我国国土空间规划的历程与思考[J]. 中国土地(1):15-18.

赵广英,李晨,2019. 国土空间规划体系下的详细规划技术改革思路[J]. 城市规划学刊(4):37-46.

赵荣,王恩涌,张小林,等,2006. 人文地理学:第二版[M]. 北京:高等教育出版社.

郑魁浩,李树琼,1989. 中国国土经济学[M]. 西安:三秦出版社.

中共中央,国务院,2019. 中共中央 国务院关于建立国土空间规划体系并监督实施的若干意见:中发〔2019〕18号[EB/OL]. http://www.gov.cn/zhengce/2019-05/23/content_5394187.htm.

中共中央办公厅,国务院办公厅,2017. 中共中央办公厅 国务院办公厅印发《建立国家公园体制总体方案》[EB/OL]. http://www.gov.cn/zhengce/2017-09/26/content_5227713.htm.

中共中央办公厅,国务院办公厅,2019. 中共中央办公厅 国务院办公厅印发《关于建立以国家公园为主体的自然保护地体系的指导意见》[EB/OL]. http://www.gov.cn/zhengce/2019-06/26/content_5403497.htm.

中共中央办公厅,国务院办公厅,2019. 中共中央办公厅 国务院办公厅印发《关于在国土空间规划中统筹划定落实三条控制线的指导意见》[EB/OL]. http://www.gov.cn/zhengce/2019-11/01/content_5447654.htm.

周道静,徐勇,王亚飞,等,2020. 国土空间格局优化中的"双评价"方法与作用[J]. 中国科学院院刊,35(7):814-824.

周侃,李九一,王强,2021. 基于资源环境承载力的农业生产空间评价与布局优化——以福建省为例[J]. 地理科学,41(2):280-289.

周毅,2009. 城市化理论的发展与演变[J]. 城市问题(11):27-30,97.

住房和城乡建设部,2011. 城市、镇控制性详细规划编制审批办法[Z]. 北京:住房和城乡建设部.

住房和城乡建设部,2018. 城市规划编制办法实施细则[Z]. 北京:住房和城乡建设部.

自然资源部,2019. 自然资源部关于全面开展国土空间规划工作的通知:自然资发〔2019〕87号[EB/OL]. http://gi.mnr.gov.cn/201905/t20190530_2439129.html.

自然资源部,2021a. 国土空间规划城市体检评估规程:TD/T1063-2021[EB/OL]. http://gi.mnr.gov.cn/202106/t20210621_2658597.html.

自然资源部,2021b. 市级国土空间总体规划成果数据汇交要求(征求意见稿)[EB/OL]. https://www.guoturen.com/guihua-612.html.

自然资源部,国家文物局,2021. 关于在国土空间规划编制和实施中加强历史文化遗产保护管理的指导意见[EB/OL]. http://gi.mnr.gov.cn/202103/t20210317_2617445.html.

自然资源部办公厅,2019. 关于加强村庄规划促进乡村振兴的通知:自然资办发〔2019〕35号[EB/OL]. http://gi.mnr.gov.cn/202005/t20200526_2521189.html.

自然资源部办公厅,2020a. 关于加强国土空间规划监督管理的通知:自然资办发〔2020〕27号[EB/OL].

http://gi.mnr.gov.cn/202005/t20200526_2521189.html.

自然资源部办公厅，2020b. 关于进一步做好村庄规划工作的意见[EB/OL]. http://gi.mnr.gov.cn/202012/t20201216_2595353.html.

自然资源部办公厅，2020c. 关于印发《国土空间调查、规划、用途管制用地用海分类指南(试行)》的通知：自然资办发〔2020〕51 号[EB/OL]. http://gi.mnr.gov.cn/202011/t20201120_2589186.html.

自然资源部办公厅，2020d. 关于印发《省级国土空间规划编制指南》(试行)的通知(自然资办发〔2020〕5 号)[EB/OL]. http://gi.mnr.gov.cn/202001/t20200120_2498397.html.

自然资源部办公厅，2020e. 关于印发《市级国土空间总体规划编制指南(试行)》的通知：自然资办发〔2020〕46 号[EB/OL]. http://gi.mnr.gov.cn/202009/t20200924_2561550.html.

自然资源部办公厅，2020f. 关于印发《资源环境承载能力和国土空间开发适宜性评价指南》(试行)的函：自然资办函〔2020〕127 号[EB/OL]. http://gi.mnr.gov.cn/202001/t20200121_2498502.html.

自然资源部办公厅，2021a. 关于印发《省级国土空间总体规划成果数据汇交要求(试行)的通知》[EB/OL]. http://gi.mnr.gov.cn/202106/t20210604_2646470.html.

自然资源部办公厅，2021b. 关于印发《市级国土空间总体规划制图规范(试行)》和《市级国土空间总体规划数据库规范(试行)的通知》：自然资办发〔2021〕31 号[EB/OL]. http://gi.mnr.gov.cn/202104/t20210406_2619393.html.